정 현 혁 지음

지식과교양

머리말

요즈음 한국사회에서는 일본어를 전공하지 않은 사람들도 일본어를 유창하게 잘하는 경우를 쉽게 볼 수 있다. 하지만 이러한 사람들에게 일본어가 어떤 언어인가를 물으면 선뜻 대답을 못하는 경우가 많다. 그 이유는 말할 것도 없이 일본어라는 말에만 치중하여 학습을 해온 탓이다. 하지만 21세기는 단순히 일본어 만을 잘하는 사람보다는 그 언어가 어떠한 특징을 가지는가 까지를 깊게는 아니더라도 어느 정도는 알아야 하는 사회로 변모하고 있다. 이러한 시대의 흐름에 발맞추어 일본어라고 하는 언어의 특징을 쉬우면서도 넓게 이해할 수 있는 학습서가 절실히 요구된다. 물론 세간에는 일본인 학자들의 일본어학 개론서나 한국인 연구자들에 의한 수종의 일본어학 개론서가 소개되었지만 일본어의 특징을 쉽고 넓게 이해할 수 있는 학습서는 그다지 많지 않다고 할 수 있다.

이러한 이유에서 본서는 일본어라는 언어를 넓고 쉽게 이해할 수 있도록 하는데 초점을 맞추었다. 또한 설명을 간략하게 하여 이해를 쉽게 하도록 개조식 표기를 취하였다.

본서는 총 13장으로 구성하였다. 처음 1, 2장은 총론으로 일본어와 일본어의 특질, 그리고 일본어를 어떻게 연구할 것인가를 다루고 있다. 특히 제 2장은 기존의 일본어학 개론서에는 없는 것으로 일본어학에 관심이 있는 학생들이 일본어를 어떻게 연구할 것인가를 제시하고 있어서 크게 도움이 되리라 판단된다.

3장부터 12장까지는 일본어의 특질을 다방면에 걸쳐 소개하며 다루고 있다. 그 중에서도 특징적인 것은 일본어 교육과 일본어의 역사를 간략하나마 다루고 있다는 점이다. 일본어 교육을 통해서 단순히 일본어를 아는데 그치는 것이 아니라 일본어를 직접 가르칠 때는 어떻게 하는 것인가를 학습할 수 있도록 하였으며, 일본어의 역사 부분을 통해 단순히 현대어에만 치우치지 않고 일본어의 통시적인 면까지 함양할 수 있도록 하여 폭넓은 지식습득이 가능하게 하였다. 끝으로 13장에서는 일본어학 개론서에서는 대부분 다루지 않는 일본어 고전문법을 다룸으로써 실질적으로 고대어는 어떠한 모습으로 어떻게 활용되었는가를 직접 설명을 듣고 학습할 수 있도록 하여 고대어에 대한 저항감을 없애려고 노력하였다. 쉬어가기 코너에서는 각 과와 관계되는 일본어의 특징을 제시함으로써 학습자에게 일본어에 대한 흥미를 유발시킬 수 있도록 하였다.

본서가 일본어학에 관심이 있는 분들에게 조금이나마 도움이 되기를 바라며 독자 여러분의 기탄 없는 비판과 의견을 고대한다.

끝으로 본서가 출판되기까지 많은 배려와 노고를 아끼지 않으신 도서출판 지식과 교양의 윤석산 사장님께 심심한 감사를 드린다.

2019년 7월 이문동 연구실에서

정 현 혁 씀

01 주차

일본어와 일본어의 특질

학습 목표

① 언어의 특징과 기능을 이해한다.
② 세계 속에서 일본어는 어떤 위치에 있는가를 이해한다.
③ 일본어의 특색을 이해한다.

학습 내용

① 언어의 특징과 기능
② 세계 속에서의 일본어의 위치
③ 일본어의 특색

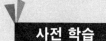

사전 학습

1. 다음 중 언어의 특징이 아닌 것은? (　　)

① 언어기호는 형식과 의미에 있어서 필연적인 관계를 가진다.

② 언어는 그 구성요소를 시간의 흐름에 따라 배열해 간다.

③ 언어는 새로운 문을 만들어 낼 수 있는 생산성을 지닌다.

④ 언어는 현장의 구애를 받지 않는 초월성을 지닌다.

2. 세계 속에서의 일본어의 위치로 맞지 않는 것은? (　　)

① 일본어는 세계의 언어사용인구 9위에 해당된다.

② 일본인의 식자율은 80% 정도로 그다지 높지 않다.

③ 일본어는 지리적으로 한정된 지역에서 사용되는 편이다.

④ 언어의 경제력에 있어서 일본어는 세계 3위에 해당된다.

3. 일본어의 특색으로 맞는 것은? (　　)

① 일본어는 알타이어 계통의 언어와 관계가 깊다.

② 일본어는 영어에 비해 박의 종류가 많은 편이다.

③ 일본어의 어휘는 다른 언어에 비해 상대적으로 어휘수가 적다.

④ 일본어는 문을 구성함에 있어 주어를 꼭 필요로 한다.

01 언어의 특징과 기능

Ⅰ 언어의 특징

1) 언어기호의 자의성(恣意性)

언어에 이용되는 기호는 형식과 의미에 있어서 필연적인 관계가 아니라는 것을 의미함.

예 [개]라는 의미 → 일본어 : 이누, 영어 : 독

2) 선조성(線条性)

언어는 음소(音素) · 형태소(形態素) 등의 구성요소를 시간의 흐름에 따라 선(線)처럼 배열해 간다는 의미.

3) 생산성(生産性)

문이 분절적(分節的)이고 구조적(構造的)이기 때문에 기호를 바꾸어 넣는다든지 문 안에 문을 넣는다든지 해서 자신이 과거에 들은 적도 없는 새로운 문을 만들 수 있다는 의미.

4) 초월성(超越性)

인간은 전달하는 현장 그 자체의 자극이 없어도 멀리 시간 공간을 넘어선 자극을 기본으로 한 발화가 가능하다고 하는 의미.

예 과거의 아픔, 1년 후의 꿈, 거짓, 현실세계에 존재하지 않는 상상의 사물 등을 이야기 함.

5) 언어획득의 비인위성(非人為性)

다른 능력과 달리 유아의 언어획득은 특별한 사정이 없는 한 그 획득을 빠르게 한다든지 하는 인위적인 컨트롤이 불가능하다고 하는 의미.

Ⅱ 언어의 기능

로만야콥슨이 제시한 6종류의 요소에 대한 6가지 기능

1. 내용사물 ------------------ 표시기능(서술적 기능)
2. 보내는 쪽 ----------------- 표출기능(심정적 기능)
3. 받는 쪽 ------------------- 자극기능(능동적 기능)
4. 접촉 ---------------------- 접촉기능(교화적 기능)
5. 코드 ---------------------- 주석기능(메타언어적 기능)
6. 메시지 -------------------- 감상기능(시적 기능)

02 세계 속에서의 일본어의 위치

1) 일본어는 세계의 언어 중에서 그 사용인구가 1억 2천만 정도로 세계 9위에 해당함.

〈세계의 주요 20개 언어 사용인구표〉

	母語人口		公用語人口
1	중국어 (1,000)	1	영어 (1,400)
2	영어 (350)	2	중국어 (1,000)
3	스페인어 (250)	3	힌두어 (700)
4	힌두어 (200)	4	스페인어 (280)
5	아라비아어 (150)	5	러시아어 (270)
6	뱅갈어 (150)	6	프랑스어 (220)
7	러시아어 (150)	7	아라비아어 (170)
8	포르투갈어 (135)	8	포르투갈어 (160)
9	일본어 (120)	9	말레이어 (160)
10	독일어 (100)	10	뱅갈어 (150)
11	프랑스어 (70)	11	일본어 (120)
12	펀잡어 (70)	12	독일어 (100)
13	자바아 (65)	13	울드어 (85)
14	비하리어 (65)	14	이탈리아어 (60)
15	이탈리아어 (60)	15	한국어 (60)
16	한국어 (60)	16	베트남어 (60)
17	텔그어 (55)	17	페르시아어 (55)
18	타밀어 (55)	18	타갈로그어 (50)
19	말타어 (50)	19	태국어 (50)
20	베트남어 (50)	20	터키어 (50)

* 왼쪽란은 모어(濟1言語)를 기준으로 한 언어리스트이고 오른쪽란은 그 언어가 공용(公用語)가 되어 있는 나라의 인구를 나타냄.
* 텔그어, 자바어 등 반드시 그 나라 전체의 공용어가 아닌 언어도 포함되어 있음.
* 말레이어, 타갈로그어 등 다언어 국가의 공용어도 포함되어 있음.
* 인도와 같이 하나의 언어가 공용어가 되어 있는 나라라도 국민 전체가 그 공용어를 유창하게 말할 수 있는 것이 아닌 나라도 포함되어 있기 때문에 오른쪽란의 수치는 비교적 높게 잡은 것임.

2) 일본어는 지리적으로 한정된 일본이라는 나라안에서 주로 사용되어 지고 그 사용자는 주로 일본인임.

3) 언어의 경제력에 있어서 일본어는 세계 3위로 세계에 있어서의 언어 사용 인구에 비해서 높음.

〈언어의 경제력 비율 순위〉

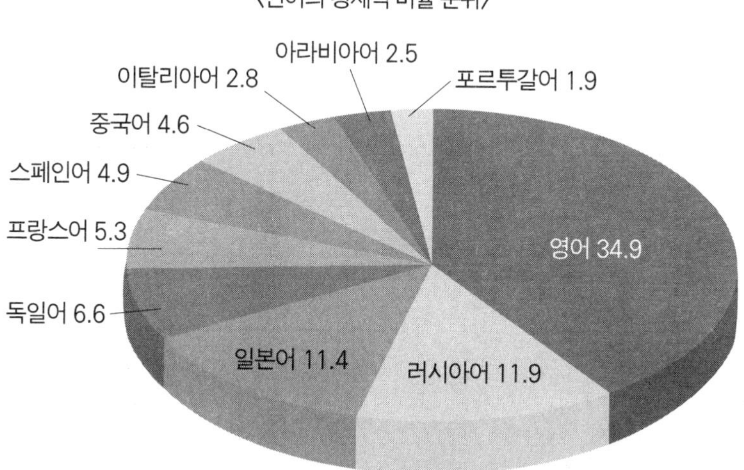

4) 식자율(識字率)에 있어서 일본은 99% 이상으로 꽤 높은 편임.

5) "일본어관(日本語観) 국제센서스" 조사에 의하면 "금후 세계의 커뮤니케이션에서 필요하리라 생각되는 언어"로, 일본어는 호주에서 영어 다음으로 2위, 아메리카, 중국 등의 6개국 및 지역에서 3위에 랭크되었음. 금후 국제적인 커뮤니케이션에 있어서 일본어가 유력한 언어의 하나로써 정해진 한 부분의 역할을 다할 것이 기대된다고 말할 수 있음.

6) 영어 모어화자를 중심으로 아메리카 국무성에서 조사한 "외국어 습득 난이도 랭킹"데이터에 따르면 일본어는 가장 난이도가 높은 언어라고 언급하고 있음. 그 이유는 다음과 같다고 말하고 있음.

1. 한자를 읽을 때 음으로도 훈으로도 읽는다.
2. 필수 어휘수가 너무 많다.
3. 주어가 생략되어 기술이 애매하다.
4. 의성어, 의태어가 많다.
5. 방언이 많다.

영어 모국어 화자가 다른 언어를 유창하게 구사하는데 필요한 시간

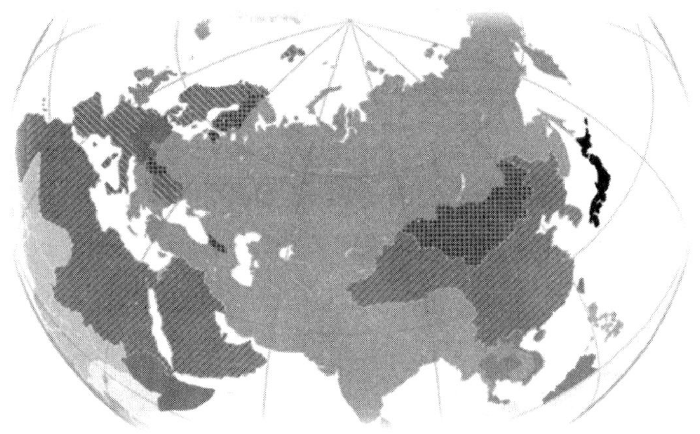

- 카테고리0(영어화자)
- 카테고리 I (24주, 600시간)
- 카테고리 II (30주, 750시간)
- 카테고리 III (36주, 900시간)
- 카테고리IV (44주, 1100시간)
- 카테고리IV*(44주보다 김)
- 카테고리 V (88주, 2200시간)
- 카테고리 V*(88주보다 김)
- 분류제외(FSI 교육언어 아님)

* FSI에서는 다른 이름으로 분류할 수 있음. 본 지도에서는 카테고리 0~V*을 사용함

03 일본어의 특색

I 언어형태분류론적 특색

1) 교착어(실질적 의미를 나타내는 단어에 문법적 관계를 나타내는 어를 붙임으로써 문법적 기능을 발휘함.)에 속함.
2) 일본어의 기본적인 어순은 「주어+목적어(보어)+술어」이며 어순은 비교적 자유로움.

II 언어사회학적 특색

1) 일본어 화자는 「尊敬語」「謙譲語」「美化語」「丁寧語」「丁重語」의 대우표현으로 대표되는 여러가지 「社会方言」을 구별하여 구사하는 능력을 가지고 있음.
2) 일본어 화자는 「男女」의 성별에 따른 「社会方言」을 구별해서 구사하는 능력이 있음.
3) 일본어는 성립 이후 비교적 오랜 역사를 거쳐 존속해 왔기 때문에 다양한 지역방언이 존재함.
4) 교육의 보급이나 매스미디어의 영향의 확대로 어떤 방언화자도 「공통어」를 이해할 수 있음.

Ⅲ 언어계통론적 특색

일본어가 어떤 계통의 언어에 속하는지 아직 정설은 없으나 알타이어계가 관계가 깊은 것으로 알려져 있으며 남방계의 언어 위에 북방계 (한국어 등)의 언어가 덧입혀져서 지금의 일본어가 생겨났다고 하는 설이 유력함.

Ⅳ 음성학적 특색

1) 단음(単音)의 수가 별로 많지 않음.
   모음5개, 자음26개 전후.
2) 박(拍)의 구조가 간단함.
   1모음(あ), 1자음 + 1모음(か), 1반모음+1모음(や), 1자음 +1반모음+1모음(きゃ)특수박(장음R, 촉음Q, 발음N)
3) 박(拍)의 종류가 꽤 적음.
   일본어 - 117개(金田一春彦에 따름), 영어 - 3만개이상.
4) 일본어의 자음은 청음과 탁음의 대립이 있음.
5) 현대 일본어에서 は행음은 어두에는 사용되지만 어중 · 어미에는 사용되지 않는 것이 원칙임.
6) 일본어의 단어는 1박어보다는 2박어, 3박어를 기본으로 함.
7) 고유일본어(和語)의 경우 ラ행음, 탁음은 자립어의 어두에 거의 사용되지 않았음.
8) 고대 일본어 모음의 경우 어두에는 사용되어 지지만 어중 · 어미에는 사용되어지지 않는 것이 원칙이었음.
9) 고저액센트임.

V 어휘 · 의미적인 특색

1) 통계적으로 일본어는 다른 언어에 비해 상대적으로 어휘수가 많음. 해당언어의 96%를 이해하는데 필요한 단어 - 영어, 프랑스어 : 5000 단어, 일본어 : 22000 단어
2) 고유일본어는 함축적(含蓄的)이고 종합적(総合的)임.
3) 어휘 중에서는 외래어가 많은데 특히 중국에서 차용한 한어(漢語)의 비중이 높음.
4) 동음이의어가 많이 존재함.
   セイカ-生花, 生家, 正価, 正貨, 正課, 声価, 青果, 盛夏, 聖火, 聖歌, 精華, 製菓, 成果, 製靴
5) 일본어는 자연을 나타내는 어휘가 많음. 구체적으로는 비, 사계절의 변화, 지형, 水勢(물, 온천, 습기 등) 동식물에 관한 어휘가 많음.

VI 문법적 특색

1) 체언은 서구어와 달리 성(gender) · 수(number) · 격(case)의 구별을 나타내지 않고 인칭에 따른 어형변화도 하지 않음. 다른 단어와의 관계를 나타낼 때는 부속어인 조사를 붙여 나타내는 경우가 많음.
2) 서구어에 있는 관사나 관계대명사가 없음.
3) 용언은 어미를 변화시키는 활용을 함. 서구어와 같은 시제(tense) · 상(aspect) · 법(mood) 등은 어형변화 후에 부속어인 조동사를 붙여서 나타냄.
4) 일본어의 형용사는 그 자체로써 술어가 될 수 있고 동사와 같은 성

질을 갖음.

5) 문(文)에 있어서 주어는 서구어와 같이 꼭 필요한 것은 아님.

6) 문(文)에 있어서 문절의 순서는 비교적 자유로움.

[일반적인 경향]

- 주어가 앞, 술어가 마지막에 와서 문을 끝맺는다.
- 목적어는 술어보다 앞에 온다.
- 수식어는 피수식어 앞에 온다.

7) 부사 중에는 특별한 호응을 요구하는 것이 있음.

「けっして～ない」「たぶん～だろう」등.

8) 문어체 문에서는 가카리무스비(係り結び)라는 특별한 호응을 요구하는 것이 있었음.

Ⅶ 표기면에서의 특색

1) 중국의 한자를 받아들여 표음문자인 히라가나, 가타카나를 만들어 사용하게 되었음.

2) 표기수단이 다른 언어에 비해 풍부함.

한자, 히라가나, 가타카나, 로마자, 아라비아 숫자 등.

3) 정서법에 대한 엄격한 규정이 없으므로 각종 단어나 고유명사, 숫자 등을 표기할 때 다양한 형태가 나타남.

一(한자)、いち(히라가나)、イチ(가타카나)、1(아라비아 숫자)

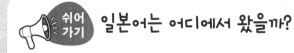

일본어는 어디에서 왔을까?

일본어가 다른 언어와 어떠한 관계에 있고, 또 어느 어족에 속하는가에 대해서는 메이지(明治)시대 이래 많은 학자들의 연구가 있었으나 아직까지도 확정적인 결론을 얻지 못하고 있다. 지금까지의 연구결과를 분류하면 크게 북방기원설, 남방기원설, 혼합설의 3가지로 나눌 수 있다. 북방기원설은 일본어가 한국어, 몽고어, 퉁구스어, 터키어 등 북방아시아의 언어들과 계통이 같다고 보는 견해이다.

북방기원설을 주장한 후지오카 가츠지(藤岡勝二)박사는 어두(語頭)에 자음이 2개 오지 않고, r음으로 시작하는 단어가 없으며 모음조화가 있고 명사 · 대명사의 변화에 성(性)이 관계하지 않는다는 등의 14항목을 들어서 이설의 정당성을 주장했다. 그러나 북방언어는 자음으로 끝나는 폐음절어가 있는데 반해 일본어는 그것이 없고 일치하는 어휘도 적어 이 설의 주장과 어긋나는 사실도 있다.

북방어 중에서도 일본어와 가장 가까운 언어는 말할 것도 없이 한국어이다. 한국어와 일본어의 연구는 아라이 하쿠세키(新井白石), 아스톤(George W.Aston), 가나자와 쇼자부로(金沢庄三郎), 오쿠라 신페이(小倉進平), 오노 스스무(大野晋) 등 많은 학자에 의해 연구 되었다. 한국어와 일본어는 음운, 문법, 어휘면에서 다음과 같은 유사점을 가지고 있다.

1. 고대에 모음조화가 있었다.
2. 어두에 r음이 오지 않는다.
3. 인칭, 성, 수, 격에 의한 변화가 없다.
4. 전치사가 없고 후치사를 사용한다.
5. 수식어는 피수식어 앞에 목적어는 동사 직전에 온다.

6. 조사, 접미사 등에 유사한 것이 많다.
7. 음운상으로 유사한 어휘가 적지 않게 발견된다.또한 대명사 · 인체를 나타내는 어휘에 유사한 것이 많다.

이러한 유사점이 언어적으로 같은 계통인데서 기인한 것인지 차용(借用)에 의한 것인지는 확실치 않다.

남방기원설은 일본어의 기본구조가 [자음+모음]이라는 점을 근거로 말레이 폴리네시아 어족이나 티베트 어족과의 관련을 중시하는 견해로 마츠모토 노부히로(松本信弘), 슈미트(P.W.Schmidt)등이 주장하였다. 그 논거는 특히 신체명칭 · 천체 · 기상 · 농경 등의 어휘에 있어 일치하는 점이 많다는 점, 그리고 개음절이 많고 고저 액센트라는 점, 두자음(頭子音)이 2개 이상 겹치지 않는다는 점, 성 · 수 · 격 · 인칭의 변화가 없다는 점 등이다. 한편 수식어가 피수식어 뒤에 오고, 목적어 · 보어가 술어 뒤에 오며 수사가 거의 대응하지 않는다는 등 중요한 점이 일치하지 않고 어휘비교도 방법론상 문제가 지적되어 현재로서는 유력한 설이라고는 할 수 없다. 혼합설은 일본어가 문법적으로는 북방적인 요소, 어휘에 있어서는 남방적인 요소가 혼합되어 이루어진 것이라고 보는 견해인데 폴리바노프(E.D.Polivanov)와 무라야마 시치로(村山七郎), 밀러(R.A.Miller) 등이 주장했다.

위의 3가지 설 외에 후지와라 아키라(藤原明), 오노 스스무(大野晋)를 중심으로 인도 중앙부에서 남부에 걸쳐 존재하는 드라비다어족, 특히 그 중에서도 타밀어와 계통이 같다고 하는 주장도 제기되었다.

—이인영(2003)「일본어는 어디에서 왔을까?」『높임말이 욕이 되었다』글로세움

다음을 읽고 맞으면 ○, 틀리면 ×를 하시오.

1 "개"라는 의미와 일본어의 "이누"라는 기호는 필연적인 관계이다. ( )

2 일본어는 지리적으로 한정된 일본이라는 나라안에서 주로 사용된다. ( )

3 일본어는 언어형태분류론적으로 굴절어에 속한다. ( )

4 일본어는 언어계통론적으로 알타이어족에 가깝다. ( )

5 일본어는 박의 구조가 간단하며 그 종류도 적은 편이다. ( )

6 문에 있어서 주어는 서구어와 같이 꼭 필요하다. ( )

7 어휘의 면에 있어서 일본어는 다른 언어에 비해 상대적으로 어휘수가 많다. ( )

8 일본어에는 동음이의어가 많이 존재한다. ( )

9 일본어는 문에 있어서 문절의 순서가 꽤 제한적이다. ( )

10 일본어의 표기수단은 다른 언어에 비해 풍부하다. ( )

정리하기

1. 언어의 특징과 기능

1) 특징 : 자의성, 선조성, 생산성, 초월성, 언어획득의 비인위성

2) 기능 : 표시기능, 표출기능, 자극기능, 접촉기능, 주석기능, 감상기능

2. 세계 속에서의 일본어의 위치

세계속에서 일본어는 지리적으로 한정된 곳에서 주로 일본인에 의해 사용되나 사용인구가 세계 9위에 해당할 정도로 많음. 언어경제력에 있어서는 세계3위로 언어사용인구보다 높으며 일본인의 식자율은 99%이상으로 꽤 높은 편임. "일본어관(日本語観) 국제센서스" 조사에 의하면 일본어는 향후 국제적인 커뮤니케이션에 있어서 유력한 언어라고 말할 수 있음. 또한 영어 모어화자를 중심으로 아메리카 국무성에서 조사한 "외국어 습득 난이도 랭킹" 데이터에 따르면 일본어는 가장 난이도가 높은 언어라고 평가하고 있음.

3. 일본어의 특색

1) 언어 형태분류론적으로는 교착어이며 [주어+목적어+술어]가 기본어순임.

2) 언어 사회학적으로는 일본어는 다양한 방언을 가지며 일본어 화자는 성별, 친소, 장면 등에 따라 다양한 사회방언을 구사함.

3) 언어 계통론적으로는 알타이어와 관계가 깊으나 확실한 정설은 없음.

4) 음성학적으로는 단음이나 박의 수가 적고 박의 구조가 간단하며 청탁의 구별을 갖는다는 등의 특징이 있음.
5) 어휘, 의미적인 면에서는 다른 언어에 비해 상대적으로 어휘수가 많고 한어의 비중이 높으며 동음이의어가 많이 나타나는 등의 특징이 있음.
6) 문법적으로 보면 체언은 조사를 붙여 다른 단어와의 관계를 표시하며 용언은 어미를 변화시키는 활용을 한 후 부속어인 조동사를 붙여 시제, 상, 법 등을 나타냄. 또한 문에 있어서 어순은 비교적 자유로우며 주어를 꼭 필요로 하지는 않는 등의 특징을 보임.
7) 표기면에서는 다른 언어에 비해 표기수단이 풍부하며 정서법이 엄격하지 않아 각종 단어를 표기할 때 다양한 형태가 나타남.

02 주차

일본어학의 연구대상 및 자료, 연구법

학습 목표

1. 일본어학을 연구함에 있어서 그 대상이 되는 것이 무엇인지를 이해한다.
2. 일본어학 연구의 자료가 되는 것이 무엇인지를 이해한다.
3. 일본어학 연구의 자료를 어떤 식으로 연구해야 하는지 그 방법을 습득하고 적용시킬 수 있다.

학습 내용

1. 일본어학의 연구대상
2. 일본어학 연구의 자료
3. 일본어학 연구법

사전 학습

1. 일본어학의 연구대상으로써 고려하지 않아도 되는 것은? (　　)

① 일본어라고 일컬어지는 언어자체가 다양하다고 하는 측면

② 음성과 의미로 대표되는 언어의 구성적인 측면

③ 언어가 시간의 흐름에도 변화하지 않는다고 하는 측면

④ 언어의 상태가 한 시대 또는 한 시기에 있어서 비교적 안정된다는 측면

2. 일본어학의 연구자료로써 적합하지 않은 것은? (　　)

① 국내외 문헌에 존재하는 일본어에 관한 기록

② 일본어를 문자 또는 기호로 쓴 국내외의 모든 문헌

③ 현재 사용되어지고 있는 모든 종류의 구어와 문어

④ 한글로 쓰여진 한국 문헌

3. 과거의 일본어를 다룰 때의 바른 방법이 아닌 것은? (　　)

① 하나의 문헌은 한 시대에 행해진 각종 언어일반의 사항을 모두 반영하고 있다.

② 단어의 의미는 같은 시대나 가까운 시대의 사전, 주석서, 한문에 가나로 훈을 단 것 등을 참조하여 명확히 한다.

③ 과거 일본어의 音価는 현대방언이나 예부터 전해오는 문헌의 기술을 통해 추정한다.

④ 편의상 과거의 문헌을 오늘날 우리들의 언어에 근거해 재현한다.

01 일본어학의 연구대상

I 일본어의 다양성(多様性)

1) 현대 일본어의 구어(口語)

(1) 각 지역의 방언(東京、青森、福岡、鹿児島 등)

(2) 표준어 : 전국적으로 통용되는 언어로 다소의 교육을 받은 사람들 사이에 알려진 언어

(3) 특수어 : 계급, 연령, 남녀, 직업 등의 차이에 의거한 언어

2) 현대일본어의 문어(文語)

(1) 口語体의 文語(=口語文) : 현대의 구어에 근거한 문어
- 대화체 문, 비대화체 문

(2) 文章語体의 文語(=文語文) : 문자로 쓸 때의 언어로 종래부터 전해져 온 특수한 언어
- 서간문, 한문 등

이처럼 일본어라고 일컬어지는 것 중에는 각각 다른 언어가 존재하며, 이 언어를 각각 독립된 언어로 취급한다면 언어의 연구도 구별하여 이루어져야 한다고 할 수 있음.

Ⅱ 언어의 구성(構成)

1) 언어의 2요소 : 음성과 의미

(1) 음성의 측면에서 본 언어의 구성

① 문절(文節) : 전후에 잠재적인 휴지(休止)가 들어갈 수 있는 최소의 의미를 가진 단위.일본의 국어학자 橋本進吉(하시모토 신키치)의 명명에 의함.

② 음절(音節) : 단어보다는 작고(또는 같고) 개개의 음보다는 큰 발음상 하나의 집합을 이루는 단위로 대부분의 언어에 있어서 한 단어를 하나하나 쪼개어 발음할 때 보여지는 것.

③ 단음(単音) : 연속음성(連続音声)을 구성하는 최소단위로써의 어음(語音).

언어를 음성만을 가지고 본다면, 일정한 단음(単音)으로 이루어진 음절에 의해 구성되어 지는 것으로 단음이 음절을 구성할 때도 일정한 규칙이 있고 음절이 의미를 가지는 일종의 음성상의 단위(文節)를 구성할 때도 어느 정도의 제한이 주어짐. 문절 위에 나타나는 액센트에 있어서도 정해진 유형이 있음.

(2) 의미의 측면에서 본 언어의 구성

① 문(文) : 내용면에서 말하자면 어떤 정리된 생각을 나타내는 것으로 외형적으로는 언제나 끝에 음의 단절이 있음. 또한 하나의 문(文)은 하나의 문절(文節) 또는 두 개 이상의 문절(文節)로 구성됨.

② 단어(単語) : 문을 구성하는 재료가 되는 것으로 일정한 음

에 의해 이루어 지며 일정한 의미를 갖음. 또한 모든 사물을 나타내는 기초가 되는 것으로 그 수가 많고 의미나 외형(音)도 각양각색임.

③ 문(文)과 단어(単語) : 언어는 개개의 생각을 나타내는 단어를 재료로 하고 이것으로 문을 구성해서 자신의 생각을 나타내게 됨. 즉 모든 언어는 단어라고 볼 수 있음과 동시에 모든 언어는 실질적으로는 모두 문의 형태로 사용한다고 볼 수 있음.

④ 어근(語根) : 독립되어 있지 않고 언제나 다른 것과 함께 단어를 구성하는데 접두사, 접미사와는 달리 의미나 형태가 그 단어의 중심이 되는 것을 말함.

예「はるか」「はるばる」의「はる」

⑤ 단어의 어형변화(語形變化) : 같은 의미를 나타내는 형태에 다른 모음이나 어미가 붙어서 만들어 지는 것.

예 読む －よま、よみ、よむ、よめ、よも

起きる －おき、おき、おきる、おきれ、おき

- 문구성(文構成) : 단어가 문에 이용되어 문을 구성할 때 표현자의 의도하는 의미를 나타내기 위해서는 그 언어에 있어서의 정해진 규칙에 따라야 함.
- 품사(品詞) : 단어(単語) 용법의 차이에 따라 단어를 분류한 것.

■ 언어의 구성면에 있어서 일본어학의 연구대상

1) 음성조직(음성학 또는 음운론)

(1) 정의 : 하나의 언어에 이용되어지는 모든 단음은 각각 별개로 존재하는데 이것을 모두 모은 것.

(2) 취급분야

① 하나의 언어가 어느 정도의 다른 단음으로 구성되어 있는가

② 그 하나하나의 단음은 어떤 성질의 것인가

2) 어휘

(1) 정의 : 하나의 언어에 사용되어 지는 단어는 각각 별개의 것인데 이것을 모두 모은 것.

(2) 취급분야

① 하나의 언어에 어느 정도의 단어가 사용되는가

② 그 하나하나의 단어의 의미는 어떠한가

③ 단어의 외형은 어떠한가

④ 단어가 어떻게 구성되어져 있는가

⑤ 어떻게 활용하는가

⑥ 어떤 품사에 속하는가

3) 문법(어법)

(1) 정의 : 모든 언어구성의 법칙을 논하는 것.

(2) 취급분야

① 음성상의 갖가지 구성법

- 음절은 어떻게 구성되는가

- 음절이 더욱 큰 음성상의 단위를 구성할 때 어떠한 법칙에 의해서 이루어지는가
- 악센트의 성질은 어떠한가
- 악센트에는 어떤 형이 있는가

② 단어의 구성법

- 단어의 구성법에는 어떠한 종류의 것이 있는가
- 활용에는 어떤 형이 있는가
- 활용한 각각의 형태는 어떤 경우에 이용되는가

③ 문의 구성법

- 단어로 문을 만들 경우 어떠한 방법이 있고 어떠한 규칙이 있는가

4) 문자

입에서 발화된 없어지기 쉬운 음성언어를 옮겨 적는다든지 기록한다든지 고정화시키는 시스템

• 취급분야

- 하나하나의 문자가 언어의 어떠한 요소 어떠한 단위를 나타내는가
- 언어의 각종 단위가 되는 단음, 음절은 어떠한 문자이고 어떻게 표기되는가
- 문은 어떤 형태로 표기되는가
- 가나즈카이(仮名遣い)의 문제
- 오쿠리가나(送り仮名)의 문제
- 구독법(句読法)의 문제

위에서 언급한 연구대상은 모두 언어의 차이에 따라 다르고 시대의 흐름에 따라 변화하기 때문에 각각의 언어마다 또한 각각의 시대마다 연구할 필요가 있음.

Ⅲ 언어의 이면성(二面性)

언어의 상태가 한 시대 또는 한 시기에 있어서는 비교적 안정된다는 것과 시간의 흐름에 따라 변화한다고 하는 것은 모든 언어에 공통되는 것으로 여기에서 두 가지 다른 언어연구의 태도가 생겨남.

1) 기술적 연구(記述的研究) : 한 시대 또는 한 시기에 있어서 상태를 명확하게 하는 것.
2) 사적 연구(史的研究) : 각 시대를 통한 사적 전개를 명확히 하는 것.

Ⅳ 일반언어학적 문제

1) 일본어 전체에 있어서의 특질
2) 일본어는 언어 중에서 어떤 종류에 속하는가 하는 점

Ⅴ 국어문제 및 국어교육

1) 국어문제 : 표준어 제정문제, 표준문체의 문제, 가나즈카이(仮名遣い)개정문제, 국자(国字)문제 등.
2) 국어교육

Ⅵ 일본어 교육

1) 일본어를 母語로 하지 않고 자란 사람에게 일본어를 가르치는 것
2) 일본어의 제반 사항은 물론 코스나 커리큘럼 디자인, 교수법, 교실 활동, 평가 등이 포함됨.

02 일본어학 연구의 자료

1. 현재 사용되어지는 모든 종류의 구어(口語)와 문어(文語)

특별한 것으로써는 옛날부터 전해오는 音曲, 芸能, 儀式 등에 사용된 특별한 언어(平曲, 謠曲, 浄瑠璃, 狂言의 대본, 歌舞伎의 대본, 불교의 声明이나 読誦의 언어 등) : 고어 발음연구의 기초가 됨.

2. 일본어를 문자 또는 기호(乎古止點)로 쓴 국내외의 모든 문헌

과거의 언어를 기록한 문헌, 외국자료.

3. 국내외 문헌에 존재하는 일본어에 관한 기록

文典, 사전과 같은 어학서, 주석서, 외국어학서, 기행, 수필, 音曲서, 그 밖의 각종 雑書에 일본어에 관한 기록이 있는 경우가 있음.

4. 외국어 속에 들어가 있는 일본어

포르투갈어의 biombo(屛風), bonzo(坊主) 등.

5. 일본어와 같은 계통의 언어

- 일본어와 같은 계통의 언어가 현재까지는 아직 발견되어지지 않았음.
- 만약 琉球語[오키나와 방언]을 일본어 이외의 언어로써 취급한다면 여기에 속한다고 볼 수 있음.

03 일본어학 연구법

I 현대어를 다룰 경우

1) 사실조사

① 현대어 사용자가 음을 발하고 글자를 쓸 때의 입이나 손의 형태, 움직임을 관찰하거나 연구자 스스로가 이렇게 하여 그 옳고 그름을 판단함.

② 단어나 어구가 어떤 의미를 가지고 있고 어떤 사물을 나타내는 데 어떤 단어나 어구가 사용되는가를 들음.

③ 음성연구에 있어서는 음의 근원이 되는 공기의 진동을 기계를 통해 기록하고 음을 발할 때의 입술이나 혀 등의 형태, 위치를 기계적 방법으로 조사함.

④ 다른 사람이 할 수 없는 언어의 심리적 사실 경험을 연구자 본인이 스스로 관찰함.

⑤ 비교적 많이 알려져 있고 잘 조사되어 있는 것을 기초로 해서 자신의 연구와 비교하면서 다른 종류의 언어를 조사함.

⑥ 각종 언어가 어떠한 범위(지방, 계급, 연령, 직업 등)에서 행하여지는가 또는 어떠한 경우에 이용되는가도 실질적으로 현지조사를 함.

2) 언어사실을 어떤 일정한 단위로 분해하여 그 각 단위의 異同을 고려해 얼마만큼 다른 단위가 존재하는가를 명확히 함.

3) 각 단위가 언어를 구성할 때 어떻게 이용되는가를 조사하여 이것을 분류함.

4) 많은 실질적인 예를 모아 언어구성상의 법칙을 추출해 내고 그 결과를 질서정연하게 기술함.

5) 각각의 단어, 음성, 어법상의 사실 등이 각각의 언어에 있어서 어떻게 되어져 있는가를 조사하여 비교함.

■ 주의점

1) 각 개인이 그 때 그 때 실질적으로 사용하는 언어에는 임시적인 요소와 개인적인 요소가 포함되어 있기 때문에 그 언어의 음성, 의미, 문자에 있어서 본질적인 것과 임시적, 개인적인 것이 무엇인가를 명확히 해야 함.

2) 언어사실에 대한 조사는 현대의 각종 구어나 문어에 있어서 따로따로 행해져야 함.

Ⅱ 과거의 언어를 다룰 경우

1) 편의상 과거의 문헌을 오늘날 우리들의 언어에 근거해 재현함.

2) 음성적인 측면

① 万葉仮名, 平仮名, 片仮名와 같은 표음문자를 이용한 문헌을 모아 같은 단어가 어떤 다른 문자로 쓰여져 있는가를 조사하여 그 언어에 몇 개의 다른 음이 있었는가를 추정함.

② 음가추정

- 이것을 기록한 문자가 로마자나 언문(諺文)과 같은 외국문자, 또는 한자의 자음(字音)을 이용한 万葉仮名와 같이 외국어와 관계가 있는 것이라면 그 문자를 사용하는 나라에 있어서의 발음을 조사함.

- 발음에 관해서 기록한 것이 없는지 살펴보거나, 현대에 있어서의 방언, 옛날부터 오늘날까지 전해져 오는 音曲, 読誦 등 속에 해당하는 문헌이 쓰여진 시대의 발음을 남기고 있지 않은지 살펴봄. 또한 가능한한 가까운 시대의 발음이 명확해지면 이 음과 대조해서 조사함.
- 외국어에 들어가 있는 일본어의 발음에 당시의 음을 남기고 있지는 않는지 고찰함.

3) 의미적인 측면

① 가능한한 많은 용례를 문헌에서 모아 상세하게 조사하고 같은 시대 또는 가능한한 가까운 시대에 생긴 사전이나 주석서, 한문에 가나로 훈을 단 것 등을 참조해 해당문헌의 前後 시대에 나타난 예, 현대어 특히 모든 방언에 있어서의 예를 고려해서 결정해야 함.

4) 어법상의 사실적인 측면

① 당시 언어의 어법에 관한 각종 기술이 있으면 그것을 참조하고, 현대 각종 언어의 어법이나 前後시대의 문헌에 나타난 사실을 참고로 해서 결정해야만 함.

■ 주의점

1) 하나의 문헌은 한 시대에 행해진 각종 언어 전부를 커버하는 것이 아니기 때문에 그 문헌의 언어가 어떤 종류의 언어에 속하는가를 고려해야 함. 같은 시대의 같은 종류의 언어라면 가능한한 많은 문헌을 함께 연구해야만 하지만 다른 종류의 언어라면 구별해서 다루어야 함.

2) 언어는 시대적 변화가 있기 때문에 시대를 나누어 생각해야 하며

시대가 다른 문헌은 따로따로 취급해야 함.

3) 국어 속의 각종 언어는 시간과 함께 생겨났다가 소멸되며 서로 영향을 끼치고 있는데 이러한 것들이 행해지는 토지나 범위 등의 변화는 일반 사회의 사정(事情)을 통해 추측할 수 있음으로 언어 이외의 보조학문의 도움이 필요함.

Ⅲ 주요연구법

1) 역사적 연구법 : 하나의 언어를 시대에 따라 연구하고 그 결과를 시대순으로 늘어놓아 서로 비교하여 그 언어의 어떤 점이 언제 변화했는가를 명확히 하는 연구방법.
   ① 언어상의 변화는 같은 일본어 중에서 어느 하나의 언어에는 일어나더라도 다른 언어에서는 일어나지 않는 경우도 있고 일어나더라도 어느 정도 연대를 달리하는 경우도 있기 때문에 언어마다 따로 고찰해야만 함.
   ② 자료의 분량 및 성질상 비교적 사실이 잘 알려진 시대의 것을 기초로 해서 잘 알 수 없는 시대의 사실을 보완하고 확인함.
2) 비교 연구법 : 같은 언어에서 갈라져 나온 두 개 이상의 언어를 비교하고 그 분기된 과정을 고찰하여 분기되기 이전의 상태를 추정하는 연구방법.
   ① 이 방법을 통해 고대 일본어의 상태가 명확해 지고 문헌으로는 알 수 없는 곤란한 발음상의 세세한 점, 문헌에는 남아있지 않은 단어 등을 알 수 있는 가능성이 있음.
   ② 이 방법의 결점은 정확한 연대를 정할 수가 없다는 것으로 단지 옛날 어느 시대에 그러한 음이 있었고 그러한 단어가 있었다는

것을 알 뿐임.

3) 일반적 연구법 : 국어와 계통상의 관계유무를 따지지 않고 각종 언어에 있어서 보여지는 언어변화의 실질적인 예로 유추해서 국어에 있어서도 같은 변화가 있었다고 간주하여 국어상의 현상을 가정하고 설명하는 방법.

① 이 방법을 실수 없이 적용시키기 위해서는 많은 언어에 있어서 음성변화, 의의(意義)변화 등의 실질적인 예를 모아 이것을 적당한 조건에 의해서 분류하고 이러한 변화에 어떤 다른 종류가 가능할 지를 조사해 둘 필요가 있음.

② 이 방법에 의해서 얻어진 결과는 모두 가능성과 개연성이 있을 뿐 필연성이 결여됨. 하지만 역사적 연구의 결과 前後 시대의 상태가 명확하고 그 중간 시대의 상태를 추정할 경우에는 거의 확실시 되는 경향도 있음.

쉬어가기 문헌학과 언어사와의 차이

유럽의 문헌학은 모두 고전적인 문예(文芸)의 해명(解明)을 목표로 하고 있다. 그리고 이 고전의 해명이라고 하는 목적을 달성하기 위해서 옛 언어를 연구를 해 왔다. 그러나 이 언어의 연구는 고전 또는 기록의 연구를 통해서 [고대]의 본 모습을 재현하기 위하여 행해졌을 뿐 언어 그 자체의 해명을 목적으로 한 것은 아니다. 이것에 비해 언어사는 언어의 변천 그 자체가 연구대상이다.

가령 재료는 완전히 같다고 해도 그것을 보는 눈의 방향이 다르다. 문헌학에 있어서 그 수단인 언어의 연구는 언어사에 있어서는 그것이 목적인 것이다. 따라서 언어사에 있어서 제아무리 웅대한 서사시라도 또 무미건조한 단편적인 사원(寺院)문서라도 언어자료로써는 동급의 가치를 갖는다.

또한 문헌학은 자료선택에 있어서 그 자료에 깃든 심미적, 예술적 가치에 중점을 둔다.또는 내용적으로 종합된 사상에 관심을 쏟는다.이런 의미에서 여기에는 여러 각도의 가치판단이 크게 작용한다. 奈良朝의 기록을 보더라도 문헌학적 입장에서 보면 역시 [만엽집(万葉集)]이 무한한 것을 제공한다는 데는 이론(異論)이 없다. 하지만 언어사의 입장에서는 계속 발굴되어 지고 있는 平城京 유적의 목간(木簡) 에서도 奈良시대의 언어를 새롭게 해명해 줄 것을 크게 기대하고 있는 것이다.

원리적으로 말한다면 문헌학이 관심을 기울이는 [언어]는 [표현으로써의 - 즉 그 순수한 형태에 있어서는 예술로써의 - 언어]인 반면에 언어사가 관심을 기울이고 연구해 가려고 하는 대상은 [표현으로써의 언어]의 모습을 배제하는 것은 아니지만 우선적으로 [전달로써의 언어]인 것이다.

다시 말하자면 문헌학 쪽은 표현된 작품을 그 자체로써 다루어 분석을 행하고 이 [표현]에 깃든 전체의 의미를 추구한다. 여기에 반해 언어학 쪽은 표현되어진 것을 연구하지만 이 연구의 주 목표가 전달을 위한 통로로써의 언어에 있다는 것이다. 때문에 관심이 우선 음운이나 문법 쪽으로 쏠리는 것이다.

이처럼 언어사와 문헌학은 가령 같은 재료를 접하더라도 그것을 쓰는 각각의 연구자의 의도에는 차이가 있고 역사적으로도 문헌학의 태도에 대한 의문에서 언어학이 생겨난 것이다.

—亀井孝(1966)「文献学と言語史との違い」『日本語の歴史別巻言語史研究入門』平凡社

다음을 읽고 맞으면 ○, 틀리면 ×를 하시오.

1 방언, 표준어, 특수어와 같은 독립된 언어가 존재하기 때문에 언어의 연구도 구별하여 이루어져야 한다. ( )

2 언어를 구성하는 가장 중요한 2요소는 음성과 문자이다. ( )

3 문을 구성하는 재료가 되는 것으로 일정한 음에 의해 이루어 지며 일정한 의미를 갖는 것을 단어라고 한다. ( )

4 단어(単語) 용법의 차이에 따라 단어를 분류한 것을 어근이라고 한다. ( )

5 일본어학의 연구대상을 언어의 구성면에서 보면 크게 음성조직, 어휘, 문법으로 나눌 수 있다. ( )

6 하나의 언어에 사용되어 지는 단어는 각각 별개의 것인데 이것을 모두 모은 것을 어휘라고 한다. ( )

7 외국어 속에 들어가 있는 일본어는 일본어학 연구의 자료가 될 수 없다. ( )

8 각 개인의 언어는 임시적인 것과 개인적인 것이 포함되어 있기 때문에 음성, 의미, 문자에 있어서의 본질적인 것과 임시적 · 개인적 것이 무엇인가를 명확히 해야 한다. ( )

9 같은 언어에서 갈라져 나온 두 개 이상의 언어를 비교하고 그 분기된 과정을 고찰하여 분기되기 이전의 상태를 추정하는 연구방법을 일반적 연구법이라고 한다. ( )

10 하나의 언어를 시대에 따라 연구하고 그 결과를 시대순으로 늘어놓아 서로 비교하여 그 언어의 어떤 점이 언제 변화했는가를 명확히 하는 연구방법을 역사적 연구법이라고 한다. ( )

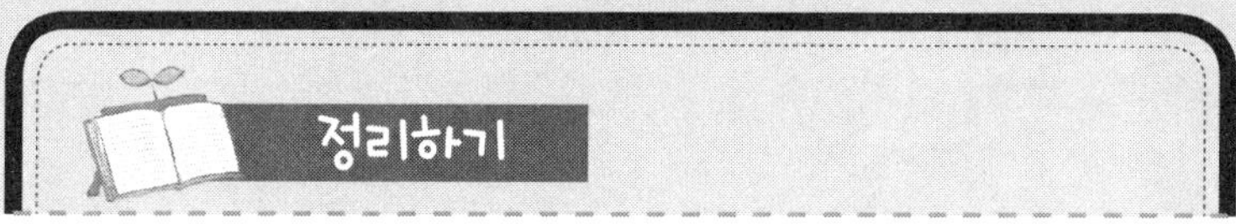

1. 일본어학의 연구대상

기본적으로는 일본어의 다양성, 언어의 구성, 언어의 이면성을 통해 나타나는 일본어를 연구대상으로 함. 그 범위를 넓힌다면 일본어의 일반 언어학적인 문제, 국어문제 및 국어교육, 일본어 교육까지도 연구대상이라고 할 수 있음.

2. 일본어학 연구의 자료

일본어학 연구의 자료로는 현재 사용되는 구어와 문어, 일본어 및 일본어에 관련된 것을 기록한 국내외 모든 문헌, 외국어 속에 들어가 있는 일본어, 일본어와 같은 계통의 언어가 있음.

3. 일본어학 연구법

일본어학 연구법은 현대어와 과거의 언어에 따라 다르며 기본적으로 음성, 어휘, 문법에 초점을 맞추어 다룸. 현대어에 있어서 한 개인의 언어는 개인적인 요소가 포함되어 있기 때문에 본질적인 것과 구분을 지어서 연구해야 함. 또한 과거의 언어연구에 있어서 하나의 문헌은 그 당시의 언어상황을 모두 반영하고 있지는 않기 때문에 이 문헌이 어떤 종류의 언어에 속하는가를 고려해야 함.

03 주차

음성, 음운, 음률

학습 목표

1. 음성의 개념, 구성, 특징을 이해한다.
2. 음운의 개념, 구성, 특징을 이해한다.
3. 음률에 속하는 악센트, 인토네이션, 프로미넌스의 개념을 이해하고 그 구성과 특징에 대해 설명할 수 있다.

학습 내용

1. 음성
2. 음운
3. 음률

사전 학습

1. 다음 음성에 대한 설명 중에서 틀린 것은? (　　)

① 언어를 발음할 때의 최소단위를 음절이라고 한다.

② 사람이 커뮤니케이션을 하기 위해 음성기관을 사용하여 내는 소리를 음성이라고 한다.

③ 조음기관의 여러 곳에서 폐쇄나 협착 등의 장애에 의해서 만들어지는 음을 모음이라고 한다.

④ 음의 길이를 나타내는 시간의 단위를 박이라고 한다.

2. 음운에 대한 설명으로 맞지 않는 것은? (　　)

① 인간의 두뇌에 기억되어져 있는 음의 관념을 음운이라고 한다.

② 음절보다 작은 단위로 이 이상은 분할할 수 없는 음성학상의 최소단위를 음소라고 한다.

③ 음소는 최소대립의 방법을 이용하여 추출한다.

④ 현대일본어의 반모음 음소는 /j/와 /w/ 두 개이다

3. 악센트에 대한 설명으로 틀린 것은? (　　)

① 일본어의 악센트는 고저배치의 제한이 없어서 악센트 형의 종류가 꽤 많다.

② 어 또는 문절을 구성하는 박 상호간에 인정할 수 있는 상대적인 고저관계의 규칙을 악센트라고 한다.

③ 일본어의 악센트는 고저악센트이며 [고][저] 2종류의 박 조합에 의해 語의 악센트가 구성된다.

④일본어의 악센트는 변별적인 기능보다는 통어적 기능 쪽이 더 크다.

01 음성

Ⅰ 음성

사람이 커뮤니케이션을 하기 위해 음성기관을 사용하여 내는 소리.

Ⅱ 음성기관

음성을 표출할 때 사용하는 기관(폐, 기관, 후두, 인두, 구강, 비강, 구개, 혀, 이, 입술 등)

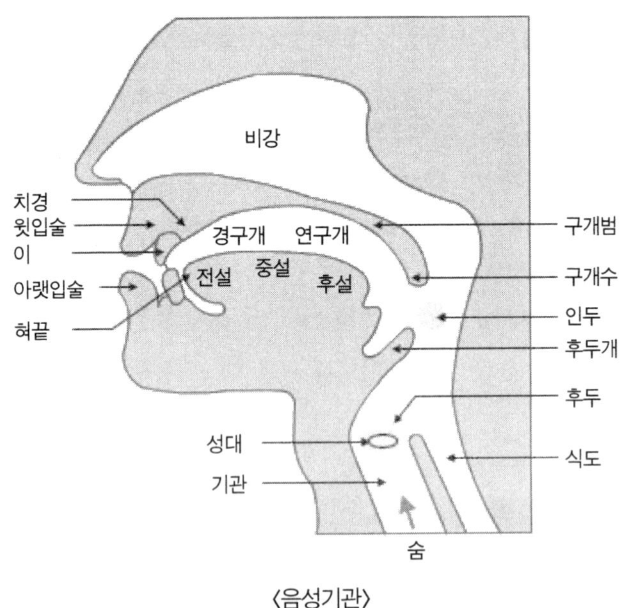

〈음성기관〉

Ⅲ 음절과 박

1. 음절

[언어를 발음할 때의 최소의 단위]로 그 전후에 음의 단락이 올 수 있으며 그 내부에는 음의 단락이 느껴지지 않고 한 단위로 들리는 음의 연속.

예 サ/ク/ラ(3음절)、カン/コ/ク(3음절)、イッ/サ/イ(3음절)、トウ/キョウ(2음절)

1) 일본어 음절의 구조(16개)

(1) 1모음 예 ア/イ/ウ/エ/オ

(2) 1자음+1모음 예 カ行、サ行、タ行、ナ行、ハ行、マ行、ラ行

(3) 1반모음+1모음 예 ヤ/ユ/ヨ/ワ

(4) 1자음+1반모음+1모음

예 キャ、シャ、チャ、ニャ、ミャ ……

• (1) - (4)에 특수음이 결합된 형태 : N(撥音), Q(促音), R(長音)

(5) 1모음+발음 예 アン ……

(6) 1자음+1모음+발음 예 カン ……

(7) 1반모음+1모음+발음 예 ヤン ……

(8) 1자음+1반모음+1모음+발음 예 キャン ……

(9) 1모음+촉음 예 アッ ……

(10) 1자음+1모음+촉음 예 サッ ……

(11) 1반모음+1모음+촉음 예 ヤッ ……

(12) 1자음+1반모음+1모음+촉음 예 シャッ ……

(13) 1모음+장음 예 アー ……

(14) 1자음+1모음+장음 예 カー ……

(15) 1반모음+1모음+장음 예 ユー ……

(16) 1자음+1반모음+1모음+장음 예 チャー ……

2) 일본어 음절의 종류

(1) 단음절(短音節) : 한 박 길이의 음절 - 개음절(開音節)

예 ア、カ、シャ ……

(2)장음절(長音節) : 두 박 이상 길이의 음절 - 폐음절(閉音節)

(1) 두 박 장음절

① 발음을 포함한 음절

예 アン、カン、キャン ……

② 촉음을 포함한 음절

예 アッ、カッ、キャッ ……

③ 장음을 포함한 음절

예 アー、カー、キャー ……

(2) 세 박 장음절

④ 발음과 장음을 포함한 음절

예 コーン、シーン ……

⑤ 촉음과 장음을 포함한 음절

예 トーッタ(通った) 의 トーッ ……

2. 박

[음의 길이를 나타내는 시간의 단위]로 이것은 일본어의 촉음(促音), 발음(撥音), 장음(長音)으로 인해 하나의 음절이 일반적인 한 음절보다 길게 느껴지기 때문에 도입된 개념임.

예 サ/ク/ラ(3음절3박)、イ/ッ/サ/イ(3음절4박)、カ/ン/コ/ク(3음절4박)、ト/ウ/キョ/ウ(2음절4박)

1) 일본어 박의 구조(5개)

(1) 1모음

예 ア/イ/ウ/エ/オ

(2) 1자음+1모음

예 カ行、サ行、タ行、ナ行、ハ行、マ行、ラ行

(3) 1반모음+1모음

예 ヤ/ユ/ヨ/ワ

(4) 1자음+1반모음+1모음

예 キャ、シャ、チャ、ニャ、ヒャ、ミャ、リャ……

(5) 특수박 : N(撥音), Q(促音), R(長音)

예 ン、ッ、ー

2) 일본어 박의 종류

적게는 100여개 많게는 150개라고 여겨지나 학자에 따라 다름. 여기에서는 일반어에 외래어까지 포함시켜 131개 정도로 보기로 함.

〈일본어 박의 종류〉

	直音					拗音							
						~j				~w			
∅	a ア	I イ	u ウ	e エ	o オ	ja ヤ	ju ユ	jo ヨ	(je) イェ	wa ワ	(wi) ウィ	(we) ウェ	(wo) ヲ
K	ka カ	ki キ	ku ク	ke ケ	ko コ	kja キャ	kju キュ	kjo キョ		(kwa) クヮ			
g	ga ガ	gi ギ	gu グ	ge ゲ	go ゴ	gja ギャ	gju ギュ	gjo ギョ		(gwa) グヮ			
ŋ	ŋa ガ	ŋi ギ	ŋu グ	ŋe ゲ	ŋo ゴ	ŋja ギャ	ŋju ギュ	ŋjo ギョ					
s	sa サ	si シ	su ス	se セ	so ソ	sja シャ	sju シュ	sjo ショ	(sje) シェ				
z	za ザ	zi ジ	zu ズ	ze ゼ	zo ゾ	zja ジャ	zju ジュ	zjo ジョ	(zje) ジェ				
t	ta タ	(ti) ティ	(tu) ツゥ	te テ	to ト		(tju) チュ						
c		ci チ	cu ツ			cja チャ	cju チュ	cjo チョ	(cje) チェ				
d	da ダ	(di) ディ	(du) ヅゥ	de デ	do ド		(dju) ヂュ						
n	na ナ	ni ニ	nu ヌ	ne ネ	no ノ	nja ニャ	nju ニュ	njo ニョ					
h	ha ハ	hi ヒ	hu フ	he ヘ	ho ホ	hja ヒャ	hju ヒュ	hjo ヒョ	(hje) ヒェ	(hwa) ファ	(hwi) フィ	(hwe) フェ	(hwo) フォ
b	ba バ	bi ビ	bu ブ	be ベ	bo ボ	bja ビャ	bju ビュ	bjo ビョ					
p	pa パ	pi ピ	pu プ	pe ペ	po ポ	pja ピャ	pju ピュ	pjo ピョ					
m	ma マ	mi ミ	mu ム	me メ	mo モ	mja ミャ	mju ミュ	mjo ミョ					
r	ra ラ	ri リ	ru ル	re レ	ro ロ	rja リャ	rju リュ	rjo リョ					
						N ン	Q ッ	R :					

- 모음 박 – 5개(ア イ ウ エ オ)
- 반모음+모음 박 – 8개(ヤ ユ ヨ イェ ワ ウィ ウェ ヲ)
- 자음+모음 박 – 67개(カ サ タ…)
- 자음+반모음+모음 박 – 48개(キャ シャ チャ…)
- 특수박 – 3개(N Q R)

Ⅳ 단음(単音)

음절 보다 작은 단위로 이 이상은 분할할 수 없는 음성학상의 최소단위.[ ]를 사용하여 발음기호로 나타냄.

예 [k][o][k][o][r][o]

1. 단음(単音)의 종류

1) 발음 시 声帯진동의 유무 : 有声音(유)/無声音(무)

2) 발음 시 조음기관의 협착(狭窄)이나 폐쇄(閉鎖) 등 방해과정의 동반유무 : 子音(유)/母音(무)

2. 모음(母音)

1) 정의 : 구강이나 인두에서 폐쇄나 협착이 이루어지지 않고 나오는 음.

2) 모음의 분류

(1) 혀의 위치(혀의 전후관계)

① 전설모음 : 혀의 앞면이 경구개를 향해 들려짐.

② 중설모음 : 혀의 중간면이 경구개의 뒷부분 또는 연구개의 앞부분을 향해서 들려짐.

③ 후설모음 : 혀의 뒷면이 연구개를 향해서 들려짐.

(2) 입 벌림의 크기(혀의 고저)

① 협모음(고모음) : 혀가 구개 쪽으로 가까이 향하고 공간을 조금밖에 남기고 있지 않은 모음.

② 반협모음

③ 반광모음

④ 광모음(저모음) : 입을 크게 벌려 혀가 구개에서 가장 떨어진 위치에 있는 모음.

(3) 입술의 형태

① 원순모음 : 원순성을 동반한 모음.

② 비원순모음 : 원순성을 동반하지 않은 모음.

3) 기본모음(cardinal vowel)

개개의 모음을 조음점에 의해 규정하는 것이 곤란하기 때문에 기준이 되는 몇 개의 모음을 정해서 기술하는 방법을 모색하기 위해서 등장한 것.영국의 음성학자 다니엘 존스(Daniel Jones)에 의해 8개의 기본모음이 설정됨.

〈기본모음과 일본어 모음〉

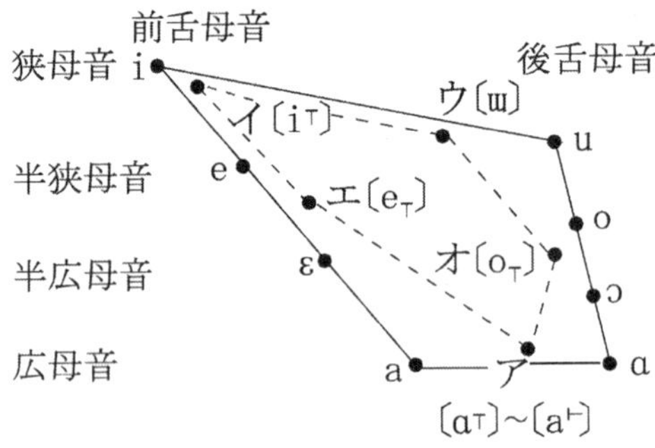

4) 일본어 모음의 음가

(1)「ア」: 비원순모음이며 개구도가 가장 큰 중설모음으로 음성기

호로는 [a]로 나타냄.

(2) 「イ」: 비원순모음이며 개구도가 가장 작은 전설모음으로 음성기호로는 [i]로 나타냄.

(3) 「ウ」: 비원순모음이며 개구도가 작은 후설모음이지만 기본모음[u]와 비교하면 훨씬 전설적임.ズ·ツ의 경우는 그 정도가 더 함. 음성기호로는 [ɯ]로 나타냄.

(4) 「エ」: 비원순모음이며 개구도가 [i]와 [a]의 중간 정도인 전설모음이고 음성기호로는 [e]로 나타냄.

(5) 「オ」: 원순모음이며 중간 정도의 개구도를 가진 후설모음이고 음성기호로는 [o]로 나타냄.

3. 자음(子音)

1) 정의 : 조음기관의 여러 곳에서 폐쇄나 협착 등의 장애에 의해서 만들어지는 음.

2) 자음의 분류

(1) 調音位置(調音点)에 의한 분류

① 양순음(両唇音) : 상하입술에서 조음되는 음.

② 치(경)음(歯(茎)音) : 혀 끝과 위 앞니의 뒷부분 혹은 치경에서 조음되는 음.

③ 치경경구개음(歯茎硬口蓋音) : 혀의 앞부분과 치경에서 경구개에 이르는 부분에서 조음되는 음.

④ 경구개음(硬口蓋音) : 혀의 앞부분과 경구개에서 조음되는 음.

⑤ 연구개음(軟口蓋音) : 혀의 뒷부분과 연구개에서 조음되는 음.

⑥ 성문음(声門音) : 성문에서 조음되는 음.

(2) 調音方法에 의한 분류

① 파열음(破裂音) : 조음기관을 일시적으로 폐쇄한 뒤에 갑자기 열어 그 곳에 축적해 놓은 숨을 한꺼번에 방출해서 내는 음.반드시 폐쇄가 일어나므로 閉鎖音이라고도 함.

② 마찰음(摩擦音) : 조음기관을 좁혀 그 곳을 마찰하듯이 숨이 통과하면서 내는 음.

③ 파찰음(破擦音) : 조음기관을 폐쇄해서 담아 둔 숨을 갑자기 방출하는 것이 아니라 마찰음처럼 서서히 방출하면서 내는 음.

④ 탄음(弾音) : 혀끝 부분이 위의 치경에 가볍게 닿았다가 떨어지며 내는 유성음.

⑤ 비음(鼻音) : 숨이 鼻腔을 통과하며 그 곳에서 공명하도록 해서 내는 유성음.

⑥ 접근음(接近音) : 조음점과 혀가 접근해서 생긴 간격을 호기가 통과해 가는 음.

(3) 声帯振動의 유무에 따른 분류

① 유성음(有声音) : 조음할 때 성대가 진동하는 음.

② 무성음(無声音) : 조음할 때 성대가 진동하지 않는 음.

〈일본어 자음의 분류〉

조음방법 \ 조음위치		양순음	치(경)음	치경 경구개음	경구개음	연구개음	성문음
파열음	무성음	p	t			k	ʔ
	유성음	b	d			g	
마찰음	무성음	ɸ	s	ʃ	ç		h
	유성음		z	ʒ			
파찰음	무성음		ʦ	ʧ			
	유성음		ʣ	ʤ			
탄음	유성음		ɾ				
비음	유성음	m	n	ɲ		ŋ	N
접근음	유성음	w			j	w	

02 음운

Ⅰ 음운

인간의 두뇌에 기억되어져 있는 음의 관념

Ⅱ 음소

1) 정의 : 의미 분화(分化)에 관여하는 최소의 음 단위.

즉 학문적 가설에 의해 귀납되어 추상화된 음성으로 실제로 존재하지 않고 형식화된 기호로써의 음 단위를 말하며 / /로 나타냄.

예 ハ행음 : 단음[h ç ɸ] 음소/h/

깜짝퀴즈

의미분화에 관여하는 최소의 음 단위를 ( )라고 하며 기호로는 / /게 나타낸다.반면 음절 보다 작은 단위로 이 이상은 분할할 수 없는 음성학상의 최소단위를 ( )이라고 하며 기호로는 [ ]게 나타낸다.

예 음소 단음 음성 음절

2) 음소의 추출

최소대립(最小対の対立 : minimal pair contrast) :

동일한 음성 환경에서 하나의 단음에 의해서 의미가 달라지는 한 쌍의 어휘.

이 방법을 통해 해당 언어의 음소를 추출해 냄.

예 浅い[asai]과　赤い[akai]

→음성환경[a ai] : 동일. 전자[s], 후자[k] : 이 음의 차이에 따라 의미가 달라짐으로 이 두 음은 음소로 인정함.

Ⅲ 현대 일본어 음소의 종류

1) 모음음소

/a/ : [a]　/i/ : [i]　/u/ : [ɯ]

/e/ : [e]　/o/ : [o]

2) 자음음소

/k/ : カ행음과 カ행요음의 자음[k]로 무성연구개파열음.

/g/ : ガ행음과 ガ행요음의 자음[g], [ŋ]로 유성연구개파열음.

/s/ : 「サ・ス・セ・ソ」의 자음[s]인 무성치경마찰음과 「シ」의 자음[ʃ]인 무성치경경구개 마찰음.

/z/ : 「ザ・ズ・ゼ・ゾ」의 자음[ʣ]인 유성치경파찰음과 「ジ」의 자음[ʤ]인 유성치경경구개 파찰음. 어두이외의 위치나 撥音 직후에 오지 않는「ザ・ズ・ゼ・ゾ」의 자음은 [z]로 유성치경마찰음으로, 「ジ」의 자음은 [ʒ]로 유성치경경구개마찰음으로 발음됨.

/t/ : 「タ・テ・ト」의 자음[t]인 무성치경파열음.

/c/ : 「チ」와 タ행요음의 자음[ʧ]인 무성치경경구개파찰음과 「ツ」의 자음[ʦ]인 무성치경 파찰음.

/d/ : 「ダ・デ・ド」의 자음[d]인 유성치경파열음.

/n/ : 「ナ・ヌ・ネ・ノ」의 자음[n]인 유성치경비음과 「ニ」와 ナ

행요음의 자음[ɲ]인 유성치경경구개비음.

/ h / : 「ハ・ヘ・ホ」의 자음[h]인 무성성문마찰음과 「ヒ」의 자음[ç]인 무성경구개마찰음과 「フ」의 자음[ɸ]인 무성양순마찰음.

/ b / : バ행음과 バ행요음의 자음[b]인 유성양순파열음.

/ p / : パ행음과 パ행요음의 자음[p]인 무성양순파열음.

/ m / : マ행음과 マ행요음의 자음[m]인 유성양순비음.

/ r / : ラ행음과 ラ행요음의 자음[ɾ]인 유성치경탄음.

3) 반모음 음소

/ j / : ヤ행음의 자음 [j] 인 유성경구개접근음.

/ w / : ワ행음의 자음 [w] 인 유성양순/연구개접근음.

4) 특수음소

/ N / : 撥音「ン」

[m] : 양순비음 - [p b m]음의 앞

[n] : 치경비음 - [t d ʦ ʣ n ɾ]음의 앞

[ɲ] : 치경경구개비음 - [ɲ]음의 앞

[ŋ] : 연구개비음 - [k g ŋ]음의 앞

[N] : 구개수비음 - 어말

[Ṽ] : 비모음 - [a i ɯ e o s ʃ z ʒ h ç ɸ j w]음의 앞

/ Q / : 促音「ッ」

[k][p][t][s][ʃ]/[b][d][g]

/ R / : 長音「ー」

[a][i][ɯ][e][o]

03 음률

I 악센트(accent)

1) 정의 : 개개의 語에 대해서 사회적 관습으로써 일정하게 정해져 있는 음의 상대적인 고저 또는 강약의 배치.

2) 종류

(1) 高低악센트 : 일본어, 베트남어, 수단어, 아메리카 인디언어, 리투아니아어, 고대그리스어, 라틴어 등.

(2) 强弱악센트 : 영어, 독일어, 러시아어, 스페인어, 이탈리아어 등.

3) 일본어의 악센트

(1) 정의 : 악센트절(語 또는 文節)을 구성하는 拍 상호간에 인정할 수 있는 相対的인 高低関係의 규칙.

(2) 특징

① 고저 악센트이며 [고][저] 2종류의 박 조합에 의해 語의 악센트가 구성됨.

② 고저의 변화는 주로 하나의 박에서 다음 박으로 옮겨지는 곳에서 생김.

- 악센트의 폭포(滝) : 하나의 語 중에서 고에서 저로 옮겨지는 부분.
- 악센트의 핵(核) : 악센트의 폭포가 있는 바로 직전의 박.

예 ココロ

: 앞에서 두 번째 박 뒤에 악센트의 폭포가 있고 악센트의 핵은 앞에서 두 번째 박에 있다.

③ 高低배치에 제한이 있어서 악센트 형식으로써의 型종류가 꽤 적음.

- 악센트 형 : [고] 와 [저] 두 종류의 박을 조합시키면 일정한 拍数의 語에 일정한 수의 다른 조합이 생겨나는데 이 조합의 하나하나를 가리킴.

④ 일본어의 악센트는 語의 의미를 구별하는 변별적인 기능보다는 語나 文節 등을 한 덩어리로 모으거나 갈라지는 곳을 표시하는 통어적 기능 쪽이 큼.

a. 弁別的 機能

例 アカ(垢) ／ アカ(赤)

セーカ : 生花、生家、正価、正貨、正課、成果、声価、青果、盛夏、聖火、聖歌、精華、製菓、請暇、斉家、臍下

セーカ : 製靴

b. 統語的 機能

例 ニワトリガイタ(鶏がいた)

ニワトリガイタ(二羽鳥がいた)

(3) 일본어 악센트의 型

① 平板式 : 악센트의 핵이 없는 것.

a. 平板型 예 ウサギガ　○●●▶

② 起伏式 : 악센트의 핵이 있는 것.

a. 頭高型 예 テンキガ　●○○▷

b. 中高型 예 ココロガ ○●○▷

c. 尾高型 예 アタマガ ○●●▷

Ⅱ 인토네이션(intonation)

1) 정의 : 發話 중에 화자의 표현의도를 나타내기 위해 文末 등에 나타나는 음성의 억양

2) 특징

(1) 語에 따라 정해져 있는 것이 아니라 장면이나 상황에 따라 어떠한 文이나 単語의 連続体에도 적용됨.

(2) 악센트의 형을 부수지 않고 나타나는 것이 일반적임.

(3) 사회적 관습성은 꽤 약하고 많은 언어(방언)에 어느 정도 공통적으로 인정되는 경우가 많음.

예 의문문은 문말을 올려서 발화하는 것

3) 종류

(1) 감정적 인토네이션 : 희로애락, 놀람, 과장 등의 표현

(2) 논리적 인토네이션 : 문(또는 단어의 연속체)의 논리적 내용에 따른 서술, 단정, 의문 등의 표현

4) 타입

(1) 上昇調(↗) : 의문, 다짐의 기분을 나타냄.

(2) 下降調(↘) : 단정, 명령의 기분을 나타냄.

(3) 下降上昇調(↘↗) : 놀람, 감탄의 기분을 나타냄.

(4) 平板調(→) : 말이 아직 계속됨을 나타냄.

예 ① そうですか ↗ (의문)

② そうですか ↘ (기쁨)

③ そうですか ↘↗ (의심)

④ そうじゃない ↘ (부정)

⑤ そうじゃない ↗ (의견을 구함)

⑥ そうでしょう ↗ (확인)

⑦ そうでしょう ↘ (추측)

⑧ そうですね ↗ (확인)

⑨ そうですね → (주저함)

Ⅲ 프로미넌스(prominence)=強調卓立

1) 정의 : 문 도중의 어떤 부분(語 또는 語句)을 강조하기 위해서 그 부분을 높게 또는 길게 발음해서 두드러지게 하여 문의 의미를 명확하게 하는 기능.

2) 특징

(1) 화자의 표현의도와 깊게 관여한다는 점에서 인토네이션과 공통됨.

(2) 사회적 관습성은 일반적으로 약함.

(3) 많은 언어(방언)에 공통되는 경우가 많음.

3) 표현방법

(1) 강조하고자 하는 곳만을 높게 발음함.

(2) 강조하고자 하는 곳의 속도를 떨어뜨림.

(3) 강조하고자 하는 곳의 전후에 포즈를 넣음.

(4) 강조하고자 하는 곳의 음성의 크기를 바꿈.

(5) 강조하고자 하는 발성을 바꿈(예를 들면 속삭이는 소리를 하는 것 등)

예 今夜は彼女とパーティーへ行きます。

① **コンヤワ**　カノジョト　パーティーエ　イキマス。

② コンヤワ　**カノジョト**　パーティーエ　イキマス。

③ コンヤワ　カノジョト　**パーティーエ**　イキマス。

일본어의 발음은 쉬운 편일까?

우리는 일본어를 학습할 때 비교적 그 발음에서 큰 어려움을 겪지 않으며 일본어는 한국어보다 발음이 쉽다고 생각하곤 한다. 이것은 아마도 일본어에는 자음이나 모음 같은 音素 수가 비교적 적으며 또 음절의 구조가 자음(C)+모음(V)으로 이루어져 다른 언어와 비교해 간단한 구조를 하고 있기 때문이라고 생각된다.

아무래도 음소의 종류가 많은 언어라면 그것을 구별하는 것이 음소의 종류가 적은 언어보다 부담이 많이 되는 것은 당연한 이치이고 또 음절 구조도 자음+모음을 한 단위로 발음하는 것과 비교해 영어의 경우처럼 CCVCC와 같은 음연속을 한 단위로 발음하는 것이 어려우리라는 것은 쉽게 판단할 수 있다.이러한 이유로 인해서 일본어는 비교적 발음이 쉽다고 말하곤 한다.

우선 일본어의 음소에 대해 살펴보면 다음과 같이 되어있다.

모　　음 : /aiueo/
반 모 음 : /jw/
자　　음 : /kgsztdcnhbpmr/
특수음소 : /NQR/

위와 같이 생각하면 모음 5, 자음 13, 반모음2, 특수음소3으로 모두 23개의 음소를 인정할 수 있지만 학자들에 따라 의견에 다소 차이가 있다.예를 들어 た행 자음의 경우에는 구체적인 単音으로는 [t ʦ ʧ]이 나타나고 있는데 이를 상보분포하는 것으로 인정해서 전체에서 하나의 음소/t/만을 인정하는 입장도 있고 또 각각 단음을 모두 음소로 인정하여 /t ʦʧ/3개의 음소를 설정하는 의견도 있다. 또 が행에서도 /g ŋ /두 개의 음소를 인정하는 학자도 있는 등 구체적인 음소 인정에 있어서는 다소 이설이 존재한다. 특수음소에서는 구체적인 발음이 中和된 형태로 促音음소와 撥音음소 그리고 長音음소를 인정하는 것이 보통이다.

일본어의 음절구조를 살펴보면 '자음+모음'을 기본으로 하여 , 여기에 반모음이 첨부된 형태 그리고 촉음 발음 장음의 특수음소가 첨가된 형태로 구성되어 있어 모두 16종류의 구조를 보이고 있다.

일본어의 음절구조에서 가장 복잡한 형태인'자음+반모음+모음+특수음소'는 대개 か · さ행에 집중되어 있을 뿐 아니라 아울러 촉음 · 발음 · 장음이 결합한 형태가 漢語에 나타날 뿐 고유어의 경우에는 매우 한정되어 있으므로 '자음+모음'의 구조를 나타내는 것이 대부분이다.이처럼 음소의 종류가 비교적 적으며 음절의 구조에서도 비교적 간단한 형태를 보이고 있는 점에서 일본어의 발음이 쉽다는 인상을 갖게 되는 것으로 생각할 수 있다.

황광길(2003)「일본어의 발음은 쉬운 편일까?」『일본어는 뱀장어 한국어는 자장』 글로세움

다음을 읽고 맞으면 ○, 틀리면 ×를 하시오.

1. 사람이 커뮤니케이션을 하기 위해서 음성기관을 사용하여 내는 소리를 음성이라고 한다. (　)

2. 자음은 조음위치, 조음방법, 혀의 위치에 의해 분류한다. (　)

3. 자음은 조음위치에 따라 양순음, 치경음, 치경경구개음, 경구개음, 연구개음, 성문음으로 분류할 수 있다. (　)

4. 음소란 학문적 가설에 의해 귀납되어 추상화 된 음성으로 실제로 존재하지 않고 형식화된 기호로써의 음 단위를 말하며 [　]로 나타낸다. (　)

5. 일본어의 박의 구조는 1모음, 1자음+1모음, 1반모음+1모음, 1자음+1반모음+1모음, 특수박으로 이루어진다. (　)

6. 「チ」와 タ행 요음의 자음[ʧ]과 「ツ」의 자음[ʦ]의 음소는 / c /이다. (　)

7. 일본어 악센트의 고저의 변화는 주로 하나의 박에서 다음 박으로 옮겨지는 곳에서 생긴다. (　)

8. 발화 중에 화자의 표현의도를 나타내기 위하여 문말 등에 나타나는 음성의 억양을 인토네이션이라고 한다. (　)

9. 프로미넌스는 사회적인 관습성이 강하다. (　)

10. 문 도중의 어떤 부분(語 또는 語句)를 강조하기 위해서 그 부분을 높게 또는 길게 발음해서 두드러지게 하여 문의 의미를 명확하게 하는 기능을 가리켜 프로미넌스라고 한다. (　)

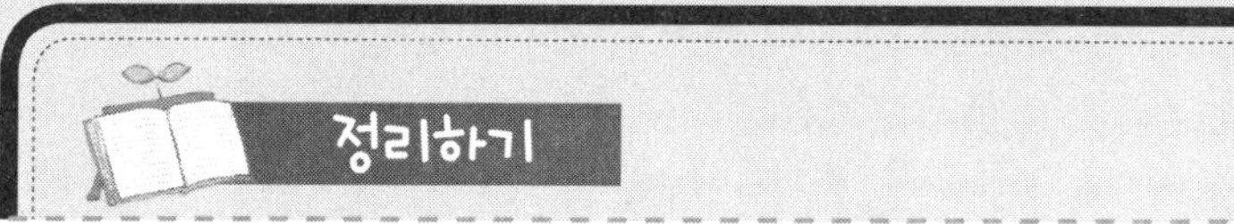

1. 음성

- 음성, 음성기관, 음절과 박, 단음의 개념
- 일본어의 박의 구조 : 5개(1모음, 1자음+1모음, 1반모음+1모음, 1자음+1반모음+1모음, 특수박)
- 일본어의 단음

① 모음 - 5개

[a] [i] [ɯ] [e] [o]

② 자음 - 25개~38개

[p] [b] [ɸ] [w] [m] [t] [d] [s] [z] [ʦ] [ʣ] [ɾ] [n] [ʃ] [ʒ] [ʧ] [ʤ] [ç]

[j] [ɲ] [k] [g] [ŋ] [ʔ] [h] [N]

([β] [ɱ] [f] [v] [θ] [ð] [l] [r] [ɹ] [x] [ɣ] [ɦ])

2. 음운

- 음운, 음소의 개념
- 현대일본어 음소의 종류(23개)

① 모음음소 : /a i u e o/

② 자음음소 : /k g s z t c d n h b p m r/

③ 반모음 음소 : /j w/

④ 특수음소 : /N Q R/

3. 음률

- 일본어 악센트

① 정의 및 특징

② 악센트의 형 : 平板型, 頭高型, 中高型, 尾高型

- 인토네이션의 정의, 특징, 타입

- 프로미넌스의 정의, 특징, 표현방법

과제

カ행, サ행, ナ행, ハ행의 자음은 각각 그 음의 차이가 있는가? 있다면 어떠한 음의 차이가 있는지를 간략하게 기술하시오.

04주차

문자와 표기

학습 목표

1. 문자에 대한 기초지식을 습득하며 전반적인 사항을 이해한다.
2. 일본의 한자, 가나, 로마자, 보조부호의 특징을 이해한다.
3. 일본의 문자를 이용한 표기법의 실체와 그 특징을 이해하고 활용할 수 있다.

학습 내용

1. 문자
2. 일본의 문자
3. 일본어 표기법

사전 학습

1. 음성언어와 문자어휘의 차이에 대한 설명으로 맞지 않는 것은? (　　)

① 음성언어는 전달의 간접성, 문자언어는 전달의 직접성이라는 사회적 기능의 차이를 보인다.

② 음성언어는 청각에 의존하고 문자언어는 시각에 의존한다.

③ 음성언어는 장면의 의존도가 크지만 문자언어는 크지 않다.

④ 음성언어의 변천은 전 세대에서 다음 세대까지 연속적으로 계승되어져 가는 사이에 차츰차츰 나타나지만 문자언어의 변화는 비연속적이고 고정성이 강하다.

2. 한자의 음과 훈에 대한 설명으로 맞지 않는 것은? (　　)

① 한자음은 [오음][한음][당음]의 순으로 일본에 전래되었다.

② 숙어의 앞 자는 음으로 읽고 뒷 자는 훈으로 읽는 것을 湯桶読み라고 한다.

③ 語의 의미에 관계없이 그 語와 같은 [음]과 [훈]을 대응시킨 用字法을 当て字라고 한다.

④ 중국에는 없는 사물이나 개념을 나타내기 위해서 한자의 구성원리를 흉내 내어 일본에서 새롭게 만든 한자를 国字라 한다.

3. 표기에 대한 설명으로 맞지 않는 것은?(　　)

① 표기기호를 사용해서 일정한 규칙에 따라 음성언어를 시각화하고 평면상에 고정시키는 것을 표기라고 한다.

② 音列과의 대응을 손상시키지 않고 자른 가장 짧은 문자열을 표기요소라고 한다.

③ 문자체계 및 그 외의 표기기호에 대응규칙을 합친 것을 문자열이라고 한다.

④ 문자가 두 개 이상 늘어서 확실한 문자열을 구성한 가운데 부호 등을 이용하여 일정한 규칙에 따라 나타내는 방법을 표기법이라고 한다.

01 문자

Ⅰ 정의

1) **문자(文字)** : 입에서 발화된 없어지기 쉬운 음성언어를 옮겨 적는다든지 기록한다든지 고정화시키는 시스템.

2) **문자체계(文字体系)** : 문자의 집합. 즉 역사적, 발생적으로 하나의 총체적인 것을 구성하고 있는 문자의 집합. 문자는 문자체계의 요소에 해당됨.

   예 세계의문자체계 : 라틴문자(로마자), 그리스문자, 러시아문자, 아라비아문자, 히브리문자, 타이문자, 티벳문자, 한글, 한자, 히라가나, 가타카나 등

Ⅱ 음성언어와 문자언어의 차이

1) 음성언어는 청각에 의존하고 문자언어는 시각에 의존함.
2) 음성언어는 전달의 직접성, 문자언어는 전달의 간접성이라는 사회적 기능의 차이를 보임.
3) 언어 형성의 면에 있어서 음성언어는 장면의 의존도가 크지만 문자언어는 크지 않음.
4) 역사적 발전의 면에 있어서 음성언어의 변천은 전 세대에서 다음 세대까지 연속적으로 계승 되어져 가는 사이에 차츰차츰 나타나지만 문자언어의 변화는 비연속적이고 고정성이 강함.

Ⅲ 문자의 종류

1) 표의(表意)문자 -------------------------------- 한자, 이집트 문자 등

2) 표음(表音)문자

(1) 음절(音節)문자 -------------------------------- 일본어의 가나 등

(2) 단음(単音)문자[音素문자] --------------------- 로마자, 한글 등

02 일본의 문자

I 한자

1. 한자의 전래

고대일본은 한국과 깊은 관계가 있었는데 기록에 의하면 백제로부터 한자가 전해졌다고 함. 하지만 근래에는 고분이나 유적의 발굴에 의해 「古事記」「日本書紀」이전의 刀剣의 銘文이나 木簡 등이 더 오래 전에 한자가 전해졌음을 증명하고 있음. 또한 3세기까지의 漢이나 魏시대에도 일본이 직접 중국과 교류를 한 것 같다는 지적도 있음.

2.한자의 구성

1) 육서(六書)

100년 後漢의 許愼이 저술한 『說文解字』의 내용 중에 9353자 한자의 字形, 字義, 成立에 관해서 설명을 하고 있는데 이 때 한자의 造字원리로써 정립한 것.

(1) 象形

① 가장 원시적인 造字法으로 선을 이용해서 객관적인 사물의 형상 또는 윤곽특징을 묘사한 것으로 이 방법으로 만들어진 상형문자는 복잡한 非象形字의 기초가 됨.

② 복잡한 사물과 추상적인 개념의 표현은 할 수 없다는 점의 한계가 있어서 이 형태의 한자는 많지 않음.

예 人、女、弓、日、木、…

(2) 指事

① 象形의 기초 위에 간단한 지시성의 부호를 첨가한다든지 완전히 추상적인 부호를 이용한다든지 해서 새로운 글자를 만드는 방법.

② 이 문자는 추상적인 의미를 나타내는 것이 가능해서 象形文字보다는 진보된 것이지만 대량의 사물과 개념을 지시성 부호를 이용해서 표시한다는 것은 무리가 따르기 때문에 하나의 보조적 방법에 불과함.

③ 이 형태의 한자는 꽤 적음.

예 一、上、中、公、本、…

(3) 会意

① 2개 이상의 要素文字를 결합시켜 새로운 글자를 구성하는 방법.

② 이 형태의 결합은 꽤 활발하게 이루어지기 때문에 그 수가 상형문자, 지사문자에 비해서 많으나 인식의 모든 분야나 모든 레벨에 대응하는 어휘항목의 막대한 수를 커버하지는 못함.

③ 하나의 의미를 나타내려고 할 때 다수의 要素文字를 동시에 이용하지 않으면 안되는 경우가 많음.

④ 일본 国字의 造字원리는 대부분 会意에 의함.

예 林、明、休、冬、轟…

(4) 形声

① 義符와 音符를 이용하여 새로운 자를 구성하는 방법.

② 기존의 象形文字, 指事文字, 会意文字를 활발하게 이용하고

다양한 배열법으로 많은 형성문자를 만들어냄.

③ 音符에 의해서 語音을, 義符에 의해서 語義를 나타내기 때문에 한자의 表語적 성질을 강화시키고 중국어를 기록할 수 있는 힘을 증진시킴.

④ 한자의 表音化 発展方向을 대표함.

⑤ 통계에 따르면 오늘날 일반적으로 사용되는 한자 중에서 形声文字가 차지하는 비율이 90%를 상회함.

예 巧、攻、貢、紅、江…

(5) 転注

• 한자를 원래의 뜻에서 전성된 새로운 뜻으로 이용하는 것.

예 [音楽]을 의미하는 상형문자[楽]을 [즐겁다]라고 사용하는 것.

(6) 仮借

• 한자음을 빌려서 동음(또는 근사음)의 다른 語를 나타내는데 사용하는 것.

예 상형문자[耳]를 한정사[のみ]로 대응시켜 사용함.
두개의 형성문자[浮]와[屠]를 梵語Buddha에 대응시켜 사용함. 외국 지명이나 인명, 외래어에 대응시켜 사용함.

깜짝퀴즈

한자의 구성에 있어서 2개 이상의 要素文字를 결합시켜 새로운 글자를 구성하는 방법을 (　)라고 한다.

예 象形　　指事　　会意　　形声

2) 부수

한자의 자형상의 특징에 따라 구성면에서 같은 특징을 갖는 것을 모아 한자를 분류하고 배열한 것.

(1) 변(辺) : 偏(へん) - 좌우로 나누었을 때 왼쪽 편

亻(にんべん)、土(つちへん)、山(やまへん)、忄(りっしんべん)、扌(てへん)、犭(けものへん)、示・ネ(しめすへん)、衣・衤(ころもへん)、阝(こざとへん)、冫(にすい)、氵(さんずい)、月・肉(にくづき) 등

(2) 방(傍) : 旁(つくり) - 좌우로 나누었을 때 오른쪽 편

刂(りっとう)、卩(ふしづくり)、欠(あくび)、殳(るまた)、邑・阝(おおざと)、隹(ふるとり)、頁(おおがい) 등

(3) 머리 : 冠(かんむり) - 상하로 나누었을 때 위 편

亠(卦算(けいさん) かんむり)、冖(わかんむり)、宀(うかんむり)、穴(あなかんむり)、 艹(くさかんむり)、竹(たけかんむり)、雨(あめかんむり)、 癶(はつがしら)、虍(とらがしら)、髟(かみがしら) 등

(4) 다리 : 脚(あし) - 상하로 나누었을 때 아래 편

卄(にじゅうあし)、心(こころ)、灬(れっか, れんが)、皿(さら) 등

(5) 밑 : 垂(たれ) - 위에서 왼쪽 편으로 늘어서 있는 것

厂(雁(がん) だれ)、广(麻(ま) だれ)、疒(やまいだれ) 등

(6) 받침 : 繞(にょう) - 왼쪽 위부터 밑으로 이어짐

乙(乙(おつ) にょう)、廴(延(えん) にょう)、支(支(し) にょう)、 攴・攵(攴(ぼく) にょう)、走(走(そう) にょう)、麥(麦(ばく) にょう)、辵・辶(しんにょう)、鬼(鬼(き) にょう) 등

(7) 에운담 : 構(かまえ) - 전체를 에워 쌈

冂(けいがまえ)、勹(包(つつみ) がまえ)、匚(はこがまえ)、囗(くにがまえ)、行(ゆきがまえ)、門(門(もん) がまえ)、鬥(たたかいがまえ) 등

*** 한자의 部首別字数**

- 諸橋轍次『大漢和辞典』에 있는 한자 49, 964자의 부수별 所属字数의 평균은 233.5자로 꽤 넓게 퍼져있다고 말할 수 있음.
- 所属字数가 가장 작은 字数의 부수는 艮(6자)임.
- 所属字数가 많은 상위 10위 내의 부수에 속하는 한자는 전체의 27.6%를 점함.

〈한자의 부수별 자수〉

부수	자수
1. 艸	2,137
2. 水	1,804
3. 木	1,609
4. 口	1,465
5. 手	1,308
6. 心	1,261
7. 虫	1,182
8. 竹	1,024
9. 人	1,002
10. 言	987
11. 金	981
12. 糸	917
13. 鳥	909
14. 女	901
15. 肉	863
16. 火	833
17. 山	817
18. 土	785
19. 目	764
20. 魚	682

자수의 분포	부수의 수
~ 1000	9
999 ~ 500	22
499 ~ 300	18
299 ~ 200	23
199 ~ 100	26
99 ~ 50	49
49 ~	67
計	214

3. 한자의 음과 훈

1) 한자의 음훈

(1) 音 · 音読み(字音) : 일본어의 한자로써 중국에서 들어와 그 음을 일본식으로 읽은 것.

(2) 訓 · 訓読み(字訓) : 일본어를 표기하기 위해서 같은 한자의 의미를 이용하여 그 한자를 일본어로 읽은 것.

① 일본어의 한자에는 이 [音][訓]이 있고 사전이나 교과서에서는 [音]은 가타카나로, [訓]은 히라가나로 나타내기도 함.

② [音]은 1자로는 의미를 알 수 없기 때문에 熟語의 형태로 주로 사용되어지며 [訓]은 1자로 사용되어지는 경우가 많음.

2) 한자음(字音)

중국어음에 근거한 일본에서의 음.

- 시대, 지역, 사용자에 따라 구분지을 수 있음.
- 시대적으로는 [呉音][漢音][唐音(唐宋音)] 순으로 일본에 들어왔는데 이것들은 당시 수도였던 중국 지역의 語音임.

(1) 呉音

삼국시대의 呉나라(229 - 280년)가 지배하고 있던 揚子江하류 지역의 南朝(5 - 6세기)와의 교류를 통해 불교와 함께 경전을 읽기 위해서 들어온 음.

① 일본에 가장 먼저 들어온 한자음으로 [和音]이라는 異名이 붙을 만큼 일본화 됨.

② [漢音]이 들어오자 [呉音]은 한층 낮게 취급되어 奈良시대에는 儒書나 仏典정도에 밖에 사용되지 않음.

예 肉(にく)、兄弟(きょうだい)、病気(びょうき)

(2) 漢音

7세기에서 9세기 무렵 중국의 隋·唐의 유학생들이 가지고 온 音으로 唐의 수도 長安지방(지금의 西安市부근)의 음.

① 근세이후 유교가 민간에 침투하여 四書의 音読이 漢音으로 발음된 것이 널리 퍼진 계기가 됨. 또한 奈良시대에 [漢音]이 바른 발음으로 여겨진 것도 여기에 일조함.

② 오늘날에는 [呉音]과 [漢音]이 혼용되어 지는 경우도 많음.

예 時間 - ジ : 呉 カン : 漢

(3) 唐音

중국 宋시대에 일본에 들어온 한자음.

① 鎌倉시대의 禅宗과 함께 들어온 음부터 江戸시대이후의 승려나 중국과 관련이 있는 무역상 등이 가져온 음까지를 가리킴.

② 대부분 宗派내에서 사용하거나 학자의 연구대상이 되어 있었기 때문에 특수한 음이 많음.

예 行灯(アンドン)、暖簾(ノレン)

3) 관용음(慣用音)

[呉音]과 [漢音]이 일본에서 사용되어지는 동안에 변화하거나 한자의 변이나 방 등에 의해 유추 해석되어 바르지 않게 읽혀진 것이 일반화된 것.

예 明 오음 : ミョウ 한음 : べイ 관용음 : メイ

4) 同訓異字와 同音異字

(1) 同訓異字 : 훈은 같은데 한자가 다른 것.

예 暑い · 厚い · 熱い

(2) 同音異字 : 음은 같은데 한자가 다른 것.

예 当 · 塔 · 党 · 唐 · 糖…

5) 重箱読み와 湯桶読み

(1) 重箱読み : 숙어의 앞 자는 음으로 읽고 뒷 자는 훈으로 읽는 것.

예 本箱

(2) 湯桶読み : 숙어의 앞 자는 훈으로 읽고 뒷 자는 음으로 읽는 것.

예 切符

6) 熟字訓[慣用読み]

和語(고유 일본어), 특히 俗語에 한자의 훈을 대응시켜 몇 종류로 읽는 방법. 熟字전체가 하나의 단어에 상당하여 따로따로 한자의 읽는 방법으로는 분해할 수 없는 것.

예 昨日(きのう)、上手(じょうず)

7) 当て字(宛字)

語의 의미에 관계없이 그 語와 같은 [音]과 [訓]을 내응시킨 用字法.

- 한자를 활발하게 쓰기 시작한 江戸시대에 한자를 사용하는 것이 유행하여 [当て字]가 생겨남.

  예 都合(つごう)、無駄(むだ)

8) 国字[和漢字]

중국에는 없는 사물이나 개념을 나타내기 위해서 한자의 구성원리를 흉내내어 일본에서 새롭게 만든 한자.

예 匁(もんめ)、込(こむ)、峠(とうげ)、畑(はたけ)、塀(へい)、搾(しぼる)、働(はたらく)、枠(わく)

깜짝퀴즈

[呉音]과 [漢音]이 일본에서 사용되어지는 동안에 변화하거나 한자의 변이나 방 등에 의해 유추해석 되어 바르지 않게 읽혀진 것이 일반화된 일본의 한자음을 (   )이라고 한다.

예 呉音　　漢音　　唐音　　慣用音

Ⅱ 가나(仮名)

1. 만요가나(万葉仮名)

한자가 나타내는 의미와 관계없이 音 또는 訓을 이용하여 일본어를 표기하는데 사용된 한자.

(1) 万葉集을 표기할 때 주로 사용되었기 때문에 만요가나(万葉仮名)라는 이름이 붙음.

(2) 어떤 음절을 표기할 때 만요가나의 종류는 한가지만 있는 것도 있지만 여러 개가 있는 것도 적지 않음.

① 音仮名 : 漢字의 음만을 이용함. 漢字 한 자가 일본어 1음절을 표시하는 경우가 대부분이나 2음절을 나타내는 경우도 있음.

예 奈都可之 : なつかし、難 : なに

② 訓仮名 : 漢字의 訓을 이용함.한자 한 글자가 한 음절을 나타내는 경우가 많으나 그 외에도 두음절, 세음절을 나타내는 경우도 있음. 두 글자가 한 음절 또는 두 음절을 나타내는 경우 등도 있음.

예 한 글자가 한 음절 八間跡 : やまと

한 글자가 두 음절 夏樫 : なつかし

한 글자가 세 음절 千葉破 : ちはやぶる

두 글자가 한 음절 五十日大 : いかた[筏]

두 글자가 두 음절 少熱 : ぬる[조동사 ぬ의 연체형]

〈나라시대의 음절 및 만요가나일람〉

주요 만요가나표

[범례]

1. 이 표에서는 상대 일본어를 표기한 만요가나 중, 스이코(推古)期의 遺文(法王帝説은 포함하지 않음) · 고지키 · 만요슈 · 니혼쇼키에 쓰인 주요한 것을 표시하였다.
2. 이 표에서는 지명 · 인명 등의 표기에 사용된 것도 포함한다.
3. 이 표에서는 우선 한 글자가 1음절로 맞춰진 음가나를 표시하고, 다음으로 " · " 아래에 훈가나를 표시하였다. 그 뒤, 두 글자가 1음절에 해당하는 훈가나를 (예)"五-十(い)"와 같이 표시하고, 마지막으로 한 글자가 2음절에 해당하는 예를 들었다. 또한, 운미(韻尾)가 있는 글자, 특히 입성자(入聲字, k · p · t)는 가령 그 운미가 "乙登(おと)"와 같이 다음 음절의 두자음(頭子音)과 중첩되어 사용되는 예가 많으나, 이러한 경우에도 1음절에 준한다고 간주하였다.
4. 읽기에 문제가 있는 글자는 저본(底本)의 판단에 따랐으나, 의문점이 남는 경우에는 ( )로 표시하였다. 일례로 "揺(ゆ)"는 "よ|" 내지는 "|え"로 읽는다는 설이 유력하다고 하는 경우가 있다.
5. 상대특수가나즈카이(上代特殊仮名遣い)의 갑류(甲類)는 가나 오른쪽에, 을류(乙類)는 가나 왼쪽에 줄을 그어 표시하였다. 또한 아행의 "え"는 오른쪽에, 야행의"え"는 왼쪽에 줄을 그어 표시하였다.

音節	推古期	古事記	万葉集	日本書紀
あ	阿	阿・吾足	阿安英・吾足余網 嗚呼	阿安婀鞅・吾足我
あむ		淹		
い	伊夷	伊・五十	伊夷怡以異已移 壱・射 五十 馬声	伊怡以異易壱・胆 五十
いち		壱	壱	壱
いな			因	因
いに		印		
う	汙有	宇汙・菟鵜	宇汙有于羽烏雲・ 菟卯鸕得	宇汙于羽紆禹優・ 菟鵜鸕
うつ			鬱	鬱

え|		愛亜・荏	衣愛依・榎荏得	愛哀埃・朴可愛
お	意	意淤隠	意於飫憶応	意於淤飫憶乙
おほ			邑	邑
か	加	加迦可訶甲 香・髪鹿蚊	加迦可賀珂箇河嘉 架甲香・鹿蚊香芳 歟日	加迦可訶賀哿箇河 伽歌舸軻柯介甲香 甘・髪鹿蚊香檝日
かが		香		
かく			各	覚
かぐ		香	香	香
かつ			葛	
かに		漢	漢干	
かむ			甘敢	甘
かわ				考
が	宜奇	賀何我	賀何我河蛾	賀我河餓峨俄鵝
き|	支岐吉	岐伎吉棄・寸 杵	支岐伎吉棄枳企・ 寸杵来服	岐吉棄枳企耆祇祁 (嗜)・寸杵来
ぎ|		芸	芸祇岐伎	芸伎儀蟻嶬
|き	帰・城	紀貴幾・城木	紀貴奇騎綺寄記・ 城木樹	紀幾奇基機己既気 規・城木樹黄椽
|ぎ		疑	疑宜義	疑擬
く	久	久玖	久玖口群苦丘九鳩 君・来	久玖句苦倶区勾矩 約衢窶屨・来
くに			君	訓
ぐ		具	具遇求隅	具遇虞愚
ぐり		群	群	群
け|		祁	祁家計鶏奚谿価係 介結・異	祁家計鶏稽啓

けむ			兼監険	
げ|		下牙	牙雅夏	霓
|け	居気希挙・ 毛	気・毛食	気既・毛食飼消	居気該戒階開愷凱 慨槪・毛食笥木
|げ	義	宜	義宜导	导礙皚
こ|	古・子	古故高・子児	古故庫祜姑孤枯胡・ 子児籠小粉	古故庫姑孤固顧胡・ 子児籠小
ご|		胡	胡呉侯後虞	胡呉吾誤悟娯瓦
|こ	己	許・木	己許巨居去虚忌興・ 木	許巨居去虚挙莒拠 渠・木
こご				興
|ご		碁其	碁其期凝	語御馭
さ	佐沙作	佐沙左	佐沙作左者柴紗草 散積・狭猨羅	佐沙作左娑瑳磋舎 差匝讃・狭
さか			積尺	尺
さが		相	相	相
さく			作	
さ(ぐ)			相	
さつ			薩	薩
さに			散	
さぬ		讃	讃	讃
さひ			雑匝	
ざ		邪奢	邪射蔵社謝座	蔵社装奘弉
ざみ				暫
し	斯	斯志師紫新芝	斯志之師紫新四子 思司詩旨寺時指此 至次死偲詞・磯為 石羊蹄	斯志之師紫新四子 思司資姿芝詩旨寺 時指絁矢始尸試伺 璽辭嗣施泊・磯為

仮名				
しき				石羊蹄
しこ		色	色	色
しな			信	信
じ	自	自士・下	自士慈尽時寺仕緇	自士慈尽弐児爾耳 餌耳茸・下
じむ				甚
す		須周酒洲州主 酢簀楾	須周酒洲珠数・酢 簀栖渚為	須周酒洲主素秀輸 殊蕠・酢簀椋渚
すか			宿	
すく	足	宿	宿	宿
する			駿	駿
ず		受	受授聚殊	受孺儒
せ		勢世・瀬	勢世西斉・瀬湍背 脊迫 石花	勢世西斉栖細制是 剤・瀬湍背
せみ			蟾	
ぜ		是	是	筮噬
そ甲	巷嗽	蘇宗・十	蘇宗祖素・十麻追 馬	蘇素泝・十麻
ぞ甲			俗	
そ乙	思	曾・衣	曾所僧増則・衣背 其苑	曾所増則贈諸層賊・衣襲
ぞ乙		叙存	叙序賊	叙序鐏茹鋤
た	侈多・田	多他当・田手	多他丹・田手	多大陁柂哆駄党丹・田手
たぎ		当	当	当
たぢ			但	但
たに		丹且	丹	丹

仮名				
た(び)			淡	
たふ			塔	
た(む)				(曇)
たも			淡	
ち	至知智	知智・道千乳 血	知智陳地・道千乳 路血茅陸	知智致撥笞池馳遅 直・道千乳路血茅 陸
ちき		直		直
ちぬ			珍	
ぢ	遅	遅治地	遅治地	治膩柅尼泥
つ	都	都・津	都豆通追対・津	都豆頭菟途屠突徒 覩図対・津
つき			筑	
つく		筑竺	筑	筑
づ		豆	豆頭	豆頭逗図弩砮
づみ		曇	曇	曇
て	弖・手	弖帝・手代	弖提天帝底・手代 価直	弖提帝氐堤諦題・手代
てむ			点	
で	代	伝殿	提代田低泥涅	提泥涅耐弟涅
と甲	刀	刀斗土・戸聡 門利砥	刀斗都土・戸門利 礪速	刀斗都土度覩妬杜 図屠塗徒渡吐・戸 聡門礪砥疾鋭
ど甲		度	度渡土	度渡奴怒
と乙	止等	登等	登等騰得・鳥十跡 迹常	登等騰苔台縢藤鄧 鄧得・鳥跡迹
とこ			徳得	徳得
ど乙		杼騰縢	杼騰藤特	杼騰耐迺(=廼)

音				
な	那奈	那・名魚	那奈寧難南・名魚 菜七莫勿	那奈乃難儺娜・名 魚中
なに		難	難	難
なみ			南	
に	爾	爾邇・丹	爾邇仁日二而尼耳 人柔・丹荷煮似煎	爾邇仁而尼珥儞弐・ 丹煮瓊
にに		仁		
ぬ	蕤奴	奴・沼	奴努濃農(怒)・沼 宿寐渟	奴怒努濃農蕤・渟
ね	尼	泥尼禰・根	尼禰涅年・根宿嶺	泥尼禰涅涅・根
ねむ			念	
の|	・野	怒努・野	怒努弩・野	怒努奴弩濃・野
|の	乃	能乃	能乃・笑荷箆	能・逎(=廼)荷
は	波	波(芳)・羽葉 歯	波播幡芳破方防八 房半皤薄伴泊巨・ 羽葉歯者早(速)	波播幡芳婆破皤簸 巴絆泮・羽葉歯
はか		博		博
はち				八
はは		伯		
ば		婆	婆伎	婆麼魔磨縻
ひ|	比	比卑・日檜氷	比卑必臂賓嬪・日 檜氷	比卑必臂毗譬避・ 日檜氷
び|		毗	毗鼻妣婢	鼻弥弭寐
|ひ	非	斐肥・火樋	非斐肥悲飛・火干 乾	斐肥悲飛被彼秘妃・ 火簸樸
|び		備	備	備媚眉縻・傍
ふ	布	布賦・生	布不敷否負部・経	布不敷富甫賦府符

音				
(ふ)			歴生	輔赴浮・経歴乾生
ふく			福	
ふつ				弗
ふに			粉	
ぶ	夫	夫服	夫父扶府・蜂音	夫父部歩矛[illegible]
へ|	俾・部辺	幣平・部辺重	幣平弊覇蔽陛遍返 反弁・部辺重隔	幣平弊覇陛蔽鞞竊・ 部辺重畔
へき			伯	伯
べ|		弁	弁便別	謎
|へ		・戸閉(=閇)	閉(=閇)倍拝・戸瓲 経	閉(=閇)倍沛陪背杯 俳娟・戸綜缶
|べ		倍	倍	倍陪毎謎
ほ	富菩凡	富菩本番蕃品・ 穂火太	富保宝朋倍抱方凡・ 穂帆	富保朋倍褒裒費陪 報袍譜・穂火
ほき				福
ほほ				法
ほむ		品		品
ぼ		煩	煩	煩
ま	麻明	麻摩万・真間 目	麻摩磨万馬末満・ 真間目信鬼喚犬	麻摩磨万馬末満磨 莽麼・真間目
まく			莫幕	
まぐ			望	望
まつ		末		
み|	弥・三	美弥・三御見 水	美弥民・三御見水 参視	美弥瀰湄弭寐・三 御見水参看観
みぬ			敏	
|み	未	微味	未微味尾・身実箕	未微味・身実
む	牟	牟武无	牟武模務無謀儛鵡・	牟武模務霧夢茂・

むく		目	六身 牛鳴 目	六身
め|	売・女	売咩	売咩馬面・女婦	売咩謎迷綿・女
|め	米	米・目	米梅迷昧・目眼 海・ 藻	梅迷昧毎妹・目眼
も もと	母	も毛 |も母・裳	毛母茂文聞忘蒙畝 問門勿木物・裳藻 哭喪裙	毛母茂望暮謀慕謨 模梅問墓莽・裳 没
や	移夜・屋	夜・屋八矢	夜移楊陽耶益野也・ 屋八矢	夜移陽耶益野椰耶 揶・屋八矢箭
ゆ	由	由・湯	由喩遊油・弓湯	由喩庾踰愈瑜臾 (遥)・弓湯
|え		延・兄江枝	延叡曳遥要・兄江 枝吉	延叡・兄江枝吉
よ|		用	用欲容・夜	用庸・夜
|よ	巳余与	余与予・世	余与予餘誉・世吉 四代呼	余与予餘預誉・世 吉
ら らか らく らふ らむ	羅良	羅良 楽	羅良浪楽・等 楽 楽落 臘 濫藍覧	羅良邏邏囉攞楽 楽
り	利	理	利理里隣	利理里梨離唎釐
る	留	留流琉	留流類	留流瑠屢盧楼漏廬 婁
れ	礼	礼	礼例列烈連	礼例黎戻

れむ			廉	
ろ|		漏路盧楼	漏路	漏魯婁盧楼露
|ろ	里	呂侶	呂侶里	呂侶慮廬稜
わ わに	和	和丸	和・輪 丸	和倭涴過・輪
ゐ	韋・井	韋・井猪居	為位謂・井猪居	韋為位威謂萎委偉・ 井猪居
ゑ		恵・坐	恵廻・画座咲	恵廻慧衛隈穢・餌
を をち	乎・小尾	袁遠・小尾麻 男	乎袁遠鳥怨呼越・ 小尾麻男少雄緒綏 川 越	乎遠烏曰鳴塢弘惋 越・小尾麻男少雄

2) 히라가나(平仮名)

만요가나를 초서체로 쓴 것을 구사가나(草仮名)라 하는데 이 구사가나를 더 간략화시킨 것.

(1) 히라가나의 발생 및 정착시기는 헤이안(平安)시대(794 - 1192) 초기에서 중기 사이임.

(2) 히라가나란 명칭이 붙여진 것은 에도(江戸)시대(1603 - 1867)로 이전에는 온나데(女手) 또는 그냥 가나(仮名)라고 불리워짐.

(3) 히라가나는 한문이 익숙치 않은 여성들이 주로 사용하였으나 남성들도 와까(和歌)를 지을 때는 히라가나를 사용함.

(4) 히라가나의 수는 만요가나의 자체가 줄어듬에 따라 줄어들었으나 그래도 한 음절을 나타내는데 여러 개의 히라가나가 사용되는 것이 일반적이었음.

(5) 현재와 같이 히라가나 字体가 한 음 한 자로 고정된 것은 명치(明治)33년(1900년) [小学校令]이 발표되고 난 이후임.

〈현재 사용 중인 히라가나의 字源〉

あ安　い以　う宇　え衣　お於
か加　き幾　く久　け計　こ己
さ佐　し之　す寸　せ世　そ曾
た太　ち知　つ川　て天　と止
な奈　に仁　ぬ奴　ね祢　の乃
は波　ひ比　ふ不　へ部　ほ保
ま末　み美　む武　め女　も毛
や也　い以　ゆ由　え衣　よ与
ら良　り利　る留　れ礼　ろ呂

わ和　ゐ為　う宇　ゑ恵　を遠

ん无

<{히라가나의 字源}>

仮名(草体)字母一覧

あ	安
	阿
	悪
	愛
い	以
	伊
	意
	移
	異・奐
	夷
う	宇
	有
	雲
	憂
	羽
	鵜
	右
	烏
え	衣
	江
	要
	盈
	得
お	於
	隠
か	加
	可
	閑
	我
	駕
	賀
	歌
	哥
	家
	香
	佳
	欽
	嘉
	謌
き	幾
	支
	起
	記
	季
	貴
	喜
	木
	祈
	豈
	期
く	久
	九
	求
	救
	具
	供
け	計
	介
	遺
	氣
	希
こ	己

許 故 古 期 子 胡 興 左(さ) 佐 散 斜 沙 差 乍 作 狭

之(し) 志 新 事 四 師 斯 寸(す) 春 數 須 壽 爪 世(せ) 勢 聲

瀬 曾(そ) 所 楚 處 蘇 太(た) 堂 多 當 睡 佗・他 田 刀 知(ち) 地

遲 千 致 治 池 馳 川(つ) 都 徒 津 頭 天(て) 轉 亭 弖 低

傳	帝	止	東	登	徒	度	等	斗	屁	土	戸	兎	奈	那	難
名	菜	南	爾	仁	耳	児	二	而	丹	奴	努	怒	沼	駑	禰
年	熱	音	根	寝	念	乃	能	濃	農	廼	野	波	者	盤	半
八	薬	羽	芳	頗	破	日	避	妣	備	比	悲	飛	非	火	不

布	婦	風	歩	へ 卩	弊	倍	遍	邊	?	畝	幣	篇	偏	經	変
辨	ほ 保	本	報	寶	奉	穂	歩	ま 末	萬	万	滿	眞	麻	馬	間
摩	み 美	見	微	身	三	民	む 武	無	无	牟	舞	夢	務	め 女	免
面	馬	妻	目	も 毛	无	裳	母	茂	蒙	藻	や 也	邪	夜	移	屋

哉 由 遊 游 喩 柚 与 餘 余 世 容 代 夜 慾 良 羅

等 落 蘭 利 里 理 李 離 梨 留 流 果 類 禮 礼 連 麗

呂 侶 樓 路 露 婁 盧 慮 論 和 王 倭 輪 爲 遣 井

居 委 威 渭 恵 衛 慧 遠 乎 越 悪 尾 緒

3) 가타카나(片仮名)

한자를 약체화하여 고안한 것임.

(1) 漢籍이나 불교경전을 읽을 때 行間이나 빈 공간에 메모하기 위해서 고안된 略字体나 생략화된 글자의 字体가 출발점이 됨.

(2) 가타카나 체계가 성립된 것은 헤이안(平安) 중기 이후(10세기경)인데 異字体가 많아 사회적으로 통일되는데 시간이 걸림.

(3) 오늘날 사용하고 있는 자체로 통일된 것은 명치(明治)33년(1900년) [小学校令]이 발표되고 난 이후임.

〈현재 사용하는 가타카나의 字源〉

ア阿	イ伊	ウ宇	エ江	オ於
カ加	キ幾	ク久	ケ介	コ己
サ散	シ之	ス須	セ世	ソ曾
タ多	チ千	ツ州	テ天	ト止
ナ奈	ニ二	ヌ奴	ネ祢	ノ乃
ハ八	ヒ比	フ不	ヘ部	ホ保
マ万	ミ三	ム牟	メ女	モ毛
ヤ也		ユ由		ヨ与
ラ良	リ利	ル流	レ礼	ロ呂
ワ和	ヰ井		ヱ恵	ヲ乎
ン(字源不明)				

〈가타카나의 字源〉

가타카나	字源
ア	阿の偏より、安より
イ	伊の偏より、伊の旁より、伊より、以より
ウ	字源は于より、宇より、有より
エ	江より、衣より、延より
オ	於の旁偏より、於の旁より、於より
カ	加より、何より、可より
キ	幾より、伎より、伎より、木より、寸より
ク	久より、九より、口より
ケ	介より、計より、希より
コ	己より、古より
サ	散か、佐より、佐より
シ	之より、志より
ス	須より
	受よりか、寸より、字源未詳
セ	世より、世よりか
ソ	曾より、字源未詳
タ	多より、太より、他よりか
チ	知より、千より
ツ	川よりか、字源未詳
テ	天より、弖より
ト	止より、刀より
ナ	奈より

(앞 페이지에서 이어짐)	(那より)
ニ	(二より) (尼より) (尓より)
ヌ	(奴より)
ネ	(祢より) (子より) (根より)
ノ	(乃より)
ハ	(八より) (半よりか) (波より) (波の旁より) (羽より)
ヒ	(比より)
フ	(不より)
ヘ	(部の旁より) (部より)
ホ	
(앞 칸에서 이어짐)	(保より)
マ	(万より) (末より)
ミ	(三より) (見より) (美より) (末より)
ム	(牟より) (无より) (武より)
メ	(女より) (米よりか) (未字詳)
モ	(毛より) (未字詳)
ヤ	(也より) (也よりか)
ユ	(由より)
ヨ	(與より) (与より)
ラ	(良より)
リ	(利より)
ル	(流より) (留より)
レ	(礼より) (例より)
ロ	(呂より)
ワ	(○輪の略字あり) (和又は呼より) (王より)
ヰ	(井より) (爲より)
ヱ	(恵の古体より) (惠より)
ヲ	(乎より)
ン	(レ仮名あり) (未字詳)

Ⅲ 로마자

1) 일본에 로마자가 전해진 것은 무로마찌(室町)시대 말기 서양선교사들이 도래한 이후임.이 때 이들이 표기한 로마자는 포르투갈어의 발음에 입각한 로마자 표기였음.

2) 게이오(慶応)3년(1867년) 미국인 헵번(James Curtis Hepburn)이 『和英語林集成』를 발간하고 이것이 널리 보급되자 헵번식 표기가 일반화됨. 이 표기에 약간의 수정을 가하여 1905년에는 「ローマ字ひろめ会」가 설립되어 표준식(標準式)이라 불리우는 표기법을 채택함.

〈표준식 로마자 표기법〉

a	i	u	e	o
ka	ki	ku	ke	ko
ga	gi	gu	ge	go
sa	(si)	su	se	so
za	(zi)	zu	ze	zo
sha	shi	shu	(she)	sho
ja	ji	ju	(je)	jo
ta	(ti)	(tu)	te	to
da	(di)	(du)	de	do
tsa	(tsi)	tsu	(tse)	tso
cha	chi	chu	(che)	cho
(dia)	(dji)	(dju)	(dje)	(djo)
na	ni	nu	ne	no

ha	hi	(hu)	he	ho
(fa)	(fi)	fu	(fe)	(fo)
pa	pi	pu	pe	po
ba	bi	bu	be	bo
ma	mi	mu	me	mo
ya	(y)i	yu	(ye)	yo
ra	ri	ru	re	ro
wa	(w)i	(w)u	(we)	(wo)
kya	-	kyu	-	kyo
gya	-	gyu	-	gyo
nya	-	nyu	-	nyo
hya	-	hyu	-	hyo
pya	-	pyu	-	pyo
bya	-	byu	-	byo
mya	-	myu	-	myo
rya	-	ryu	-	ryo
n	-	m	-	
(la)	(li)	(lu)	(le)	(lo)
(va)	(vi)	(vu)	(ve)	(vo)

*(　)속에 표시한 것은 표준음 이외의 음임.

• 田中館愛橘(たなかだてあいきつ) 는 명치(明治)18년(1885년)에 『羅馬字用法意見』을 발표하고, 여기에서 「日本式」표기법을 제창함.

〈일본식 로마자 표기법〉

a	i	u	e	o				
ka	ki	ku	ke	ko	kya	kyu	kyo	kwa
sa	si	su	se	so	sya	syu	syo	
ta	ti	tu	te	to	tya	tyu	tyo	
na	ni	nu	ne	no	nya	nyu	nyo	
ha	hi	hu	he	ho	hya	hyu	hyo	
ma	mi	mu	me	mo	mya	myu	myo	
ya	(yi)	yu	(ye)	yo				
ra	ri	ru	re	ro	rya	ryu	ryo	
wa	wi	(wu)	we	wo				
ga	gi	gu	ge	go	gya	gyu	gyo	gwa
za	zi	zu	ze	zo	zya	zyu	zyo	
da	di	du	de	do	dya	dyu	dyo	
ba	bi	bu	be	bo	bya	byu	byo	
pa	pi	pu	pe	po	pya	pyu	pyo	

• 일본 문부성은 1948년 이후「ローマ字調査会」「ローマ字調査会議」「国語審議会」등의 심의를 거쳐 1954년 12월 内閣訓令으로 로마자 철자법을 공포함. 이것을「訓令式」로마자 표기법이라 함.

〈訓令式 로마자 표기법-제1표〉

a	i	u	e	o				
ka	ki	ku	ke	ko	kya	kyu	kyo	kwa
sa	si	su	se	so	sya	syu	syo	
ta	ti	tu	te	to	tya	tyu	tyo	
na	ni	nu	ne	no	nya	nyu	nyo	
ha	hi	hu	he	ho	hya	hyu	hyo	
ma	mi	mu	me	mo	mya	myu	myo	
ya	(i)	yu	(e)	yo				
ra	ri	ru	re	ro	rya	ryu	ryo	
wa	(i)	(u)	(e)	(o)				
ga	gi	gu	ge	go	gya	gyu	gyo	
za	zi	zu	ze	zo	(zya)	(zyu)	(zyo)	
da	(zi)	(zu)	de	do	dya	dyu	dyo	
ba	bi	bu	be	bo	bya	byu	byo	
pa	pi	pu	pe	po	pya	pyu	pyo	

〈訓令式 로마자 표기법-제2표〉

sha	shi	shu	sho
		tsu	
cha	chi	chu	cho
		fu	
ja	ji	ju	jo
	di	du	
dya		dyu	dyo
kwa			
gwa			
			wo

- 표준식이 음성표기에 충실한 반면 (예 : タ행 - ta, chi, tsu 등) 일본식 · 훈령식은 음운표기를 중시하였다는 인상을 갖게함(예 : タ행 - ta, ti, tu 등)。
- 현재 일본의 지명이나 인명, 회사명 등은 대개 표준식을 따르고 있음.

Ⅳ 보조부호

1) 濁点符号[濁点]

(1) 처음에는 [◦◦]나[゛] 등을 사용했음. 『三河物語』에서는 [〃] 가 이용됨.

(2) 청음을 나타내기 위해서 [、]나 [◦]로 표시하기도 했음.

(3) 탁음부의 위치도 일정하지 않았는데 탁음부호 [゛]가 현재의 오른쪽 위에 위치하도록 정해진 것은 에도(江戸)시대가 되고 나서부터임.

2) 半濁音符号[半濁音]

(1) 무로마치(室町)시대의 자료로부터 보여지는데 특히 키리시탄 자료에 많이 나타남.

(2) 에도시대 중엽 이후부터 널리 쓰여짐.

3) 長音符号

(1) 모음을 나타내는 仮名나 [引]이라는 字를 덧붙여 나타내는 경우가 많았음.

예 ネエ、マア、フウ引

(2) [-]를 사용한 예가 에도시대의 자료에서도 보여지지만 外来語 등의 특수한 語의 표기임.

(3) 외래어 장음에 [-]를 이용하게 된 것은 오늘날까지 이어지고 있음.

4) 反復符号

(1) [ゝ], [〱], [々]가 있음.

(2) 가나 한 자는 [ゝ], 두 자 이상은 [〱]로 구분하는 것이 일반화된 것은 가마쿠라(鎌倉)시대 무렵부터임.

5) 句読点

(1) 「。」(句点, まる),「、」(読点),「，」(コンマ),「・」(なかぐろ・なかてん),「「」」(かぎ),「『』」(二重かぎ),「( )」(かっこ),「“　”」(引用符),「？」(疑問符),「！」(感歎符) 등이 있음.

(2) 구독점이 오늘날과 같이 사용되어지게 된 것은 명치(明治)이후로 서구의 표기법의 영향에 의한 것임.

03 일본어의 표기법

I 표기

1. 정의

(1) 표기(表記) : 표기기호(문자 및 표기부호)를 사용해서 일정한 규칙에 따라 음성언어를 시각화하고 평면 상에 고정시키는 것.

(2) 표기요소(表記要素) : 音列과의 대응을 손상시키지 않고 자른 가장 짧은 문자열.

예 ちょう/ちょ/が/い/っ/ぴ/き/と/ん/で/き/た

(3) 문자열(文字列) : 문자가 순서를 가지고 일렬로 늘어서서 만드는 열.

(4) 표기체계(表記体系) : 문자체계 및 그 외의 표기기호에, 이러한 기호와 음 · 의미를 대응시킨 대응규칙을 합친 것으로 누구에게나 의미가 통하고 읽기 쉽게 말을 써서 나타내기 위한 표기 시스템.

(5) 표기법(表記法) : 문자가 두 개 이상 늘어서 확실하게 문자열을 구성하지 않으면 문이 될 수 없는데 여기에 부호 등을 이용하여 일정한 규칙에 따라 나타내는 방법.

2) 현대 일본어 표기 체계의 특징

(1) 문자체계의 종류가 많음.

(2) 문자의 수가 많음.

(3) 동일한 단어에 대한 표기형식이 하나라고만은 한정지을 수 없음.

(4) 일반적으로 띄어쓰기를 하지 않고 붙여 씀.

(5) 가로쓰기와 세로쓰기 양쪽 모두 행해지고 있음.

Ⅱ 현대가나즈카이(現代仮名遣い)

1) 1986년 7월 1일 内閣告示 제1호로 공시되었다가 2010년 11월30일 내각고시 제2호의 「常用漢字表」 개정과 함께 같은 날 내각고시 제4호에 의해 일부 개정된 것으로 현대 일본어 표기법의 하나임.

2) 2010년 11월30일 내각고시 제4호에 의해 개정된 내용은 다음과 같음.

本文第1の5中「(抛＊)」を「(放)」に改め、同文第2の5(2) 中「(固唾＊)」を「(固唾)」に改め、同文第2の6の中「(頬＊・朴△)」を「(頬・朴△)」に改める。

[내용요약]

• 前書き : 생략

• 本文

第1 어를 표기할 때 현대어의 음운에 따라 아래의 가나를 이용한다. 단 밑줄친 가나는 제2에서 나타낼 경우에만 이용하는 것이다.

1. 直音

あ い う え お

か き く け こ　　が ぎ ぐ げ ご

さ し す せ そ　　ざ じ ず ぜ ぞ

た ち つ て と　　だ <u>ぢ</u> <u>づ</u> で ど

な　に　ぬ　ね　の
は　ひ　ふ　へ　ほ　　　ば　び　ぶ　べ　ぼ
ま　み　む　め　も
や　　　ゆ　　　よ
ら　り　る　れ　ろ
わ　　　　　　　**を**

2. 拗音

きゃ　きゅ　きょ　　　ぎゃ　ぎゅ　ぎょ
しゃ　しゅ　しょ　　　じゃ　じゅ　じょ
ちゃ　ちゅ　ちょ　　　**ぢゃ**　**ぢゅ**　**ぢょ**
にゃ　にゅ　にょ
ひゃ　ひゅ　ひょ　　　びゃ　びゅ　びょ
ぴゃ　ぴゅ　ぴょ
みゃ　みゅ　みょ
りゃ　りゅ　りょ

[주의] 拗音에 이용하는「や、ゆ、よ」는 가능한한 작게 표기한다.

3. 撥音

ん

4. 促音

っ

[주의] 促音에 이용하는「つ」는 가능한한 작게 표기한다.

5. 長音

(1) ア列長音

ア列가나에 [あ]를 붙인다.

예 おかあさん　おばあさん

(2) イ列長音

イ列가나에 [い]를 붙인다.

예 にいさん　おじいさん

(3) ウ列長音

ウ列가나에 [う]를 붙인다.

예 おさむうございます(寒)　くうき(空気)
ふうふ(夫婦)　うれしゅう存じます　きゅうり
ぼくじゅう(墨汁)　ちゅうもん(注文)

(4) エ列長音

エ列가나에 [え]를 붙인다.

예 ねえさん　ええ(応答の語)

(5) オ列長音

オ列가나에 [う]를 붙인다.

예 おとうさん　とうだい[灯台]
わこうど(若人)　おうむ
かおう(買)　あそぼう(遊)　おはよう(早)
おうぎ(扇)　ほうる(放)　とう(塔)
よいでしょう　はっぴょう(発表)
きょう(今日)　ちょうちょう(蝶々)

第2 특정어에 대해서는 표기의 관습을 존중해서 다음과 같이 쓴다.

1. 조사「を」는「を」로 쓴다.

2. 조사「は」는「は」로 쓴다.

[주의] 다음과 같은 경우는 이 예에 해당하지 않는 것으로 한다.

いまわの際　すわ一大事

雨も降るわ風も吹くわ　来るわ来るわ　きれいだわ

3. 조사「へ」는「へ」로 쓴다.

4. 동사「いう(言)」는「いう」로 쓴다.

5. 다음과 같은 語는「ぢ」「づ」를 이용해서 쓴다.

1) 동음이 연속될 경우의「ぢ」「づ」

예 ちぢみ(縮み)　ちぢむ　ちぢれる　ちぢこまる

つづみ(鼓)　つづら　つづく(続く)　つづめる(約)

つづる(綴)

[주의]「いちじく」「いちじるしい」는 이 예에 해당하지 않는다.

2) 두 단어의 연합에 의해 생긴「ぢ」「づ」

예 はなぢ(鼻血)　そえぢ(添乳)　そこぢから(底力)

まぢか(間近) …

또한 다음과 같은 어에 대해서는, 현대어의 의식에서는 일반적으로 두 개의 어로 분해하기 어려운 것 등으로 각각「じ」「ず」를 이용해서 쓰는 것을 本則으로 하고「せかいぢゅう」「いなづま」와 같이「ぢ」「づ」를 이용해서 쓸 수 있는 것으로 한다.

예 せかいじゅう(世界中)

いなずま(稲妻)　かたず(固唾)　きずな(絆)　さかずき(杯)

ときわず …

[주의] 다음과 같은 어 속에 있는 「じ」「ず」는, 한자의 음독에서 본래부터 탁음화되어 있기 때문에 위의 (1)(2)의 어떤 것에도 해당하지 않고 「じ」「ず」를 이용해서 쓴다.

예 じめん(地面) ぬのじ(布地) ずが(図画)
りゃくず(略図)

6. 다음과 같은 語는 オ列가나에 [お]를 붙인다.

예 おおかみ おおせ(仰せ) おおやけ(公) こおり(氷・郡△)
こおろぎ ほお(頬・朴△) ほおずき ほのお(炎)
とお(十) いきどおる(憤) おおう(覆) こおる(凍)
しおおせる とおる(通) とどこおる(滞) もよおす(催)
いとおしい おおい(多) おおきい(大) とおい(遠)
おおむね おおよそ

이 예들은 歷史的仮名遣い에서 オ列의 가나에 「ほ」 또는 「を」가 계속되는 것으로, オ列의 장음으로 발음되든지, オ・オ, オ・ホ와 같이 발음되든지에 관계없이, オ列가나에 「お」를 첨가해서 쓰는 것이다.

• 付記

다음과 같은 어는 エ列의 장음으로써 발음되든지, エイ、ケイ 등과 같이 발음되든지 관계없이 エ列의 가나에 「い」를 첨가해서 쓴다.

예 かれい せい(背)
かせいで(稼) まねいて(招) 春めいて
へい(塀) めい(銘) れい(例)

えいが(映画)　とけい(時計)　ていねい(丁寧)

Ⅲ 한자제한

한자제한은 한자를 일정한 수로 제한하려는 것으로 字数제한과 읽는 방법의 제한으로 나눌 수 있음.

1) 제한의 역사

- 1923년　常用漢字表(臨時国語調査会発表) 1960字 : 関東大震災에 의해 실행되지 않음.
- 1931년　常用漢字表　修正
- 1942년 6월　標準漢字表(臨時国語審議会答申) 2528字 : 太平洋戦争하에 있어서 실시되지 못함. 常用漢字 : 1134字 , 準常用漢字 : 1320字 , 特別漢字 : 74字
- 1946년 11월　当用漢字表(内閣告示) 1850 字
- 1948년 2월　当用漢字音訓表(内閣告示)
- 1948년 2월　当用漢字別表(内閣告示)
- 1949년 4월　当用漢字字体表(内閣告示)
- 1951년 5월　人名用漢字別表(内閣告示) 92 字
- 1973년 6월　当用漢字音訓表
- 1976년 7월　人名用漢字追加表(内閣告示) 28 字
- 1981년 10월　常用漢字表(内閣告示) 1945 字
- 1981년 10월　人名用漢字別表(内閣告示) 166 字
- 2000년 12월　表外漢字字体表(国語審議会答申)
- 2010년 11월　常用漢字表(内閣告示) 2136 字

- 2010년 11월　人名用漢字別表 861字

2) 当用漢字表

- 当用漢字表(1946.11)의 서두에 「法令・公用文書・新聞・雑誌、および一般社会で使用する漢字の範囲を示したもの」「今日の国民生活の上で漢字の制限があまり無理なく行われることをめやすとして選んだもの」라고 하며 1850자로 글자수를 제한함.

3) 常用漢字表(1981.10)

- 常用漢字表(1981.10)는 当用漢字表(1946.11)의 문제점을 보완한다는 의미에서 95자를 더하여 1945자를 설정함.
- 常用漢字表(1981.10)의 서문에는 「法令・公用文書・新聞・雑誌・放送等　一般の社会生活で用いる場合の、効率的で共通性の高い漢字を収め、分かりやすく通じやすい文章を書き表すための漢字使用の目安となることを目指した」라고 해서 한자제한을 완화하는 입장을 취하고 있음.

＊常用漢字表(1981.10)에서 当用漢字表(1946.11)를 보완한 부분

- 字数の上では、以下の95字が増加した。削除された文字はない。
  猿 凹 渦 靴 稼 拐 涯 垣 殻 潟 喝 褐 缶 頑 挟 矯 襟 隅 渓 蛍
  嫌 洪 溝 昆 崎 皿 桟 傘 肢 遮 蛇 酌 汁 塾 尚 宵 縄 壌 唇 甚
  据 杉 斉 逝 仙 栓 挿 曹 槽 藻 駄 濯 棚 挑 眺 釣 塚 漬 亭 偵
  泥 搭 棟 洞 凸 屯 把 覇 漠 肌 鉢 披 扉 猫 頻 瓶 雰 塀 泡 俸
  褒 朴 僕 堀 磨 抹 岬 妄 厄 癒 悠 羅 竜 戻 枠
- 字体を改めた字。

当用漢字の「燈」が「灯」に改められた。

- 音訓が加わった字。

栄はえる, 危あやぶむ, 憩いこう, 香かおる, 愁うれえる, 謡うたう, 露ロウ, 和オ

- 付表に加わったもの。

叔父 / 伯父 おじ, 叔母 / 伯母 おば, 凸凹 でこぼこ, 桟敷 さじき

- 音訓が削られた字。

膚 はだ , 盲 めくら

4) 常用漢字表(2010.11)

- 常用漢字表(2010.11)의 기본성격은 常用漢字表(1981.10)와 비슷하지만 머리말에 「この表は、科学、技術、芸術その他の各種専門分野や個々人の表記にまで及ぼそうとするものではない。ただし、専門分野の語であっても、一般の社会生活と密接に関連する語の表記については、この表を参考とすることが望ましい」와 「この表は、都道府県名に用いる漢字及びそれに準じる漢字を除き、固有名詞を対象とするものではない」를 추가시켜 상용한자표의 개정이유를 밝히고 있음.
- 常用漢字表(2010.11)는 常用漢字表(1981.10) 1945자중에서 5자(銑、錘、勺、匁、脹)를 제하고 새롭게 196자를 추가시켜 2136자로 하였음. 여기에서 추가한 한자나 삭제한 한자의 선정은 2004년-2006년에 출판된 서적 · 잡지의 한자출현빈도조사(약 5, 000만자)를 기본자료로 하고, 신문이나 웹사이트의 한자출현빈도조사를 참고자료로 하는 객관적인 빈도가 중시되었음. 또한 컴퓨터의 키보드입력에 의해 손으로 쓸 수 없더라도 사용할 수 있는 한자 · 읽을

수 있는 한자가 있는 것으로 간주하여, 손으로 쓸 수 없더라도 읽으면 되는 한자도 추가되었는데,「鬱」「彙」등이 여기에 속함. 동시에「崎」나「岡」등과 같이 都道府県에 이용되는 한자도 추가됨.

*새롭게 추가시킨 한자(196자)

挨宛闇椅畏萎茨咽淫臼	唄餌怨艶旺岡臆俺苛牙
崖蓋骸柿顎葛釜鎌瓦韓	玩伎畿亀僅巾錦駒串窟
熊稽詣隙桁拳鍵舷股虎	乞勾喉梗頃痕沙挫塞采
阪埼柵拶斬鹿𠮟嫉腫呪	蹴拭尻芯腎須裾凄醒戚
脊煎羨腺詮膳曽狙遡爽	痩捉袖遜汰唾堆戴誰旦
綻酎捗椎潰爪鶴諦溺塡	貼妬賭藤憧瞳栃頓奈那
謎鍋匂虹捻罵剥箸斑氾	汎眉膝肘媛阜蔽蔑蜂貌
頰睦勃昧枕蜜冥麺餅冶	弥湧妖沃嵐藍梨璃侶瞭
瑠呂賂弄麓脇丼傲刹哺	喩嗅嘲毀彙恣惧慄憬拉
摯曖楷鬱璧瘍箋籠緻羞	訃諧貪踪辣錮

Ⅳ 오쿠리가나(送り仮名)

1) 1973년 6월 18일 내각고시 제 2호 [送り仮名の付け方]는 2010년 11월 30일 내각고시 제2호의「常用漢字表」개정과 함께 같은 날 내각고시 제3호로 일부 개정되었음.
2) 2010년 11월30일 내각고시 제3호에 의해 개정된 내용은 다음과 같음.
   本文通則1の例外(3) 中の「脅かす(おびやかす)　食らう」を「脅か

す(おびやかす) 関わる　食らう」に改め、同文通則3の例外(1) 中の「幸せ　互い」を「幸せ　全て　互い」に改め、同文付表の語の1中の「差し支える　五月晴れ　立ち退く」を「差し支える　立ち退く」に、「差し支える(差支える)　五月晴れ(五月晴)　立ち退く(立退く)」を「差し支える(差支える)　立ち退く(立退く)」に改める。

[내용요약]

• 前書き

• 本文

〈단독어〉

1. 활용이 있는 어

통칙1

본칙 활용이 있는 語는 활용어미를 보낸다.

예 憤る　承る　書く　実る　催す…

예외(생략)

허용(생략)

(주의)(생략)

통칙2

본칙 활용어미 이외의 부분이 다른 語를 포함하고 있는 경우는 그 포함된 어의 오쿠리가나 방식에 따라 표기한다.(포함되어 있는 어를 [ ]속에 나타냄)

(1) 동사의 활용형 또는 그것에 준하는 것을 포함하는 것

예 動かす[動く]　照らす[照る]　語らう[語る]　勇まし

い[勇む] …

(2) 형용사 · 형용동사의 어간을 포함하는 것

예 重んじる[重い] 怪しむ[怪しい] 確かめる[確かだ] 清らかだ[清い]…

(3) 명사를 포함하는 것

예 汗ばむ[汗] 春めく[春] 後ろめたい[後ろ]

허용(생략)

(주의)(생략)

2. 활용이 없는 어

통칙 3

본칙 명사(통칙4를 적용하는 어는 제외함)는 오쿠리가나를 붙이지 않는다.

예 月 鳥 花 山 男 女 彼 何

예외(생략)

통칙 4

본칙 활용이 있는 語로부터 전성된 명사 및 활용이 있는 語에 [さ][み][げ] 등의 접미어가 붙어서 명사가 된 것은 본래 형태의 語의 오쿠리가나법에 따른다.

(1) 활용어에서 전성된 것

예 動き 仰せ 恐れ 薫り 曇り 調べ 届け 願い 晴れ …

(2) [さ][み][げ]등의 접미사가 붙은 것

예 暑さ 大きさ 正しさ 確かさ 明るみ 惜しげ…

예외(생략)

허용(생략)

(주의)(생략)

통칙 5

본칙 부사 · 연체사 · 접속사는 마지막 음절을 가나로 적는다.

예)必ず　更に　去る　及び　且つ

예외(생략)

〈복합어〉

통칙 6

본칙 복합어(통칙 7을 적용하는 어는 제외함)의 오쿠리가나는 그 복합어를 나타내는 한자의 각각의 음훈을 이용한 단순어의 오쿠리가나법에 따른다.

(1) 활용이 있는 어

예 書き抜く　流れ込む　打ち合わせる　長引く
若々しい　…

(2) 활용이 없는 어

예 石橋　竹馬　田植え　物知り　入り江　飛び火
待ち遠しさ…

허용(생략)

(주의)(생략)

통칙 7

본칙 복합어 중 다음과 같은 명사는 관용에 따라 오쿠리가나를 붙이지 않는다.

예 (1) 특정영역의 어로, 관용적인 것이 고정되어 있다고 인정되는 것

ア 지위, 신분, 직무 등의 명칭

關取　頭取　取締役　事務取扱

イ 공예품의 이름에 사용되어지는「織」,「染」,「塗」등

((博多))織　((型絵))染　((春慶))塗　((鎌倉))彫　((備前))焼

ウ 기타

書留　気付　切手　消印　小包　振替　切符
踏切　請負　売値　買値　歩合　両替　割引
組合　手当…

(2) 보통 관용적인 것이 고정되어 있다고 인정되는 것

奥書　木立　子守　献立　番組　日付　物置
貸家　…

(주의)(생략)

〈付表의 語〉(생략)

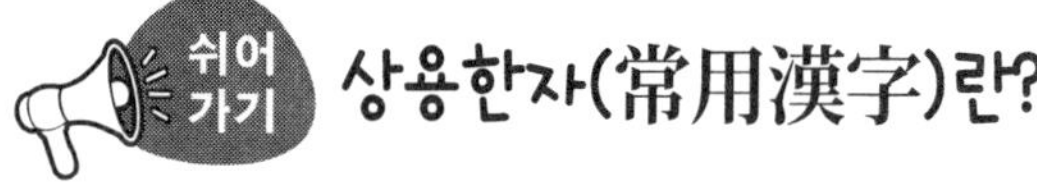

■상용한자표(常用漢字表)의 성격

상용한자표는 법령, 공용문서, 신문, 잡지, 방송 등 일반사회생활에 있어서 현대 국어(일본어)를 써서 나타낼 경우 한자사용의 기준을 나타내는 것으로 되어 있지만, 과학, 기술, 예술, 그 밖의 각종전문분야나 개개인의 표기에까지 영향을 미치려고 하는 것은 아니다. 일반사회생활에 있어서 한자사용이라고 하는 것은 의무교육에서의 한자학습 후 어느 정도 사회생활을 한 사람이 어떠한 한자사용을 할 것인가 하는 것이다. 이 표는 알기 쉽고 잘 통하는 문장을 쓰기 위한 한자사용이 목표가 되어있을 뿐이지, 표에 들어 있지 않은 한자를 사용할 수 없다고 하는 것은 아니다.실정에 맞춰서 독자적인 한자사용을 할 여지를 남겨놓고 있다. 또한 알기 어려운 한자에는 표 안에 속하든 안 속하든 지에 관계없이 후리가나를 이용하는 것도 인정하고 있다.

또한 정보기기의 사용이 일반화 · 일상화되어 있는 현재의 문자생활 실태를 고려해서 한자표에 게재된 모든 한자를 손으로 쓸 수 있도록 할 필요는 없다고 하는 점이 중요하다.

고유명사(주로 인명 · 지명)는 일반용 한자와 고유명사에 이용되는 한자의 성격 차이에 맞춰서 한자표에 넣는 것은 쉽지 않다. 성명이나 지명은 과거의 전통이나 문화에 의하는 경우가 많고 자신의 이름을 대거나 그 지역에 사는 사람의 강한 애착에 의한 경우가 많다. 또한 사용자종(使用字種)도 많고 사용자체(使用字体)도 다양하고 사용음훈(使用音訓)도 복잡해서 종래와 같이 한자표 범위에서 제하기로 했다. 단 岡山県(오카야마 켄)의 岡(오카), 茨城県(이바라키 켄)의 茨(이바라) 등 都道府県

(도도우후켄) [일본의 행정구역] 명에 이용되는 한자 등은, 공공성(公共性)이 높다고 하는 이유에서 이번 상용한자표에는 예외적으로 포함시키게 되었다.

■상용한자표의 자종(字種) · 음훈(音訓) 선정방법

1. 자종(字種)선정의 방법과 순서

상용한자표 작성은 구상용한자표(旧常用漢字表)의 한자와 현재 사회생활에 있어서 한자사용과의 사이에 있어서 불편함을 해소하기 위한 자종(字種)선정이 이루어졌다. 때문에 일상생활에서 자주 사용되는 것을 출현빈도수 조사에 의해 선정하고 상용한자를 포함한 3500자 정도를 처음 검토후보로 했다.사용빈도 만이 아니라 한자사용의 여러가지 요소를 종합적으로 생각하게 되었다. 그러기 위해서 고유명사에만 사용되기 때문에 제외된 것([阪]나 [岡] 등)도 출현빈도수가 높으면 포함시켜 고려하고, 출현빈도수가 적더라도 문화의 계승이라는 점에서 일반 사회생활에 필요하다고 생각되면 포함시켜 고려하기로 하는 등의 조치가 취해졌다.

최근 일반사회의 한자사용상황을 알기 위해서 다음 자료를 조사했다. (A)2004년-2006년에 인쇄된 서적, 교과서, 잡지(총수 약 4900만자), (B)朝日新聞, 読売新聞의 2006년 각각 2개월분(각각 약350만자씩), (C)WEB사이트 2007년 2개월분(약 14억자)의 한자출현빈도를 조사했다.(A)를 기본자료로 하고 (B)(C)를 보조자료로 해서 개개의 한자 사용빈도가 분야에 따라 어떠한 지를 생각함과 동시에 구상용한자(旧常用漢字), 표외한자(表外漢字)가 그 중에서 어떠한 위치를 점하고 있는 지도

조사했다. 그 결과 후보한자를 3단계로 나누고 거기에 구상용한자 선정 기준을 참고로 해서 남길까 삭제할까를 종합적으로 판단했다. 이러한 작업결과 구상용한자표에 추가할 한자후보로서 220자, 구상용한자표에서 삭제할 한자후보로 5자를 선정했다.

2. 선정 관점과 결과

1.의 결과에 의해 선정된 추가후보, 삭제후보 한자를 한 자 한 자 [출현 문자열 빈도수 조사]((A)자료 하나하나의 한자 전후에 있는 문자가 어떠한 문자인가에 따라 그 문자의 사용방법을 알 수 있다)에서 확인했다.

상용한자에 포함시키려고 판단한 관점으로서

① 출현빈도가 높고 조어력(숙어의 구성력)도 높다. → 음과 훈 양 쪽 면에서 사용되는 것을 우선한다(예 眉 · 溺)

② 한자가나혼합문(漢字仮名交じり文)에서 읽어 이해하는데 효율을 높일 수 있다. → 빈도가 높은 자를 기본으로 하면서도 많이는 사용되지 않지만 한자로 나타내는 편이 알기 쉬운 것(예 謙遜의「遜」)

③ 고유명사 중에 예외로 넣을 것 → 都道府県명(예:岡, 阪) 및 거기에 준하는 것.

④ 사회생활 상 자주 사용되고 필요하다고 생각되는 것 → 서적이나 신문의 출현빈도가 낮더라도 필요한 자(예 訃報의「訃」)

상용한자에 넣지 않기로 판단한 관점으로서

① 출현빈도가 높더라도 조어력이 낮고 훈(訓)만, 또는 훈 중심으로 사용하는 것(예 濡, 覗)

② 출현빈도가 높더라도 고유명사(인명, 지명) 중심으로 사용하는 것(예 伊, 鴨)

③ 조어력이 낮고 가나표기, 루비 사용으로 대응할 수 있다고 판단되는 것(예 醤, 顛)

④ 조어력이 낮고 음역어 · 역사용어 등 특정분야에서 사용되는 것(예 菩, 揆)

등을 종합적으로 판단했다. 그 후 음훈을 검토하는 과정에서 몇 가지 점을 수정하고 일반국민, 각 관청 등에 의견을 구했다. 이 의견에 근거하여 한 번 더 수정을 거쳐 9자를 추가하고 4자를 삭제하여 최종적으로 196자를 선정했다.

3. 음훈의 선정

추가자종(追加字種)의 음훈(音訓)은 [출현 문자열 빈도수 조사] 등을 참조해서 정했다. 또한 구상용한자표에 있던 음훈을 모두 재검토하여 필요 없다고 판단된 훈(疲 : つからす)은 삭제했다. 異字同訓은 가능한한 피하는 것으로 했지만 한자사용에 구분이 가능한 것, 한자로 쓰는 습관이 강한 것은 음훈으로 선정했다. 빈도가 높은 음훈도 선정했다.

―前田富祺(まえだとみよし)(2011)「常用漢字とは？」『常用漢字 最新ハンドブック』明治書院

평가하기

다음을 읽고 맞으면 ○, 틀리면 ×를 하시오.

1. 입에서 발화된 없어지기 쉬운 음성언어를 옮겨 적는다든지 기록한다든지 고정화시키는 시스템을 문자체계라고 한다. ( )
2. 일본어의 가나는 표음문자 중에서도 単音문자에 속한다. ( )
3. 한자의 구성원리인 六書에는 象形, 指事, 会意, 形声, 転注, 仮借가 해당되는데 이 중에서 형성문자가 가장 많은 부분을 차지한다. ( )
4. 7세기에서 9세기 무렵 중국의 隋나 唐의 유학생들이 일본에 가지고 온 한자음을 呉音이라고 한다 . ( )
5. 중국에는 없는 사물이나 개념을 나타내기 위해서 한자의 구성원리를 흉내내어 일본에서 새롭게 만든 한자를 国字라고 한다.
6. 히라가나는 한문이 익숙치 않은 여성들만이 사용하였다. ( )
7. 일본어의 로마자 표기법에는 표준식, 일본식, 훈령식이 있다. ( )
8. 탁음부호가 현대 일본어와 같이 오른쪽 위에 위치하게 된 것은 에도(江戸)시대 이후이다. ( )
9. 표기기호를 사용해서 일정한 규칙에 따라 음성언어를 시각화하고 평면상에 고정시키는 것을 표기법이라고 한다. ( )
10. 당용한자표의 문제점을 보완하고 한자의 제한을 완화시키려는 입장에서 1981년에 공표된 상용한자표는 2136字種이다. ( )

1. 문자

- 문자 및 문자체계의 개념
- 음성언어와 문자언어의 차이
- 문자의 종류는 크게 표의문자와 표음문자로 나누며 표음문자는 음절문자와 단음문자로 하위분류됨. 일본어의 가나는 음절문자에 해당됨.

2. 일본의 문자

- 한자 : 전래와 구성 그리고 한자의 음과 훈
- 가나 : 만요가나, 히라가나, 가타카나의 성립과 특징
- 일본에서의 로마자, 보조부호의 성립과 특징

3. 일본어의 표기법

- 표기에 관련된 개념정의와 일본어 표기체계의 특징
- 현대가나즈카이(現代仮名遣い)
- 한자제한 : 当用漢字表, 常用漢字表(1981), 常用漢字表(2010) 등
- 오쿠리가나(送り仮名)

과제

일본어의 단어 중에서 重箱読み와 湯桶読み의 예를 각각 5개씩 들어서 기술하시오.

05주차

어휘와 의미

학습 목표

① 어휘의 제반사항을 이해하고 어휘를 다방면으로 분류하여 그 특징을 고찰, 설명할 수 있다.

② 어휘를 구성하는 각각의 語가 어떻게 구성되는지를 語構成적인 측면에서 살펴본다.

③ 단어, 구, 문의 의미적인 특징을 이해한다.

학습 내용

① 어휘의 제반 사항과 어휘의 분류

② 어구성

③ 단어, 구, 문의 의미

사전 학습

1. 어휘에 관련된 설명으로 틀린 것은? ( )

① 어떤 일정한 범위 내에 사용되는 단어의 총체를 어휘라고 한다.

② 어휘의 변화로는 어형의 변화, 의미의 변화, 폐어화, 신어의 발생을 들 수 있다.

③ 어떤 범위의 어휘에 있어서 이를 구성하고 있는 단어(별개어)의 총수를 어휘량이라고 한다.

④ 한어가 일본어 중에서 무시할 수 없을 정도의 위치를 점하게 된 것은 현대에 이르러서부터이다.

2. 일본어의 어구성에 대한 설명으로 틀린 것은? ( )

① 語를 構造面에서 분류하면 単純語와 合成語로 나눌 수 있다.

② 語基와 接辞로 이루어진 語를 複合語라고 한다.

③ 合成語는 또다시 派生語와 複合語로 나누어 진다.

④ 語構造論과 語形成論을 합친 것을 語構成論이라고 한다.

3. 語의 意味에 대한 설명으로 맞지 않는 것은? ( )

① 일반적 의미를 형성하고 있는 사회적, 관습적으로 일정한 의미의 제측면을 의미특징이라고 한다.

② 語의 意味란 사회관습적으로 정해진 語사용상의 장면적, 문맥적 제조건 및 語와 연합된 문화인류학적 제특징의 총체를 말한다 .

③ 서술이나 진술, 전개와 같이 언어의 틀 속에서 화자의 판단을 나타내는 것으로 언어의 기능으로서의 의미를 어휘적 의미라고 한다.

④ 단어의 의미가 가리키는 범위를 의미영역이라고 한다.

01 어휘의 제반사항과 어휘의 분류

Ⅰ 어휘의 제반사항

1. 어휘의 개념

어떤 일정한 범위 내에 사용되는 단어의 총체. 즉 어휘론의 대상으로서 특정의 언어체계, 특정사회의 언어체계, 특정언어 행동의 결과인 작품, 특정한 관점에서 선택한 단어들의 총체를 말함.

예 일본어 어휘, 영어 어휘, 京都방언 어휘, 夏目漱石 어휘, 유아어 어휘, 생물학 어휘 등

2. 어휘론의 연구분야

어휘론은 음운론 및 문법론 연구에 비해 뒤져 있으며 이 분야의 연구가 본격적으로 시작된 것은 1950년대부터임.

1) 어휘의 체계에 대한 연구(語彙体系論)
2) 어휘의 총량 추정 및 통계적 성격에 대한 연구(計量語彙論)
3) 기본적, 중핵적 어휘의 성격과 그 선정방법에 대한 연구(基礎語彙論)
4) 고유일본어, 한자어, 외래어 등 단어의 유래에 입각한 어휘의 구성에 대한 연구(語種構成論)
5) 전문어, 유아어 등 어휘의 위상차(位相差)에 대한 연구(位相語彙論)
6) 각 지방의 방언과 표준어 어휘와의 대비, 대조 또는 외국어와 일본어 어휘와의 대비, 대조연구(対照語彙論)
7) 어휘의 사적 변천에 대한 연구(史的語彙論)

3. 어휘조사

어떤 범위의 어휘에 대하여 단어의 사용 상황, 즉 어떠한 단어가 얼마나 사용되었는가를 조사하는 것을 말함.

1) 종류

(1) 전면적 조사 : 조사대상 전체를 조사하는 것으로 비교적 어휘량이 적은 어휘조사에 사용됨.

(2) 샘플링 조사 : 일부를 표본조사하여 그 결과를 가지고 전체를 추정하는 것으로 어휘량이 많아 시간적, 경제적으로 전면조사가 불가능할 경우에 이용됨.

2) 대상

(1) 어휘량(延語数, 別個語数)

(2) 사용빈도(사용도수)

(3) 빈도순위(도수순위)

(4) 사용률

(5) 語種別 구성

(6) 品詞別 구성

(7) 語形別 구성

3) 단어의 수를 세는 방법

(1) 연어수(延語数 running words) : 같은 단어가 두 번 이상 나오더라도 모두 세어 전체의 수를 계산하는 방법.

(2) 별개어수(別個語数 difference words) : 두 번 이상 나온 단어는 중복을 피하고 한 단어로 계산하는 방법.

4) 어휘조사를 통계적 방법으로 할 경우, 단어의 調査単位設定 문제를 고려해야 함.

4. 어휘량

어떤 범위의 어휘에 있어서 이를 구성하고 있는 단어(별개어)의 총수.

〈일본 고전문학작품의 어휘량〉

萬葉集	6,505어	枕草子	5,247어
竹取物語	1,311어	源氏物語	1,1423어
伊勢物語	1,692어	大鏡	4,819어
古今集	1,994어	方丈記	1,148어
土佐日記	984어	徒然草	4,242어

* 宮島達夫(1971)『古典対照語い表』笠間書院에 의함.

• 현대일본어의 어휘량[理解語彙]은 약 3만어 내지 5만어이고 실제 사용어휘는 이 수의 약 1/3정도로 추정됨.

5. 기본어휘(基本語彙)와 기초어휘(基礎語彙)

1) 기본어휘(基本語彙)

특정방면의 문장이나 담화를 조사하여 얻어진 그 문장이나 담화의 골간이 되는 단어들의 집합. 즉 사용률이 높고 그 때문에 대상작품이나 언어체계를 몇 개의 층으로 나누어 조사하여도 어느 층에서나 비교적 빈번하게 출현하는 単語群을 말함.

2) 기초어휘(基礎語彙)

표현이나 이해를 하는 데 빼놓을 수 없는 단어들을 가능한 적게 좁혀서 선정한 単語群. 다시 말해 한 언어의 어휘체계 내에서 중핵적인 단어군이므로 이 단어들을 결합하여 필요한 의미를 나타낼 수 있도록 인위적으로 선정한 단어들을 말함.

3) 기본어휘(基本語彙)와 기초어휘(基礎語彙)

(1) 기본어휘는 대상으로 한 언어작품의 분야마다 어휘내용에 큰 차이가 있으나 기초어휘는 어휘내용이 거의 일정함.

(2) 기본어휘는 시대에 따라 넣어야 할 단어와 빼야 할 단어의 변화가 심하나 기초어휘는 그다지 변화가 없으며 다른 단어와 비교할 때 의미변화도 느림.

6. 어휘의 변화

1) 어형(語形)의 변화

단어 형태의 통시적 변천을 가리키는데 이것이 일반화되어 같은 음운환경 속에서 규칙적으로 변하게 되면 어형(語形)의 변화가 아닌 音韻変化가 됨.

(1) 모음의 변화 - イロコ〉ウロコ、オオカメ〉オオカミ、ハグクム〉ハゴクム、

(2) 자음의 변화 - ケツ〉ケス、ケブリ〉ケムリ、ザザメク〉サザメク、ヒネモス〉ヒメモス

2) 의미(意味)의 변화

어느 단어가 시간이 경과하는 동안에 다른 대상, 작용, 개념을 나타내는데 사용되는 것을 말함.

(1) 의미의 확대

예 「手」 손 →「女手」 글씨 →「手がない」 수단 →「山の手」 방향→ 「手を切る」 관계

(2) 의미의 축소

예 「忌む」

「터부의 대상이 되는 것은 말하지 않음」→「나쁜 결과가 나올 것을 두려워하여 피함」

(3) 의미의 교체

예 「ありがたし」

「좀처럼 없다」라는 의미에서 「감사하다」라는 뜻으로 변함.

3) 폐어화(廃語化)

폐어(廃語) : 신어의 발생이나 종래에 있던 사물 및 개념자체의 소멸, 용도의 소멸 등으로 이전에 있던 단어가 쓰여지지 않게 되는 것.

예 「ガラス」 출현으로 「ギャマン」「ビードロ」 등이 안 쓰여짐.

4) 신어(新語)의 발생

(1) 신어(新語) : 한 언어사회에 있어서 지금까지는 어휘의 구성요소가 아니었던 것이 새로 생겨난 것.

(2) 발생이유

① 사회적 이유 : 지금까지 없었던 사물이나 현상, 개념이 새로 발생했을 때 이에 대응하는 신어를 부여하는 것.

예 「ガス」「原子爆弾」「半導体」

② 심리적 이유 : 원래 신어로 바꾸어 말하거나 의미를 변화시킬 이유는 없으나 새로운 형태의 단어를 사용함으로써 기쁨이나 안심감을 느낀다든지 바람직한 사태가 일어날 것을 기대할 수 있다든지 하는 경우에 해당됨.

예 「アパート」→「マンション」「ハイツ」「コーポ」、「活動写真」→「映画」、「便所」→「トイレ」「お手洗い」

③ 언어적 이유 : 언어자체의 문제로 기인한 경우를 말함.

예 당용한자 제정으로 원래 사용하던 문자를 사용할 수 없게 된 예

瀆職→汚職　嫌疑→容疑　輿論→世論

(3) 신어를 만드는 방법

① 기존 단어와 관계없이 새로운 단어를 만드는 방법

: 주로 의성어, 의태어 등을 이용하는 방법으로 상품명, 잡지명, 유행어 등의 造語에 이용됨.

② 기존 단어를 이용하여 만드는 방법

A. 차용(借用) - 외국어(オンライン、ドライブ 등), 방언(しんどい 등), 고어(経済、演説) 등으로부터 차용하며 이때 의미의 변화가 수반될 때도 있음.

B. 합성(合成) - 복합어 등이 많음.

예 原子力発電所

C. 생략(省略) - 原発(原子力発電所)、バイト(アルバイト)

D. 혼효(混淆(contamination)) - 의미와 어형이 비슷한 두 단어를 가지고 하나는 그 단어의 앞부분, 또 하나는 뒷부분을 따서 혼합한 것.

예 Lion+Tiger→Liger、とらえる+つかまえる→とらま

える

깜짝퀴즈

표현이나 이해를 하는 데 빼놓을 수 없는 단어들을 가능한 적게 좁혀서 선정한 単語群을 ( )라고 하며, 특정방면의 문장이나 담화를 조사하여 얻어진 그 문장이나 담화의 골간이 되는 단어들의 집합을 ( )라고 한다.

예 신어 기초어휘 폐어 기본어휘

Ⅱ 어휘의 분류

1. 어종(語種)에 의한 분류

1) 어종(語種)

단어의 유래, 즉 고유일본어인가 외국어로부터의 차용인가, 또 차용어라고해도 서양어로부터의 차용인가 중국어로부터의 차용인가를 분류하여 나온 결과를 가리킴.

2) 어종구분(語種区分)

(1) 고유일본어(固有日本語)[和語] : 일본 기원의 단어

① 수적인 면에서는 적으나 기본어로 쓰여지는 단어가 많음.

② 추상적 개념이나 과학적 개념의 단어보다는 자연현상을 나타내는 단어가 많음.

예 する、いる、ある、雨あめ、春雨はるさめ、

五月雨さみだれ、時雨しぐれ、氷雨ひさめ 등

(2) 한어(漢語)[字音語] : 중국에서 들어온 단어.

A. 漢音으로 읽혀지는 단어 : 愛(あい)、歳暮(せいぼ)、動物(どうぶつ) 등

B. 呉音으로 읽혀지는 단어 : 客(きゃく)、世間(せけん)、食堂(じきどう) 등

C. 唐音으로 읽혀지는 단어 : 瓶(びん)、行脚(あんぎゃ)、普請(ふしん) 등

D. 일본어화한 한자음으로 읽혀지는 단어 : 本意(ほい)、対面(たいめ) 格子(こうし)등

E. 불경을 통해 들어온 고대 인도어 : 旦那(だんな)、刹那(せつな)、和尚(おしょう) 등

F. 일본제 한자어[和製漢語] : 科学(かがく)、哲学(てつがく)、帰納(きのう) 등

① 한어의 이점은 복잡한 의미내용을 적은 자수로 간결하게 표현할 수 있음.

예 馬から落ちる → 落馬する

② 시각성이 뛰어나고 다른 단어와 결합하여 새로운 단어를 만들어 내는 造語力이 뛰어남.

예 全- → 全日本選手権、全世界

高速- → 高速道路交通対策

③ 한어를 표기하기 위해서는 수 많은 한자를 익혀야 함.

④ 일본어의 음운 구조가 간단하기 때문에 한어에 同音異義語가 많이 나옴.

예 かがく(科学、化学、下学、価額、歌学、下顎、家学)

(3) 외래어(外来語) : 외국에서 빌려 온 차용어. 일반적으로 서양에서 들어온 말만을 가리킬 때가 많음.

A. 아이누어

예 さけ(鮭)、こんぶ(昆布)、ししゃも(柳葉魚)、ほっけ(𩸽) 등.

B. 인도어

예 せつな(刹那)、だんな(旦那)、はち(鉢)、かわら(瓦) 등

C. 한국어

예 こおり(郡)、みそ(味噌)、かささぎ、パッチ、オンドル 등

D. 포르투갈어

예 パン、カステラ、カルタ、クルス、キリシタン 등

E. 스페인어

예 メリヤス

F. 네덜란드어

예 エキス、ペスト、レンズ、コーヒー、コップ 등

G. 영어

예 カクテル、キャンデー、ジャズ、クラブ、ページ 등

H. 프랑스어

예 アトリエ、クレヨン、エチケット、オムレツ、グラタン 등

I. 독일어

예 ガーゼ、イデオロギー、セミナール、デマ、リュクサック 등

J. 이탈리아어

예 アルト、オペラ、テンポ、トリオ、マカロニ등

K. 러시아어

예 ウォッカ、トロイカ、ペチカ、ノルマ등

L. 기타어

예 タバコ、キセル、カボチャ、サンバ등

(4) 혼종어(混種語) : 어종이 다른 단어가 결합되어 만들어진 단어.

A. 고유일본어와 한어가 결합된 것

① 고유일본어+한어[湯桶読み] : 言分(いいぶん)、消印(けしいん)、敷地(しきち)、荷物(にもつ)、夕刊(ゆうかん)등

② 한어+고유일본어[重箱読み] : 座敷(ざしき)、頭取(とうどり)、本場(ほんば)、肉屋(にくや)　電話口(でんわぐち)등

B. 고유일본어와 외래어가 결합된 것

① 고유일본어+외래어 : いちごジャム、皮ベルト、紙コップ등

② 외래어+고유일본어 : マッチ箱、コスト高、ピンぼけ등

C. 한어와 외래어가 결합된 것

① 한어+외래어 : 逆コース、統一スローガン、豚カツ 등

② 외래어+한어 : テレビ局、イギリス人、ガス管등

3) 각종문헌이나 용어조사에 의한 한어의 사용정도

(1) 한어가 일본어의 기본어휘 중에서 무시할 수 없을 정도의 위치를 점하게 된 것은 근대이후임.

(2) 현대의 국어사전(표2의 H, I, Q)에서는 한어가 다른 어종을 누르고 거의 반수를 점함.
(3) 회화체와 문장체를 비교하면 문장체 쪽이 한어의 비율이 높음.
(4) 전문어에서는 한어의 비율이 높지만 新語辞典에서는 외래어가 한어를 상회함.
(5) 저연령층에서는 이해어휘라도 한어사용이 그다지 많지 않은 것으로 보아 사용어휘에 있어서는 더욱 적을 것이 예상됨.

〈각종 자료의 어종 비율 일람〉

	調査対象	年代	語数	語種構成比(%)			
				고유 일본어	한어	외래어	혼종어
A	万葉集	8C後半	6,505	99.6%	0.3%	-	0.1%
B	源氏物語	1000ごろ	11,423	87.1%	8.8%	-	4.0%
C	徒然草	1310ごろ	4,242	68.6%	28.1%	-	3.3%
D	工学字彙(第 2 版)	1888	2,523	10.9%	83.9%	3.9%	1.3%
E	言海	1889	39,103	55.8%	34.7%	1.4%	8.1%
F	学術用語集 23種	1954-81	19,853	10.0%	59.6%	30.1%	0.4%
G	現代雑誌90種	1956	30,331	36.7%	47.5%	9.8%	6.0%
H	例解国語辞典	1956	40,393	36.6%	53.6%	3.5%	6.2%
I	角川国語辞典	1969	60,218	37.1%	52.9%	7.8%	2.2%
J	高等学校教科書	1974	12,448	18.3%	73.2%	7.6%	0.9%
K	児童読物	1978	3,767	64.0%	29.7%	4.0%	2.3%
L	知識階層の 話しことば	1979	5,341	46.9%	40.0%	10.1%	3.0%
M	中学校教科書	1980	6,927	28.6%	65.5%	5.7%	0.7%
N	現代用語の 基礎知識	1980	23,448	1.9%	28.8%	57.6%	11.7%

O	日本語教育 基本語彙	1984	6,880	45.4%	46.9%	4.5%	3.2%
P	テレビ放送用語	1989	25,617	61.3%	21.5%	3.5%	10.0%
Q	新選国語辞典 (第8版)	2002	73,181	33.8%	49.1%	8.8%	8.3%

野村雅昭(2004)「漢語の現在」『日本語学会　講演要旨集』에서 재인용

* 語数 : 어휘조사를 포함해 모두 개별어수로 나타냄.
* 単位 : 어휘조사의 단위에는 여러가지가 있기 때문에 주의를 요함.D와 F는 2자한어를 제하고는 形態素(語基)를 단위로 하고 있음.
* 비율 : 표의 백분비는 출전에 있는 수치를 인용했기 때문에 조사법 등에 따라 합계가 100%가 되지 않는 것도 있음.

2. 의미(意味)에 의한 분류

1) 단어의 의미

(1) 외계의 지시물과의 관계 : 分類体辞典(倭名類聚抄、色葉字類抄、『分類語彙表』)

(2) 단어집합 내에서의 다른 단어와의 대립관계

2) 단어와 단어 사이의 의미관계의 형태

(1) 유의관계(類義関係) : 의미 관계가 비슷하거나 완전히 일치하는 관계

예「美しい」와「きれい」、「コップ」와「グラス」

(2) 포섭관계(包摂関係) : 상위개념을 나타내는 단어와 그것에 포섭되는 하위개념과의 관계

예「動物」과「くじら」、「手」과「指」

(3) 동위관계(同位関係) : 일정한 의미분야에서 거의 같은 추상레

벨로 같은 관점에서 이름 지어진 단어의 관계.

예 「農業、工業、商業…」→「産業」、「さびしさ、よろこび、くるしみ…」→「きもち」

(4) 반대관계(反対関係) : 동위어 중 특수한 관계를 가진 것.

예 「とおい」와「ちかい」、「あに」와「あね」

3. 문법기능(文法機能)에 의한 분류

1) 품사에 의한 분류

현대어 문법서에서는 8품사 내지 10품사(학교문법 : 名詞, 動詞, 形容詞, 形容動詞, 副詞, 連体詞, 接続詞, 感動詞, 助詞, 助動詞)로 나누는 것이 일반적임.

<현대잡지 90종 어휘의 품사별 분포>

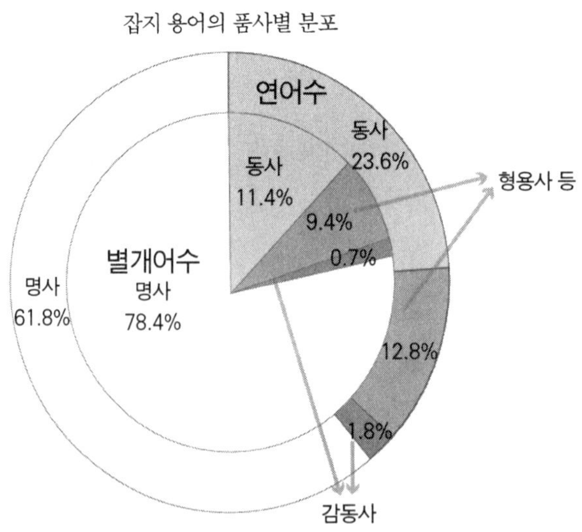

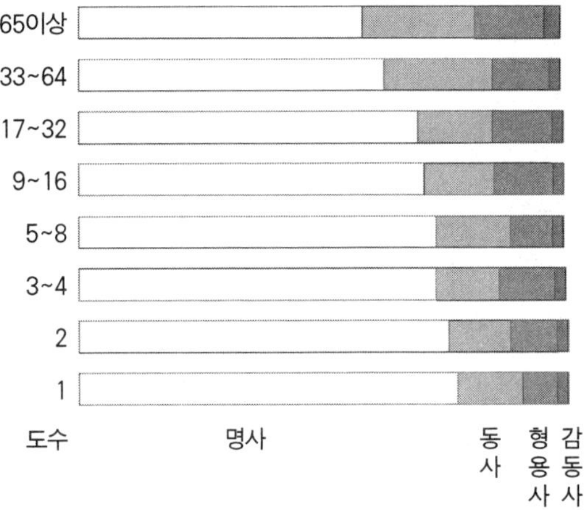

* 여기에서의 분류는『分類語彙表』에 의함.「形容詞など」의 그룹에는 形容詞, 形容動詞, 情態副詞, 程度副詞, 連体詞 등이 들어감.「感動詞など」의 그룹에는 感動詞, 接続詞, 陳述副詞 외에 대우표현에 관한 造語成分(「お」「ご」「やがる」など)이 포함됨.

2) 동사활용의 종류에 따른 분류

(1) 제1류 동사(u동사) - 어간이 자음으로 끝나는 것

書くkak-u

(2) 제2류 동사(ru동사) - 어간이 모음으로 끝나는 것

見るmi-ru　食べるtabe-ru

(3) 제3류 동사(변격동사) - くる(来る), する

3) 金田一春彦의 아스펙트의 관점에 의한 일본어 동사의 분류

(1) 情態動詞 : -ている를 붙일 수 없는 동사.

예 ある、いる、できる、泳げる 등

(2) 継続動詞 : -ている를 붙일 수 있고 동작의 진행을 나타냄.

예 読む、書く、歩く、走る 등

(3) 瞬間動詞 : -ている를 붙일 수 있고 동작의 시작 완료 등을 나타냄.

예 はじまる、終わる、死ぬ、結婚する 등

(4) 第4種動詞 : 언제나 -ている를 붙여 사용하며 어느 상태에 처해 있음을 나타냄.

예 似る、そびえる、すぐれる、ありふれる 등

4. 위상(位相)에 의한 분류

1) 성(性)에 따른 차이

(1) 남성어 : 인칭대명사(ぼく、おれ、きみ), 감동사(おい、ほう), 종조사(ぞ、ぜ、な)

(2) 여성어 : 인칭대명사(あたし、あたい), 감동사(あら、まあ), 종조사(よ、わ、かしら)

2) 나이에 따른 차이

(1) 유아어 : 여성적 색채가 짙음.

(2) 젊은이어 : 新語, 流行語 사용이 두드러짐.

(3) 노인어 : 고어가 많이 남아있음.

3) 사회적 집단에 따른 차이

(1) 직업어 : 그 직업에 종사하는 사람들끼리 자연발생적으로 생긴 것.

예 隠語 - サツ[경찰]、ムショ[형무소]、デカ[형사]、ヒモ[情

夫]、ヤク[마약]

후쵸(符牒) : 시장의 상인끼리 자기들만 알 수 있도록 고안된 숫자암호.

(2) 전문어 : 전문가끼리 일의 효율을 높이기 위해서 인위적으로 만든 것.

02 어구성

I 어구성론(語構成論)

어형성론(語形成論)과 어구조론(語構造論)을 합친 것. 현대어의 어구성을 문제로 할 때는 어형성론과 어구조론을 합친 어구성론적 태도를 취할 필요가 있음.

1. 어형성론(語形成論)

각종 조어방법의 추출 또는 제시.다시 말해 実践的인 입장이며 구체적인 조어방식으로써 어근창조, 차용, 변형, 합성(복합, 파생)을 들 수 있음.

2. 어구조론(語構造論)

각각의 방법에 의해서 생산된 語의 構造를 記述하는 것. 즉 観察的, 記述的인 입장이며 어형성론에서의 각 방식의 記述的인 관점과 내용이 기록됨.

- 어구성의 면에 있어서의 분석 예

예「子育て」

- 고유일본어끼리의 결합형
- 체언적 요소와 용언적 요소의 결합형
- 격조사「を」로 대표되어지는 구문적 특징을 가짐
- [생물]+[생산]이라는 의미 카테고리의 결합에 근거해 동작 주체의 대상에 [영향을 끼치고 있다]고 말할 수 있음.

Ⅱ 語[단어]의 구조면에서의 분류

1. 단순어(単純語)

語基 하나로 이루어진 것.

예 花、国家、手帳、台所 등

2. 합성어(合成語)

단순어에 다른 단순어나 造語要素가 붙어 있는 단어.

1) 파생어(派生語) : 語基와 接辞로 이루어진 것

예 お花、ひっかく、不案内、全世界

とうちゃん、私たち、一年中、近代的、春めく、大人ぶる 등

2) 복합어(複合語) : 語基(2개 이상)만으로 이루어진 것

예 草花、高速道路、飛び上がる、毛深い、自由自在、勝ち負け、

映画見物、国会議員 등

깜짝퀴즈

일본어를 어의 구조면에서 크게 분류하면 (　　　　)와 합성어로 나눌 수 있다.

예 단순어　합성어　혼종어　복합어

03 단어, 구, 문의 의미

I 단어의 의미

1. 정의

1) 일반적 의미(=사전적 의미)

社会慣習的으로 많든 적든 간에 정해진 語사용상의 場面的, 文脈的 諸条件 및 語와 연합된 文化人類学的諸特徴의 総体. 다시 말해 특정의 구체적 대상이 갖는 개별적인 의미가 아닌, 그것들 전체에 공통되는 [의미]의 총체.

2) 의미특징

일반적 의미를 형성하고 있는 사회적, 관습적으로 일정한 의미의 제측면.

예 ふね － 上や中に人や貨物を乗せる/移動する/水面に浮かぶ/乗り物

- 의미특성에는 語義, 雅語와 俗語, 文体, 文化, 性別과 年齢 등의 特性, 構文的 特性 등이 포함됨.

3) 문법적 의미

서술이나 진술, 전개와 같이 언어의 틀 속에서 화자의 판단을 나타내는 것으로 言語의 機能으로써의 意味.

4) 어휘적 의미

언어의 바깥에 있는 지시대상을 갖는 단어의 의미.

5) 임시적 의미(=문맥적 의미)

단어가 문중에 사용되었을 때 대화장면이나 문맥, 구두표현의 경우 발성의 스타일 등에 따라 갖게 되는 특수한 의미.

2. 의미영역

단어의 의미가 가리키는 범위.

1) 고유일본어는 한어에 비해 의미영역이 넓음.

예 やすみ / 休日、休暇、休息、休憩、欠席、欠場、欠勤 등

2) 서양어의 경우 원어가 갖는 의미영역의 일부분 만을 빌려 쓰는 경우가 많음.

예 ネット : 구기에 사용되는 그물과 머리에 쓰는 망 만을 가리킴

3. 어휘체계

지시대상의 분류상의 관계, 상하관계를 따라 의미면에서 어휘가 형성되는 것.

예 하위어 상위어

「馬、牛、鹿、犬…」 → 「獣」

「獣、魚、鳥、虫…」 → 「動物」

「動物、植物」 → 「生物」 또는 「生き物」

4. 의미변화

1) 의미의 이행(移行)

새로운 의미가 본래의 뜻에 부가되어 본래의 의미가 쇠퇴하여 다른 의미로 바뀌는 현상.

예 「あきらめる」본래의 의미 : 사물을 확실히 하는 것
새로운 의미 : 체념하다

2) 의미의 확대(拡大)

새로운 의미가 본래의 뜻에 부과되어 복수의 의미를 갖게 되는 현상.

예 「できる」본래의 의미 : 「出で来」종기가 생기다.
새로운 의미 : 「準備ができる」준비가 되다.
「彼は食事の支度ができる」가능.
「彼はできる」능력 있음. 우수함.

(1) 単義語 : 본래의 뜻이나 이행에 의해 생성된 뜻 만을 갖는 단어.

(2)多義語 : 여러 의미를 갖고 있는 단어.

3) 의미의 일반화(一般化)

지시대상의 범위가 넓어지는 경우.

예 「ご飯」쌀로 지은 밥→식사、「瀬戸物」세토에서 구운 도자기→도자기 일반

4) 의미의 특수화(特殊化)

지시대상의 범위가 좁아지는 경우.

예 「着物」입을 것 전반→일본 옷

5) 의미의 축소(縮小)

의미의 일부분이 쇠퇴해져 의미영역이 좁아지는 경우.

예 「障子」 고대에는 襖(ふすま)、衝立(ついたて)、明障子(あかりしょうじ) 를 가리켰으나 그 후 明障子 만을 가리켜 오늘에 이르게 됨.

5. 동의어(同義語) 유의어(類義語)

1) 동의어(同義語) : 같은 대상을 여러 어형으로 가리키는 語群

예 「父/おとうさん/パパ」、「あす/あした/明日」등

2) 유의어(類義語) : 의미특징에 공통되는 부분이 많아서 의미영역의 중복이 확실하고 차이가 조금밖에 없는 경우 또는 매우 가까운 영역을 차지하는 경우의 語群.

예 「走る/駆ける」「すばらしい/みごとだ」「ついに/とうとう」등

6. 대의어(対義語) · 반대어(反対語)

1) 대의어(対義語) : 지시대상이 부분적으로 짝이 되는 한 쌍의 단어. 그 사회의 문화나 습관에 연유하는 경우가 많음.

예 「山/川」、「草/木」、「金/銀」、「雪/月/花」、「松/竹/梅」등

2) 반대어(反対語) : 대의어 중에서 그 의미특징이 어느 한 점에 있어 정 반대의 관계에 있는 한 쌍의 단어.의미면에서 객관적인 대립관계에 놓여 있음.

예 「男/女」、「最高/最低」、「前/後ろ」、「貸す/借りる」、「動く/止まる」、「親/子」등

Ⅱ 구의 의미

• 구(句) : 둘 이상의 단어가 문법적인 관계에 의해 결합된 것.

• 구(句)의 의미 : 결합되는 단어끼리의 의미관계에 따라 달라짐으로 최종적으로는 문맥 안에서 파악할 필요가 있음.

1. 연체수식구(連体修飾句)의 의미

1) 구의 의미는 피수식어에 의해 어느 정도 결정됨.

예 よく切れるハサミ(잘 드는 가위 : 예리)
よく切れる靴下 (잘 헤지는 양말 : 헤진 상태가 됨)

2) 피수식어의 의미 만으로는 구의 의미가 애매한 경우도 있음.

예 夏目漱石の本(나츠메 소세키의 책)
소세키가 쓴 책, 소세키가 갖고 있는 책, 소세키에 대해 적은 책.

2. 연용수식구(連用修飾句)의 의미

1) 연용수식구는 動作修飾(状態) 또는 状態修飾(結果)을 하게 됨.

예 ゆっくり話す。(천천히 얘기하다.)
ゆっくり座れる。(넉넉하게 앉을 수 있다.)

2) 연용어에 의한 수식구는 정도성을 갖는 것이 보통임.

예 かなりあわてて逃げ出した。(꽤 황급히 도망치기 시작했다.)

かなりゆっくり動き出した。(꽤 천천히 움직이기 시작했다.)

3) 목적어가 되는 수식구는 목적어와 동사의 의미관계가 문제가 됨.

예 豆を煮る。(対象) /かゆを煮る。(結果)

4) 같은 대상이나 장소가 목적어일 경우에도 구의 의미가 다른 경우가 있음.

예 部屋を探す。(場所) (방 안을 찾다.)

(対象) (방을 물색하다.)

Ⅲ 문의 의미

- 문(文) : 단어나 구 및 그러한 것들을 결합하여 구체적인 사상의 표현으로서 정리하여 완결시킨 것.
- 문형(文型) : 문법적인 統括의 힘에 의해 정리된 문의 모양.

1) 구문적 의미

개개의 단어가 어떤 문형으로 정리되는가에 따라 결정되는 의미.

예 果物はリンゴだ。([과일이라면 사과를 추천한다.] 또는 [오늘의 과일은 사과다.])

2) 한정적 의미

문맥에 의해 구체화 개별화 되는 의미.

예 お水ちょうだい。(여기서 お水는 사전적 의미가 아닌 [컵에 따른 물]을 의미함.)

3) 장면적 의미

장면에 밀착시킨 간접적 표현으로 커뮤니케이션을 행하는 경우의 의미.

예 お茶でも飲みませんか。(차라도 마시지 않겠어요? 라는 의미에 잠깐 쉬자는 의미가 들어감.)

4) 결과적 의미

단어 하나하나가 갖는 의미를 넘어서 결과적으로 문의 서술내용이 특정한 의미를 나타내는 경우의 의미.

예 するもしないもないでしょう。([하고말고 할 일이 아니지요]의 표현은 꼭 해야 한다는 의미가 됨.)

5) 비유적 의미

비유를 사용하여 문의 의미를 간접적으로 전했을 때의 의미.

예 猿も木から落ちる。

쉬어가기 일본의 엔카(演歌)에서 가장 많이 사용되는 단어는?

엔카의 기원설에 대해서는 여러 가지가 있는데 대표적인 것의 하나는 메이지유신(明治維新)후에 명치 정부가 민권운동에 앞장선 자유당원들의 연설을 금지하자 자유당원들이 자신들이 주장하는 사상을 노랫말로 만들어 연설조의 노래로 불러 호소한 것이 그 시초라는 설이다. 즉 歌による演説(노래에 의한 연설)이라는 의미에서'演歌'라는 말이 태어난 것이다.

港(항구), 涙(눈물), 雨(비)가 3요소라고 할 정도로 개인의 비련, 이별, 망향을 읊은 가사가 많은 엔카는 恋(사랑), 涙(눈물), 運命・定め(운명), 酒(술), 酔う(취하다), 女, 男, あなた(당신)를 조합하면 곧바로 만들 수 있다는 말이 있는데 그 만큼 이와 같은 어휘가 많이 사용된다는 뜻일 것이다. 그러나 엔카 만을 대상으로 한 조사 결과는 눈에 띄지 않고 유행가 전체에 관한 전후 - 1945년 이후 - 의 조사로부터 시대별로 많이 사용되는 어휘에 관한 다음과 같은 결과를 볼 수 있다.

1. 1946 - 1950년

① 花 ② あめ ③ 夢 ④ 君 ⑤ あの
⑥ な(為)る ⑦ 行く ⑧ 泣く ⑨ 日 ⑩ 恋

2. 1957 - 1958년

① いる ② 泣く ③ あ、ああ ④ あの ⑤ お(御)
⑥ 行く ⑦ 来る ⑧ 雨 ⑨ な(為)る ⑩ 何

3. 1968 - 1969년

① あなた ② いる ③ わ(あ)たし ④ 恋 ⑤ 君

⑥人　⑦する　⑧愛　⑨僕　⑩愛する

4. 1976 - 1977년

①あなた　②いる　③君　④わ(あ)たし　⑤人

⑥する　⑦ああ　⑧僕　⑨この　⑩よう(様)

5. 1986 - 1988년

①YOU　②する　③君　④いる　⑤あなた

⑥涙　⑦わ(あ)たし　⑧な(為)る　⑨あ(逢)う　⑩CHANCE

6. 1995년

①いる　②あなた　③君　④ない　⑤YOU

⑥する　⑦言う　⑧夢　⑨愛　⑩な(成)る

전체적으로 わ(あ)たし、あなた、恋、愛 등이 다용되는 것을 알 수 있는데 특히 わ(あ)たし、あなた 같은 1, 2인칭대명사가 가요에 자주 나타나게 된 것은 1960년대 중반부터이다.

같은 맥락에서 2인칭대명사의 영어 어휘인 YOU가 1986 - 1988년 조사에서 1위를 차지하게 된 것은 가히 혁명적이라고 할 수 있으며 이 어휘는 1995년 조사에서도 5위로 나타나고 있다.

- 박재권(2003) 「일본의 엔카(演歌)에서 가장 많이 사용되는 단어는?」『일본어는 뱀장어 한국어는 자장』글로세움

평가하기

다음을 읽고 맞으면 ○, 틀리면 ×를 하시오.

1 어휘조사에는 전면적 조사와 샘플링 조사가 있는데 후자는 비교적 어휘량이 적은 어휘조사에 사용된다. ( )

2 같은 단어가 두 번 이상 나오더라도 모두 세어 전체의 수를 계산하는 방법을 別個語数라고 하고 두 번 이상 나온 단어는 중복을 피하고 한 단어로 계산하는 방법을 延語数라고 한다. ( )

3 기본어휘는 시대에 따라 넣어야 할 단어와 빼야할 단어의 변화가 심하나 기초어휘는 그다지 변화가 없으며 다른 단어와 비교해서 의미변화도 느리다. ( )

4 漢語는 복잡한 의미내용을 적은 자수로 간결하게 표현하며 시각성, 조어력이 뛰어나다. ( )

5 金田一春彦는「-ている」를 붙일 수 있고 동작의 시작 완료 등을 나타내는 동사를 계속동사라고 하였다. ( )

6 合成語 중에서 派生語는 語基와 接辞로 이루어 진 것을 의미하며 複合語는 語基(2개 이상)만으로 이루어 진 것을 말한다. ( )

7 意味特性에는 語義, 雅語와 俗語, 文体, 文化, 性別과 年齢 등의 특성, 構文的 특성 등이 포함된다. ( )

8 지시대상의 분류상의 관계, 상하관계를 따라 의미면에서 어휘가 형성되

는 것을 어휘체계라고 한다. ( )

9 단어나 구 및 그러한 것들을 결합하여 구체적인 사상의 표현으로서 정리하여 완결시킨 것을 文이라고 한다. ( )

10 개개의 단어가 어떤 문형으로 정리되는가에 따라 결정되는 의미를 한정적 의미라고 한다. ( )

1. 어휘의 제반 사항과 어휘의 분류

1) 어휘의 제반사항

어휘의 개념, 어휘론의 연구분야, 어휘조사, 어휘량, 기본어휘와 기초어휘, 어휘의 변화

2) 어휘의 분류

어종, 의미, 문법기능, 위상에 의한 분류

2. 어구성

1) 어구성론

2) 語의 구조면에서의 분류

3. 단어, 구, 문의 의미

1) 단어[어]의 의미

2) 구의 의미

3) 문의 의미

과제

다음의 어휘를 고유일본어, 한어, 외래어의 3어종으로 나누시오.

① アヒル ② イ(胃) ③ エ(絵) ④ カボチャ ⑤ セイボ ⑥ ゴキブリ

⑦ ザル ⑧ ジャケツ ⑨ ズボン ⑩ タバコ ⑪ ブタ ⑫ メリヤス

06 주차

문법 I

학습 목표

1. 문법과 어의 기본적인 사항을 이해한다.
2. 어와 관련된 품사를 이해한다.
3. 어와 관련된 문법적 문제에 대한 일본의 주요 문법학자들의 문법학설을 고찰한다.

학습 내용

1. 문법과 어
2. 품사
3. 어와 관련된 주요 문법학설

사전 학습

1. 다음 중 문법에 대한 설명으로 맞지 않는 것은? ( )

① 말의 규칙을 문법이라고 한다.

② 문법은 크게 나누어 기술문법, 설명문법으로 나눌 수 있다.

③ 문법론은 절대적인 것이어서 언어사실을 문법적으로 생각하고 이해하는데 도움이 된다.

④ 현실적으로 있는 문법은 연구자들이 만들어 낸 문법이기 때문에 문법론이라고 부르는 편이 바람직하다.

2. 다음 중 語와 관련된 사항으로 맞지 않는 것은? ( )

① 문을 구성하는 기본요소를 語라고 한다.

② 품사의 수나 종류, 명칭 등은 학자를 막론하고 모두 일정하다.

③ 語의 개념 규정 시 문제가 되는 것은 조사, 조동사를 어로 볼 것인가 아닌가이다.

④ 문의 구성에 있어서 기능의 차이에 따라 형태를 바꾸는 語를 活用語라고 한다.

3. 다음 중 주요문법학자들의 품사분류의 특징로 맞지 않는 것은? ( )

① 山田孝雄의 품사분류는 언어가 나타내는 내용을 중시한다는 특징이 있다.

② 橋本進吉의 품사분류는 언어의 형식을 중시하며 문법을 생각한 단위로 문절을 설정하고 있다.

③ 時枝誠記의 품사분류는 독자적인 언어과정설에 근거하고 있다.

④ 時枝誠記의 품사분류는 국학자인 富士谷成章의 영향을 많이 받고 있다.

01 문법과 어

I 문법

1. 문법

말의 규칙. 즉 시간의 흐름에 따라 하나의 언어표현이 어떻게 구성되는가에 대한 유형에 관한 규칙을 말함.

2. 문법론

문법과 관련된 체계적 연구의 論述.

1) 기술문법(記述文法) : 사실의 기술에 중점을 둔 문법.

2) 설명문법(説明文法) : 체계의 설명에 중점을 둔 문법.

- 현실적으로 있는 [문법]은 언어 속에 있는 문법이 아니라 연구자들이 만들어낸 문법이기 때문에 오히려 [문법론]이라고 부르는 편이 바람직함. [문법론]은 절대적인 것은 아니지만 언어사실을 [문법]적으로 생각하고 바르게 이해하는 데 도움이 됨.

II 어(단어)

문을 구성하는 기본요소.

1. 어[단어]의 개념 규정시 문제점

1) 소위 助詞, 助動詞를 단어로 볼 것인가, 보지 않을 것인가.

2) 복합어와 단어보다 큰 언어단위인 단어연결(死の灰 등), 慣用句를 어떻게 볼 것인가.

2. 어의 구조

1) 활용어(活用語)

文의 構成에 있어서의 機能의 차이에 따라 형태를 바꾸는 語. 즉 語形変化를 하는 語.

예 食べる、赤い、~だ、ようだ

- 기능의 차이에 따라 어형이 변화되는 것을 [활용]이라고 함.
- 모든 품사 중에서 활용어에 해당하는 것은 술어를 구성하는 동사, 형용사, 판정사, 조동사임.
- 활용어 중에서 변화하지 않는 부분을 [활용어간], 변화하는 부분을 [활용어미]라고 함. 여기서 활용어간 부분은 어의 개별적 의미를 나타내고 활용어미 부분은 문 안에서의 기능을 나타냄.
  예 食べれば → 食べ : 「食べる」의 어의 의미. れば : 문 안에서의 기능.
- [활용어간+활용어미]의 각각의 형태를 [활용형]이라고 함.
  예 食べれば

2) 파생어(派生語)

특정한 語에 특정한 요소가 부가되어 생긴 語.

예 寒さ

- 파생어에서 부가적인 요소를 [접사]라고 하며 중심요소를 [파생어간]이라고 함.
- 어간 앞에 붙는 접사를 [접두사], 어간 뒤에 붙는 접사를 [접미사]라고 함.

  예 ま冬 → ま : 접두사, 寒さ → さ : 접미사
- 접사가 어느 정도의 語에 접속할 수 있는가를 그 접사의 [생산성]이라고 함.
- 파생어가 어떤 품사에 속하는가는 末尾의 要素에 의해서 정해짐.

3) 복합어(複合語)

복수(複数)의 語가 결합하여 하나의 語를 구성하는 것.

예 勉強机

- 복합에는 병렬적인 성격의 것과 전항이 후항에 종속되는 성격의 것이 있음.
- 병렬적인 성격의 복합어는 원칙적으로 명사이지만 후항이 중심요소가 되는 복합어는 주로 명사, 동사, 형용사가 있음.
- 후항이 중심요소가 되는 복합어는 후항이 복합어 전체의 품사를 결정함.

깜짝퀴즈

시간의 흐름에 따라 하나의 언어표현이 어떻게 구성되어지는가에 대한 유형에 관한 규칙을 (　　　)이라고 한다.

예 語　文　語彙　文法

02 품사

I 정의

文 안에서의 機能(統語的 機能)에 의거해 語를 분류한 것.

- 품사의 수나 종류, 명칭 등은 학자에 따라 일정하지 않은데 이것은 학자마다의 문법관이 다른데서 오는 것임. 학교문법에서는 10품사로 하고 있으나 일반적으로 11내지 12품사를 인정함. 여기에서는 일단 학교문법의 품사을 개관한 후, 이와 관련하여 益岡隆志(ますおかたかし)『基礎日本語文法』에서 규정하는 11품사를 구체적으로 설명하기로 함.

II 학교문법의 품사

- 일본어 교육에서는 학교문법의 품사분류 자체가 중요시 되지는 않지만 상식으로서 어느 정도 알아둘 필요가 있음.「文節」의 개념과 동사, 명사 등 주요한 것을 알면 됨.
- 「文節」이라는 것은 文에「よ」「ね」를 넣어 자연스럽게 끊어지는 것을 말함.
- 「文節」을 단독으로 구성할 수 있는지 아닌지를 확인하여, 할 수 있는 것을「自立語」, 할 수 없는 것을「付属語」라고 함. 게다가 活用의 유무나 문 속에서의 사용을 고려해서 몇 갠가의 그룹으로 분류하여 거기에 품사명을 부여함. 이렇게 하여 얻어진 학교문법의 품사분류는 다음과 같음.

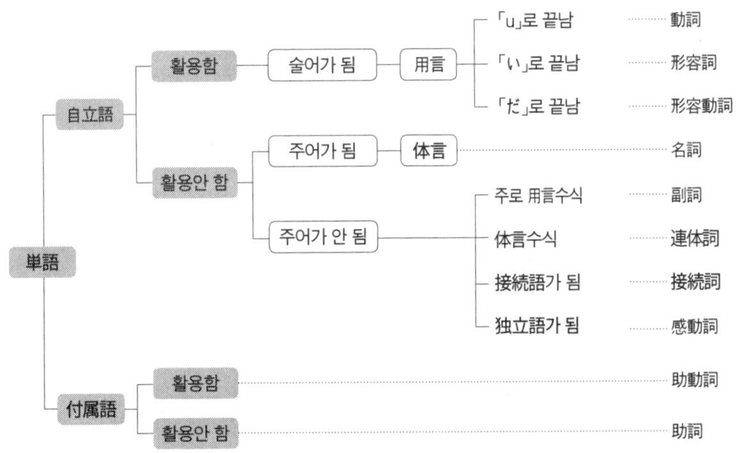

Ⅲ 益岡隆志의 품사의 종류

1. 명사(名詞)

1) 기본적인 성격

提題助詞(は、なら、ったら、って 등)를 붙여서 문의 주제를 만들거나 格助詞(が、を、に、から、と、で、へ、まで、より 등)를 붙여서 문의 補足語가 되거나 判定詞를 붙여서 문의 술어가 된다든지 함.

2) 의미범주

- 일본어의 명사는「人名詞」「物名詞」「事態名詞」「場所名詞」「方向名詞」「時間名詞」라는 기본적인 의미범주로 나누어 생각하는 것이 편리함.

• 의문을 나타내는 명사는 그것을 지시하는 대상의 의미범주에 따라 각각 다른 형식이 이용됨. 즉「人名詞」에는「誰」가,「物名詞」「事態名詞」에는「何」가,「場所名詞」에는「どこ」가,「方向名詞」에는「どちら」가,「時間名詞」에는「いつ」가 이용됨.
• 지시어 및「ど」계열의 의문사가 명사를 수식할 때는「その人」와 같이「지시어/「ど」계열 의문사의 명사수식형태+명사」의 형태를 취함. 단「もの」「ところ」는 융합되어 한 단어인「それ」「そこ」의 형태를 취함.
• 명사의 구체적인 지시대상을 문제시하지 않고 그 명사 본래의 성질을 말할 경우「名詞+「という」+「もの」」의 형태가 사용됨. 이 경우 기본적인 의미범주는 구별되지 않고「もの」가 사용됨.

3) 수량명사

(1) 수량명사의 형태

① 명사 단독으로 수량을 나타내는 것

大勢、多く、多数、多量、少数、少量、いくらか、大部分、半分、全部 등

② [수를 나타내는 명사+助数辞]나 [접미사] 또는 접미사적인 語와 결합하여 비로서 수량명사가 되는 것

一本、一冊、これほど、それくらい 등

• 조수사(助数辞)의 종류

① 유별사(類別辞) : 헤아리는 대상의 성질에 따라 구분되어짐.

예 つ、個、人、匹、頭、羽、本、冊 등

② 단위사(単位辞) : 数에 붙어서 양, 회수, 시간 등 다양한 단위

를 나타냄.

예 시간 - 秒、分、時間、日(か、にち)、週間、月(つき)、年 등

시각 - 秒、分、時

날짜 - 日(か、にち)、月(がつ)、年

금액 - 円、ドル、マルク 등

회수 - 回、度、遍、まわり、順、周 등

순서 - 目(め)、番 등

(3) 수량명사의 종류

① 수량의 다소를 나타내는 것 : 大勢、多く、多量、少量 등

② 구체적인 수량을 나타내는 것 : 半分、2分の1、수명사+조수사, 지시사+くらい/ほど 등

③ 집합의 부분이나 전체를 나타내는 것 : 全部、一部、全員、いくらか 등

- 명사이면서 主題나 補足語로써 사용되거나 「の」를 붙여서 명사를 수식한다든지 할 뿐만 아니라 「みかんを二つ買った」와 같이 술어의 수식어로써도 사용됨.

4) 형식명사

의미적인 면에서 희박하고 수식요소 없이는 사용할 수 없는 명사.

(1) 개념이나 사물을 지시하고 나타내기 보다는 관계를 나타내는 명사이며 「名詞+「の」」나 수식절을 붙여 副詞相当句, 補足節, 副詞節을 만들거나 判定辞를 붙여 조동사를 만든다든지 함.

(2) 補足節을 만드는 형식명사에는 「こと」「の」「ところ」가 있음.

(3) 副詞相当句, 副詞節을 만드는 형식명사

① 원인 · 이유 : ため(に)、おかげ(で)、せい(で) 등

② 양태 : とおり(に)、よう(に)、かわり(に)、ほか(に) 등

③ 시간 : 時(に)、おり(に)、あいだ(に)、うち(に) 등

④ 기타 : 一方(で)、結果、反面、限り、方(ほう) 등

(4) 判定詞를 붙여 조동사가 되는 것은「はず、の、わけ、もの、つもり、こと、よう」가 있음.

(5) 「ところ」에는「명사+「の」+「ところ」」의 형태로 장소가 아닌 명사를 장소명사로 한다든지 그 명사의 구체적, 추상적 위치를 나타낸다든지 하는 용법이 있음.

예 一度僕のところに遊びに来て下さい。

そこのところをもう少し詳しく言ってください。

(6) 「こと」에는 구체적인 사람이나 사물을 나타내는 명사에 붙어서「명사에 관한 화제」,「명사의 성질」 등의 의미를 갖는 추상적인 명사를 만드는 용법이 있음.

예 彼はあなたのことを一言も話題にしなかった。

私は彼女のことを大学の先生だと思っていた。

2. 동사(動詞)

1) 기본적 성격

단독으로 술어의 기능을 하며 문 안에서의 기능의 차이에 따라 활용

한다는 점.

2) 분류

(1) 動態動詞 : 움직임을 나타냄.

예 歩く、倒れる、倒す、話す 등

① 他動詞와 自動詞의 구분이 있음.

② 意志動詞와 無意志動詞

예 의지동사 - 歩く、読む、考える 등

무의지동사 - 倒れる、老いる、失う 등

- 명령, 금지, 의뢰, 권유 등의 표현에는 의지동사 만이 나타남.
- 하나의 동사가 의지동사, 무의지동사의 양쪽으로 쓰여지는 경우도 있음.
- 의지동사로 사용되는 것이 무의지동사로 사용되기도 하고 무의지동사로 사용되는 것이 의지동사로 사용되어지는 경우도 있음.이 때는 의지의 유무를 나타내는「うっかり」「わざと」와 같은 부사가 자주 이용됨.

예 木村は大切な書類をうっかり捨ててしまった。

野口はゴールの前でわざと転んだ。

(2) 状態動詞 : 상태를 나타냄.

예 ある、いる、できる、要る、異なる、違う 등

3) 활용

- 동사활용의 어간에는 자음으로 끝나는 것과 모음으로 끝나는 것이 있음.

(1) 자음동사 : 어간이 자음으로 끝나는 동사

예 飲む의 어간 nom

① 자음동사의 어간은 결합하는 활용어미의 차이에 따라 [基本系 語幹][タ系語幹]으로 나눔.

• [基本系 語幹]

9종류 - [s], [k], [g], [m], [n], [b], [t], [r], [w]로 끝나는 것.

• [タ系 語幹] :

a. 기본계 어간 [s]로 끝나는 것의 タ계 어간은 [si]로 끝남.

예 貸す의 kasi

b. 기본계 어간 [k][g]로 끝나는 것의 タ계 어간은 [k][g]가 나타나지 않고 [i]로 끝남.

예 咲く의 sai , 研ぐ의 toi

c. 기본계 어간 [m][n][b]로 끝나는 것의 タ계 어간은 [n]으로 끝남.

예 飲む의 non, 死ぬ의 sin, 飛ぶ의 ton

d. 기본계 어간 [t][r][w]로 끝나는 것의 タ계 어간은 [t]로 끝남.

예 待つ의 mat, 取る의 tot, 買う의 kat

(2) 모음동사 : 어간이 모음으로 끝나는 동사

예 食べる의 어간 tabe 起きる의 어간 oki

• 활용어미에는 [基本系 語尾][タ系 語尾]가 있는데 자음동사의 경우 기본계 어간은 기본계 어미가, タ계 어간은 タ계 어미가 결합됨.

<활용어미의 체계>

基本系 語尾	タ系 語尾
基本形 u/ru	タ形 ta
命令形 e/ro	
意志形 oo/yoo	
基本条件形 eba/reba	タ系条件形 tara
基本連用形(連用形) i/ゼロ	タ系連用形(テ形, タリ形) te , tari

- 「する」와 「来る」는 활용이 불규칙적임. 다시말해 명령형은 「しろ」「こい」, 의지형은 「しよう」「こよう」, 기본조건형은 「すれば」「くれば」, 연용형은 「し」「き」, タ형은 「した」「きた」, タ계 조건형은 「したら」「きたら」, テ형은 「して」「きて」, タリ형은 「したり」「きたり」임.

4) 복합동사

(1) 統語的 複合動詞 : 전항이 동사의 문법적 성질을 가지고 있는 것.

① 통어적 복합동사의 전항은 보족어나 수식어를 취해 節的인 요소가 되어 후항 동사의 보족절로써 역할을 함. 이 보족절은 서법(mood), 텐스(tense)를 포함할 수 없음.

예

- 아스펙트에 관한 것 : ~はじめる、~かける、~だす、~つづける、~おわる、~おえる、~やむ
- 完遂에 관한 것 : ~つくす、~ぬく、~とおす、~きる
- 遂行하지 못한 것에 관한 것 : ~おとす、~しぶる、~かねる、~損じる、~そこなう、~そびえる、~忘れる
- 기타 : ~あう、~なおす、~かえす、~つける(習慣의

意味)

② 통어적 복합동사의 전항은 수동형, 사역형 등 여러가지 형식을 포함할 수 있음.

(2) 語彙的 複合動詞 : 기본적으로 전항이 동사의 문법적 성질을 일부, 또는 전부 상실한 것.

① 동사의 양태나 수단을 전항에 나타내고 동작의 결과나 동작의 향하는 방향을 후항에 나타내는 경우가 많음.

예 なぐりたおす、押したおす、持ち上げる、はたき落とす、引き落とす、けり殺す、撃ち殺す、押し上げる、つれ戻す

② 후항이 동사로써의 독립성을 잃고 접미사적이 되어버린 것도 있음.

예 転がりこむ、押しこむ、飛びかかる、通りかかる、呼びかける、すがりつく、はねつける、あきれかえる、静まりかえる、ほめそやす

③ 어휘적 복합동사의 전항은 수동형, 사역형 등 여러가지 형식을 포함할 수 없음.

5) 한어동사, 외래어동사

(1) 한어나 외래어를 동사로 사용하기 위해서는 [る]나 [する]를 붙이는데 후자가 생산적임.

예 アジる、デモる、サボる、研究する、単純化する、キスする

(2) 한어 동사, 외래어 동사는 자동사, 타동사의 구별이 없고 각 語

에 따라 자동사가 될 지 타동사가 될 지가 정해짐.

(3) 한어 동사, 외래어 동사의 어간은 본래 명사이기 때문에 「旅行する」「勉強する」 대신에 「旅行をする」「勉強をする」와 같이 어간을 명사로써 사용하는 형식도 가능함.

3. 형용사(形容詞)

1) 기본적 성격

어떤 상태를 나타내며 술어의 작용과 명사 수식의 작용을 함. 또한 문 안에서의 작용의 차이에 따라 활용함.

2) 속성 형용사, 감정 형용사

(1) 속성 형용사 : 사람이나 사물의 속성을 나타냄.

예 強い、長い、勤勉だ、高価だ

(2) 감정 형용사 : 사람의 감정이나 감각을 나타냄.

예 ほしい、なつかしい、かゆい、いやだ

① 사람의 내면상태를 나타낸다는 점에서 주관성이 강한 표현임.

② 감정형용사를 술어로 하는 문의 주체는 보통 1인칭(의문문은 2인칭)임.

예 車がほしい。

あなたは車がほしいですか。

③ 경우에 따라 속성형용사로 이용될 때도 있는데 이 때는 사람의 감정, 감각을 일으키는 성질이 문제가 됨.

예 水虫はかゆい。

猛獣は恐ろしい。

3) イ형용사, ナ형용사

(1) イ형용사 : 명사를 수식할 때 [~い]의 형태로 나타남.

(2) ナ형용사 : 명사를 수식할 때 [~な]의 형태로 나타남.

4) 활용

(1) イ형용사의 어간 : 기본적인 형에서 [い]를 뺀 것.

예 寒い의 寒

<イ형용사의 활용어미 체계>

基本系 語尾	タ系語尾
基本形 i	タ形 katta
基本条件形 kereba	タ系条件形 kattara
基本連用形(連用形) ku	タ系連用形(テ形, タリ形) kute, kattari

(2) ナ형용사의 어간 : 기본적인 형에서 [だ]를 뺀 것.

예 静かだ의 静か

<ナ형용사의 활용어미 체계>

- 「だ」(보통문체)계열

基本系 語尾	タ系語尾
基本形 da	タ形 datta
連体形 na	タ系条件形 dattara
基本連用形(連用形) ni	タ系連用形(テ形, タリ形) de, dattari

• 「である」(딱딱한 문장체)계열

基本系 語尾	タ系語尾
基本形 dearu	タ形 deatta
基本条件形 deareba	タ系条件形 deattara
基本連用形(連用形) deari	タ系連用形(テ形, タリ形) deatte, deattari

• 「です」(정중한 문체)계열

基本系 語尾	タ系語尾
基本形 desu	タ形 desita
	タ系条件形desitara
	タ系連用形(テ形, タリ形) desite, desitari

4. 副詞(부사)

1) 기본적 성격

(1) 술어의 수식어로써의 역할을 하는 것을 원칙으로 하는 語.

(2) 문 전체에 대한 수식어로써 작용하는 語도 부사의 일종으로 보고 [文修飾副詞]라고 함.

2) 양태부사(樣態副詞)

움직임의 상태를 나타내는 부사

예 堂々と、平然と、にやにや、じっと、さっさと、はっきり(と)、しとしと(と)…

(1) 의지적인 동작인 것을 나타내는 경우 : わざと、わざわざ、あえて 등

(2) 무의지적인 동작인 것을 나타내는 경우 : うっかり、思わず 등

3) 정도부사(程度副詞)

정도를 나타내는 부사

예 大変、はなはだ、ごく、とても、非常に、極めて、最も、いちばん…

(1) 일반적으로 状態 述語文에 이용되는데, 動態 述語文에 있어서도 감정동사나 변화를 나타내는 동사를 술어로 하는 경우에는 정도부사를 이용할 수 있음.

예 野村はその話に大変驚いた。

この辺りの景色はずいぶん変わった。

(2) 명사의 수식어와 술어의 수식어를 수식하는 경우도 있음.

예 少し難しい試験

かなりゆっくり歩く

(3) 정도부사 중에는 원칙적으로 술어의 부정형과 함께 사용되는 것도 있음.

예 あまり、さほど、そんなに、たいして、全然、さっぱり、少しも、ちっとも 등

(4) 명사 중에서도 수량, 시간, 공간을 나타내는 것은 정도부사에 의해 수식을 받는 경우가 있음.

예 非常に大勢の人が集まった。

4) 양부사(量副詞)

움직임에 관계하는 것이나 사람의 양을 나타내는 부사

예 たくさん、いっぱい、たっぷり、どっさり 등

(1) 정도부사 중에 量副詞로써도 사용할 수 있는 것도 있음.

예 だいぶ、ずいぶん、相当、かなり、少し、ちょっと、少々、多少、じゅうぶん、よく

(2) 술어의 부정형과 함께 사용되어지는 정도부사도 양부사로써 이용할 수 있음.

예 あまり、さほど、そんなに、たいして、全然、さっぱり、少しも、ちっとも

＊ビールをあまり飲まなかった。

(3) 전체 중의 대부분이라는 의미를 나타내는 것이 있음.

예 ほとんど、あらかた、おおよそ、ほぼ、だいたい

(4) 수량을 나타내는 명사를 수식하는 용법도 있음.

예 目的地まで、おおよそ2時間かかる。

5) 빈도부사(頻度副詞)

움직임, 일시적 상태가 일어나는 빈도를 나타내는 부사

예 いつも、きまって、常に、しじゅう、絶えず、たいてい、よく、しばしば 등

(1) 술어의 부정형과 함께 사용되는 빈도부사도 있음.

예 めったに、あまり、全然

6) 텐스 · 아스펙트와 관련있는 副詞

사태가 일어나는 시간이나 사태의 발생, 전개의 양상을 나타내는 부사

(1) 텐스부사 : 발화시점을 기준으로 해당되는 사태의 때를 결정하는 것.

예 かつて、いずれ、いまに、もうすぐ、これから、さきほど、のちほど 등

* かつて、この辺りに異民族が住んでいたらしい。

(2) 아스펙트부사 : 사태의 발생, 전개(근접, 계속, 완료, 순서 등)에 관한 사항을 나타내는 것.

예 いまにも、すでに、もう、とっくに、ちょうど、まだ、まもなく、ひとまず 등

* 旅行の用意はもう済みましたか。

7) 진술부사(陳述副詞)

(1) 문말의 서법(mood)표현과 호응하는 부사

예 • 疑問과 호응하는 것 : いったい、はたして

• 否定과 호응하는 것 : けっして、必ずしも、とても、一向に

• 依頼, 命令, 바램과 호응하는 것 : ぜひ、なんとか、どうか、どうぞ

• 概言, 確信과 호응하는 것 : おそらく、たぶん、さぞ、まず、どうも、どうやら、きっと、必ず、絶対、確か、まさか、よもや

• 伝聞과 호응하는 것 : なんでも

• 比較状況과 호응하는 것 : まるで、あたかも、さも
• 感嘆과 호응하는 것 : なんと、なんて

(2) 종속절에 있어서 조건, 양보의 표현과 호응하는 것도 진술부사에 포함됨.

예 もし、万一、かりに、たとえ、いくら、いかに 등

8) 평가부사(評価副詞)

해당하는 사항에 대한 평가를 나타내는 부사

예 あいにく、さいわい、当然、もちろん、むろん、たまたま 등

＊当然、よい結果は出なかった。

9) 발언부사(発言副詞)

해당하는 발언을 어떠한 태도를 가지고 행할까를 나타내는 부사

예 実は、実際、本当は、言わば、例えば、要は、概して、総じて 등

＊実は、私にもその理由はわからない。

5. 연체사(連体詞)

1) 기본적 성격

전적으로 명사수식기능을 담당함.

2) 유래와 분류

(1) 동사의 명사수식형식에서 온 것 : 명사를 특정지우는 역할을 담당함.

예 ある、あらゆる、いわゆる、あくる、かかる、来たる、さる

(2) 동사의 タ형에서 온 것 : 수식된 대상의 평가를 기술하는 경우가 많음.

예 たいした、とんだ、ふとした、おもだった、ちょっとした

(3) 형용사의 명사수식에서 온 것 : 수식된 대상의 성질을 규정함.

예 ろくな、小さな、大きな、いろんな、おかしな、細かな、単なる、堂々たる、断固たる、微々たる

(4) 다른 품사와 관계가 없는 것

예 ほんの、せいぜい、たかだか、およそ、約、たった 등

6. 접속사(接続詞)

1) 기본적 성격

문의 처음에 붙어 앞 문과의 연결을 나타내는 역할을 함.문 보다 큰 단위끼리의 연결을 나타낼 수도 있음.

2) 유래

(1) 종속접속조사나 거기에 해당하는 표현에서 온 것 : 앞 문의 생략형으로 생각됨.

예 けれど(も)、が、ところが、でも、だって、ところで、だから、なのに、すると、一方、反面

(2) 지시사에서 온 것 : [そ]부분으로 앞 문을 받고 있음.

예 そこで、それで、そうなると、それに、そして

(3) 부사에서 온 것

예 また、ただ、さらに、もっとも、すなわち

(4) 동사에서 온 것

예 したがって、つまり、つまるところ

(5) 명사+조사형

예 おまけに、ゆえに、ちなみに

3) 접속사 상당표현

(1) 접속표현

① 지시사를 포함하는 동사 テ형

예 これに対して、それに反して

② 인용의 형태를 포함하는 것

예 なぜかというと、といっても、というのは、とはいえ、とすると

(2) 접속사, 접속표현 중에 「が」「けれど(も)」「とすると」와 같이 앞문의 대용형으로써 판정사 「だ」를 남길 수 있는 것이 있음.

예 田中はこの事実を知らなかったらしい。だとすると、彼が犯人である可能性は低い。

4) 접속표현의 정중형

접속표현 중에 「だ」「いう」「対する」 등의 술어적 요소가 들어가 있는 것은 정중한 문체인 「ですが」「と申しましても」「それに対しまして」와 같이 술어를 정중형으로 할 수 있음.

7. 감동사(感動詞)

1) 기본적 성격

사태에 대한 감정이나 상대의 발언에 대한 반응을 하나의 語로 비분석적으로 나타내는 형식

2) 분류

(1) 눈 앞의 사태에 대한 놀람을 나타내는 것

예 あ、ああ、おや、まあ、あら、あれ、あれー、あれれ、ありゃ 등

(2) 눈 앞의 사태나 상대의 표현에 대한 의외감을 나타내는 것

예 なんと、なんともはや、へー

(3) 상대발언에 대한 동의, 비동의를 나타내는 것

예 はい、ええ、ああ、うん、はあ、いいえ、いや

(4) 상대발언에 대한 이해를 나타내는 것

예 ふうん、ふん、はあ、へええ、なるほど

(5) 해답을 모색중인 것을 나타내는 것

예 ううん、さあ、ええと、あの、その、そうね、そうですね

(6) 상대에게 말을 걸거나 주의를 환기시킬 때 쓰는 것

예 もしもし、あの、おい、こら、ねえ、ほら、そら、さあ

(7) 자신에 대한 의문표현

예 はて、はてな

(8) 동작이나 행동개시시 자신에게 이야기하기 위해 사용하는 것

예 さてと、やれやれ、よいしょ、どっこいしょ、よし

(9) 예의적인 감동사

예 • 헤어질 때의 인사표현 : さようなら、じゃ、じゃまた、じゃこれで、じゃまた後で、失礼します、お休みなさい

• 만났을 때의 인사표현 : やあ、お早う、こんにちは、こんばんは、元気、おす 등

• 출발 및 마중 때의 표현 : 行って来ます、行ってらっしゃい、ただいま、お帰り、お帰りなさい 등

• 감사의 표현 : ありがとう、どうも、どうもありがとうございます、すみません、おそれいります

• 감사에 대한 응답표현 : いえ、いいえ、いえいえ、どういたしまして、とんでもない、とんでもございません

• 식사 때의 인사표현 : いただきます、ごちそうさま

8. 지시사(指示詞)

1) 기본적 성격

현장의 요소나 이야기 속의 요소가 화자, 청자의 어떤 영역에 있는가를 나타내는 역할을 함.

• 「こ・そ・あ」의 3계열을 「指示語」라고 하고 「ど」 계열을 「不定・疑問語」라고 함.

2) 지시사의 형태

(1) 명사형태 : これ、それ、あれ / ここ、そこ、あそこ / こちら、そちら、あちら

(2) 명사수식형태 : この、その、あの / こんな、そんな、あんな / 「こう、そう、ああ」+いう

(3) 술어수식형태 : こう、そう、ああ / 「この、その、あの」+ ように / 「こんな、そんな、あんな」+ ふうに 등

3) 부정 · 의문어

(1) 疑問語 : 「どれ、どこ、どちら、どの、どんな、どう」등
誰、いつ、何、いくつ、いくら、なぜ、どうして

(2) 不定語 : 「だれか / どれか / なにか / なぜか」、「だれも / どれも / なにも」、「だれでも / どれでも / なんでも」등

9. 조사(助詞)

1) 기본적 성격

명사에 접속해서 보족어나 주제를 만드는 역할을 하거나, 어와 어, 절과 절을 접속시키는 역할을 함.

2) 격조사(格助詞)

보족어가 술어에 대해서 어떤 관계에 있는가를 나타내는 조사

예 が、を、に、から、と、で、へ、まで、より

3) 제제조사(提題助詞)

주제를 제시하는 역할을 하는 조사

예 は、なら、ったら、って 등

- 격조사와 제제조사가 함께 쓰여질 경우 격조사가 제제조사보다 앞에 옴.

  예 では、となら 등

4) 특립조사(特立助詞)[取り立て助詞]

동류의 다른 사항을 배경으로 해서 어떤 사항을 들어서 쓰는 역할을 하는 조사

예 は、も、さえ、でも、すら、だって、まで、だけ、ばかり、のみ、しか、こそ、など、なんか、なんて、くらい

(1) 주로 보족어와 술어의 위치에 나타남.

(2) 보족어는 격조사 앞에 나타나는 경우와 뒤에 나타나는 경우가 있음.

예 あなただけにお話します。
彼は、地元でさえ知名度が低い。

(3) 술어의 위치에 있어서는 連用形·テ形, 基本形·タ形에 접속함.

예 弟はテレビを見てばかりいる。
課長に話しただけだ。

5) 접속조사(接続助詞)

語와 語, 節과 節을 접속하는 조사

(1) 병렬접속조사

① 명사와 명사를 접속하는 것 : と、や、も、に、か 등

② 병렬절과 주절을 접속하는 것 : し、が 등

(2) 종속접속조사

① 명사와 명사를 접속하는 것 : の、という 등

② 종속절과 주절을 접속하는 것

- 술어의 기본형에 접속하는 것 : と、まで、なり 등
- 술어의 タ형에 접속하는 것 : きり 등

• 술어의 기본형 · タ형에 접속하는 것 : から、けれども、なら 등
• 술어의 기본형 · タ형, 연체형에 접속하는 것 : ので、のに 등
• 술어의 연용형에 접속하는 것 : ながら、つつ 등
• 술어의 テ형에 접속하는 것 : から등

6) 종조사(終助詞)

문 말에 나타나는 조사로 술어의 기본형, タ형 등에 접속함.

(1) 종류

① 단정 : さ

② 의문 : か、かしら

③ 확인, 동의 : ね、な

④ 알림 : よ、ぞ、ぜ

⑤ 감탄 : なあ、わ

⑥ 회상 : なあ

⑦ 기억의 확인 : っけ

⑧ 금지 : な

(2) 「ね」는, 자신의 지식과 상대의 지식이 일치하고 있다고 상정하고 이것을 상대에게 확인할 경우는 [동의]를 나타내고, 자신의 지식이 불확실한 경우 상대에게 지식을 구할 때는 [확인]이 됨.

예 今日はいい天気ですね。

彼は確か岡山の出身だったね。

(3) 「ね」와 「さ」는 문이 갈라지는 곳에 삽입하여 청자의 주의를 촉구하는 역할을 함.

예 最近ね、こんな表現がね、はやっているらしいよ。

10. 조동사(助動詞)

1) 기본적 성격

술어(동사, 형용사, 판정사)의 기본형, タ형, 연체형에 접속해서 복잡한 술어를 만드는 어.

2) 조동사 일람

(1) 형식명사를 요소로써 포함하는 것

① 모든 술어에 접속하는 것 : のだ、わけだ、はずだ、ようだ

② 동사에만 접속하는 것 : ことだ、つもりだ

③ 동사와 형용사에 접속하는 것 : ものだ

(2) 형식명사를 포함하지 않는 것

① 판정사, ナ형용사에 접속할 경우 판정사, ナ형용사의 [da]형이 나타나지 않는 것
だろう(であろう、でしょう)、らしい、みたいだ(みたいである、みたいです)

② イ형용사에만 접속하는 것 : です

③ 기타 : そうだ(そうである、そうです)、べきだ(べきである、べきです)、まい

3) 활용

(1) 판정사와 같게 활용하는 것 : はずだ、つもりだ、のだ、わけだ、ものだ

(2) ナ형용사와 같게 활용하는 것 : ようだ、みたいだ、べきだ

(3) イ형용사와 같게 활용하는 것 : らしい

(4) 활용하지 않는 것 : ことだ、だろう、です、そうだ、まい

11. 판정사(判定詞)

1) 기본적 성격

명사와 결합해서 술어를 만드는 것.

2) 활용

(1) 판정사의 활용체계

「だ」 계열

基本系 語尾	タ系語尾
基本形 da	タ形 datta
連体形 no または na	タ系条件形 dattara
基本連用形(連用形) ni	タ系連用形(テ形, タリ形) de, dattari

「である」 계열

基本系 語尾	タ系語尾
基本形 dearu	タ形 deatta
基本条件形 deareba	タ系条件形 deattara
基本連用形(連用形) deari	タ系連用形(テ形, タリ形) deatte, deattari

「です」계열

基本系 語尾	タ系語尾
基本形 desu	タ形 desita
	タ系条件形 desitara
	タ系連用形(テ形, タリ形) desite, desitari

(2) 판정사「だ」의 연체형은「の」이고, 명사와 명사를 접속하는 조사인「の」와 형태가 같음.하지만「である」「であった」「だった」등과 교체가 가능한「の」는 판정사의 연체형임.

예 • 私が子供の頃 → 私が子供であった頃 / 私が子供だった頃

• 国文学者で作家の木村氏 → 国文学者で作家である木村氏

(3) 판정사의 연체형은 후속요소가「のだ」「ので」「のに」와 같이「の」로 시작되는 경우에는「な」형태로 나타남.

예 一郎はまだ子供なのだ。

3) 판정사가 나타날 수 없는 경우

(1) 조동사「だろう」「らしい」「みたいだ」가 뒤에 연결될 때

(2) 종조사「か」「かい」「かしら」「さ」등이 뒤에 연결될 때

단 의문을 나타내는 語가 직전에 있는 경우에는 da가 와도 됨.

예 あの人は誰(だ)か知らない。

(3) 접속조사「なら」가 뒤에 연결될 경우

깜짝퀴즈

文 안에서의 (   )에 의거해 語를 분류한 것을 品詞라고 한다.

예 機能 構造 形態 構成

03 어와 관련된 주요 문법학설

Ⅰ 주요 문법학자들의 語[単語]에 대한 정의

- 山田孝雄(やまだよしお) : 단어란 어로써 더 이상 분해할 수 없는 곳까지 이른 단위로 어떤 관념을 나타내고 담화문장구조의 직접적인 자료가 된다.(『日本文法講義』1922)
- 橋本進吉(はしもとしんきち) : 의미를 가진 언어단위의 일종으로 문절을 구성하는 것이다.(『国文法研究』1948)
- 時枝誠記(ときえだもとき) : 사상내용이 1회 과정에 의해 성립하는 언어표현이다.(『国語学原論』1941)

Ⅱ 주요 문법학자들의 품사분류

1. 山田孝雄(やまだよしお)

1) **품사분류 :** 체언(명사, 대명사, 수사), 용언(동사, 형용사, 형식동사, 형식형용사, 존재사), 부사, 조사(『日本文法学概論』1936)

2) **특징 :** 에도시대의 국학자인 富士谷成章(ふじたになりあきら)의 생각과 서구 논리학의 논리체계에 근거해 구축한 것으로 언어가 나타내는 내용을 중시함.

2. 橋本進吉(はしもとしんきち)

1) **품사분류 :** 명사(대명사, 수사), 동사, 형용사, 형용동사, 부사, 부체사, 접속사, 감동사, 조동사, 조사(『新文典』1931)

2) **특징 :** 언어의 형식을 중시하며 문법을 생각하는 단위로 「문절」을 설정하고 있음.

3. 時枝誠記(ときえだもとき)

1) **품사분류 :** 명사, 대명사, 연체사, 부사, 동사, 형용사, 접속사, 감동사, 조사, 조동사(『日本文法　口語篇』1950)

2) **특징 :** 독자적인 언어이론인 [언어과정설]에 근거한 것으로 鈴木朖(すずきあきら)의 『言語四種論』(1824)으로부터 받은 영향이 큼.

4. 학교문법

1) **품사분류 :** 명사, 동사, 형용사, 형용동사, 부사, 연체사, 접속사, 감동사, 조사, 조동사

2) **이 분류의 근간이 된 것은 橋本進吉의 분류임.**

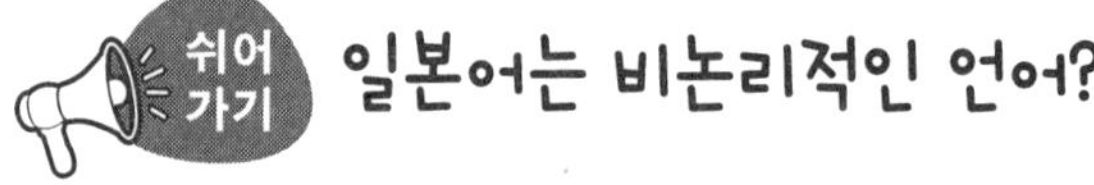

일본어는 비논리적인 언어?

다음의 예1의 일본어를 예2의 영어와 비교해 보자.

1. A：明日、田中さんも一緒に東京に行かれますか。
   (내일 다나카씨도 같이 동경에 가십니까?)
   B：はい、行きます。
   (네, 갑니다)

2. Life without faith has no meaning.
   (신념이 없는 삶은 의미가 없다)

예1의 B에서 주어인 '田中さん'이 생략되어도 일본어 화자들 사이에서는 자연스런 일본어로 인식되어 의사소통에 아무런 지장을 초래하지 않는다. 반면 예2 영어문장에서 밑줄 부분으로 주어인 'Life'는 생략할 수 없다. 이런 점에서 영어와 같이 주어가 기본적으로 생략되기 힘든 언어를 모어로 하는 화자들에게는 일본어에 주어가 없고 비논리적인 언어라고 생각될 수도 있다.

하지만 모든 일본어 문장에서 주어의 생략이 가능한 것이 아니라 반드시 명시해야 될 필요가 있는 문장도 있다. 다음 예를 보자.

3. A：図書館には誰が行ってくれるの。
   (도서관에는 누가 가 줄래?)
   B：はい、私が行きます。
   (예, 제가 가겠습니다)

3의 B에서 주어인 '私'를 생략하면 부자연스러운 일본어가 되어 의사소통에도 많은 지장을 초래한다.즉 일본어에서도 주어의 생략이 가능한 경우는 주로 회화체 문장에서 화자 - 청자 간에 주어를 특별히 명시하지 않아도 충분히 알 수 있는 문맥에 한정된다.대표적인 예는 소위 감정형용사를 술어로 하는 경우이다.

4. あ、いたい! (아, 아퍼!)
5. 嬉しいなあ。 (기분 좋은데)

이상의 논의를 간단히 정리해 보면 세계의 언어 중에서는 영어와 같이 주어를 반드시 명시해야 되는 언어도 있고, 일본어와 같이 문맥 의존도가 높은 언어에서는 콘텍스트에 따라 화자 - 청자 간에 충분히 추론이 가능한 경우 생략이 가능한 언어도 있다라는 것이 된다.따라서 제목의 '일본어는 비논리적인 언어인가'라는 질문의 답은 YES도 NO도 될 수 있다.

전자의 경우는 표면적으로 주어가 없을 수도 있으니까 일본어는 비논리적인 언어가 되는 것이다. 주어 부정론자로 잘 알려진 미카미 아키라(三上章)는 일본어에는 서구어와 같은 주어가 없으므로 극단적인 주어 폐지론까지 주장하기도 했다. 또한 후자의 경우는 일본어에도 모든 문장에 주어와 술어가 있지만 문맥상 확연한 경우 서구어에 비해 비교적 자유롭게 생략된 것에 불과한 것이므로 논리적인가 비논리적인가 하는 물음은 우문(愚問)이 될 수 있다.

— 정상철(2003) 「일본어는 비논리적인 언어?」『일본어는 뱀장어 한국어는 자장』 글로세움

평가하기

다음을 읽고 맞으면 ○, 틀리면 ×를 하시오.

1 기능의 차이에 따라 어형이 변화하는 것을 활용이라고 한다. ( )

2 파생어「寒さ」중에서「寒」는 접사이고「さ」는 파생어간이다. ( )

3 병렬적인 성격의 복합어는 원칙적으로 명사이지만, 후항이 중심요소가 되는 복합어는 주로 명사, 동사, 형용사가 있다. ( )

4 학교문법에서는 품사를 名詞, 動詞, 形容詞, 形容動詞, 副詞, 連体詞, 接続詞, 感動詞, 助詞, 助動詞와 같이 10品詞로 나누고 있다. ( )

5 「ある」「できる」「要る」와 같은 동사를 動態動詞라고 한다. ( )

6 「いったい」「必ずしも」「ぜひ」 등과 같이 문 말의 서법(mood)표현과 호응하는 부사를 진술부사라고 한다. ( )

7 문의 처음에 붙어 앞 문과의 연결을 나타내는 역할을 하며, 문 보다 큰 단위끼리의 연결을 나타낼 수도 있는 품사를 接続詞라고 한다. ( )

8 보족어가 술어에 대해서 어떤 관계에 있는가를 나타내는 조사를 接続助詞라고 한다. ( )

9 명사와 결합해서 술어를 만드는 품사를 連体詞라고 한다. ( )

10 橋本進吉는 품사를 분류할 때 언어형식을 중요시하고 있으며 名詞, 代名詞, 数詞, 動詞, 形容詞, 形容動詞, 副詞, 副体詞, 接続詞, 感動詞, 助動詞, 助詞로 나누고 있다. ( )

1. 문법과 어

- 문법 : 문법, 문법론의 개념, 문법의 종류
- 어 [단어] : 단어 정의, 단어의 개념 규정시 문제점 어 구조

2. 품사

- 품사의 정의
- 학교문법의 품사 : 명사, 동사, 형용사, 형용동사, 부사, 연체사, 접속사, 감동사, 조사, 조동사
- 益岡隆志의 품사의 종류 : 명사, 동사, 형용사, 부사, 연체사, 접속사, 감동사, 지시사, 조사, 조동사, 판정사

3. 어와 관련된 주요 문법학설

- 주요 문법학자들의 語에 대한 정의
- 주요 문법학자들의 품사 분류

과제

• 다음 문장을 품사별로 분류하시오.

こんにちは。オーストラリアに行ってきました。いままでいろんな国に行きましたけど、ここは一番住みやすそうで『ここに住みたい』と思いました。

07 주차

문법 II

학습 목표

1. 문의 기본적인 사항을 이해한다.
2. 문의 구조와 문장 구성 성분의 특징을 이해한다.
3. 문에 대한 주요 문법학자들의 학설을 이해한다.

학습 내용

1. 문
2. 문의 구조와 문구성 성분
3. 문에 대한 주요 문법학자들의 학설

사전 학습

1. 文에 관련된 사항으로 맞지 않는 것은 ? (   )

① 문이란 어떤 하나의 내용을 가지며 형태상으로 완결된 단위를 말한다.

② 문을 주제의 유무에 따라 분류하면 現象文과 判断文으로 나눌 수 있다.

③ 문을 주어·술어 관계의 수에 따라 분류하면 短文과 述語文으로 나눌 수 있다.

④ 문을 술어 부분에 따라 분류하면 動詞文, 形容詞文, 名詞文으로 나눌 수 있다.

2. 문구성성분과 관련된 설명으로 맞지 않는 것은? (   )

① 状況語는 주어와 술어를 자세하게 설명, 한정하는 문구성성분을 말한다.

② 문을 구성하는 단위를 문구성성분이라고 한다.

③ 문구성성분으로는 술어, 주어, 보어, 수식어, 병렬어, 독립어, 상황어가 있다.

④ 문법적 카테고리란 성격을 달리하는 몇 개의 문법적 의미를 하나의 유형으로 묶는 문법적 의미를 말한다.

3 . 문에 대한 일본의 주요 문법학자의 설이 맞지 않는 것은? (   )

① 山田孝雄는 統覚作用에 의해 통합된 사상이 언어라고 하는 형식에 의해 표현되어진 것을 문이라고 하였다.

② 松下大三郎는 단정을 나타내는 연속된 한 덩어리의 언어를 문이라고 정의하였다.

③ 橋本進吉는 문을 음의 연속이며 끝에는 특수한 음조가 더해지는 외형상의 특징을 갖는다고 하였다.

④ 時枝誠記는 외면적으로는 形態的 独立体이고 내면적으로는 意義的 完結体이며 구문적으로는 職能的 統一体를 문이라고 규정하였다.

01 문

Ⅰ 문(文)

1. 문(文)

언어표현의 가장 기본적인 단위로 어떤 하나의 내용을 가지며 형태상으로 완결된 단위.

2. 어(語)

문을 만들기 위한 가장 중요한 재료.

3. 문의 종류

1) 구조상의 분류

(1) 주어 · 술어 관계의 수에 따른 분류

① 단문(短文) : 하나의 술어를 중심으로 구성된 문.

예 次郎は仕事で忙しい。

② 복문(複文) : 복수의 술어로 구성된 문.

a. 중문(重文) : 주어 · 술어를 포함하는 선행절과 후속절이 대등한 병렬관계를 나타내는 문.

예 僕はピアノを弾き、妹は歌を歌った。

b. 합문(合文) : 선행절이 후속절의 조건이 되어 하나의 문으로 완결되는 문.

예 荷物が重かったので手伝ってもらった。

c. 유속문(有属文) : 수식 · 인용관계에 있는 문.

예 まだ彼はその話を知らないと思う。

(2) 술어 부분에 의한 분류

① 동사문(動詞文) : 동사를 술어로 하는 문.

예 毎日三十分以上走っている。

② 형용사문(形容詞文) : イ형용사, ナ형용사를 술어로 하는 문.

예 この辺はかなり静かです。

③ 명사문(名詞文) : 체언 또는 체언에 상당하는 말에 판정사, 종조사 등이 붙은 술어를 갖는 문.

예 私はこの学校の学生です。

(3) 주제의 유무에 따른 분류

① 현상문(現像文) : 눈 앞에서 일어난 사실을 보고 묘사하는 문. 묘사문(描写文)이라고도 하고 조사 ガ로 주어를 받아 무제문(無題文)이라고도 함.

예 雪が降っている。

② 판단문(判断文) : 주제에 대한 화자의 판단을 나타내는 문. 説明文이라고도 하고 조사 ハ로 주제를 나타내어 有題文이라고 함.

예 あれは僕の帽子だ。

2) 성질상의 분류

(1) 화자의 표현의도에 따른 분류

① 평서문(平叙文) : 疑問文、命令文、感嘆文에 들어가지 않는 것을 총칭하여 말하는 것으로 긍정문과 부정문이 포함됨. 내용으로는 단정, 부정, 추량, 의지 등을 나타냄.

예 • ここは僕の部屋だ。

• このカバンは妹のものではない。

• たぶん彼は行くでしょうね。

• 学校までは明日行こう。

② 의문문(疑問文) : 화자의 의문과 반어의 뜻을 나타내며 청자에게 대답을 요구하는 문. 「はい」, 「いいえ」로 대답할 수 있는 진위의문문(真偽疑問文)과 그렇지 않은 의문사의문문(疑問詞疑問文)으로 나눌 수 있음.

예 • 公園へ行きましたか。

はい、行きました。 / いいえ、まだです。

• 学校へは何時に行きますか。

8時に行きます。

③ 명령문(命令文) : 명령, 요구, 금지, 권유, 의뢰 등을 나타내고 상대방에게 어떤 사태의 실현을 촉구하는 문.

예 • 静かにしなさい。

• 映画を見に行きませんか。

• ここで待っていてください。

④ 감탄문(感嘆文) : 화자의 감정이나 영탄의 기분을 직접 표현하는 문.

예 • あらまあ、きれいですね。

• あ、熱い。

(2) 술어와 종속성분의 분화유무에 따른 분류

① 독립어문(独立語文) : 술어와 술어에 종속되는 성분이 분화되어 있지 않은 문.

예 雪！

② 술어문(述語文) : 술어와 술어에 종속되는 성분이 분화되어 있는 문.

예 明日は学校へ行きます。

4. 절(節)의 종류

1) 주절(主節) : 문말의 술어를 중심으로 한 절로 문 전체를 통합하는 역할을 함.

2) 접속절(接続節) : 주절에 대해서 특별한 관계를 갖는 절.

(1) 종속절 : 주절에 대해서 종속적인 관계로 결합되는 것.

예 次郎が重い荷物を軽々と運んだので ／ 花子は驚いた。

접속절(종속절) 주절

(2) 병렬절 : 주절에 대해서 대등하게 늘어서는 관계로 결합된 것.

예 次郎が詩を書き / 太郎が曲をつけた。

접속절(병렬절) 주절

깜짝퀴즈

화자의 표현의도에 따라 문을 분류하면 평서문, 의문문, (　　), 감탄문으로 나누어진다.

예 현상문　명령문　판단문　동사문

02 문의 구조와 문구성 성분

I 문(文)의 구조

일본어 문의 의미 · 통어구조는 언표태도(言表態度)가 언표사태(言表事態)를 싸고 있는 구조를 취함.

言表事態	言表態度

1) **언표사태(言表事態)** : 화자가 현실과의 관계에 의해서 그려낸 하나의 세계, 즉 문의 의미내용 중에서 객체적으로 발생한 일이나 사항을 나타낸 부분.
2) **언표태도(言表態度)** : 화자의 言表事態를 둘러싼 파악의 방법 또는 발화 · 전달적 태도를 나타낸 부분.

   예 たぶんあしたも雨でしょうね。

분석)

- 言表事態 : [あした雨]というコト
- 言表態度 : 「たぶん」「でしょう」- 言表事態에 대한 화자의 인식적인 파악
- 「ね」- 화자의 청자에 대한 발화, 전달적 태도
- 「も」- 言表事態를 구성하는 요소에 대한 화자의 평가

Ⅱ 문구성 성분

文을 구성하는 단위.

1. 단문(単文)

1) 술어(述語)

문의 핵심성분으로 주어의 지배를 받지 않고 독자적으로 기능함. 문말에 위치하여 속성, 상태, 정의, 동작, 변화 등을 나타냄.

2) 주어(主語)

술어가 나타내는 의미의 주체로 요구되는 성분.

〈특징〉

(1) 체언에 조사「が」, 또는「は」「も」등을 붙여 나타내기도 하고 회화체에서는 조사가 붙지 않은 체언 만의 형태로 나타나기도 함.

예 • 秋が来る。

• 弟はかなり元気だ。

• 彼もサッカー選手だ。

• 俺、行かないよ。

(2) 의지를 나타내는 문에서는 1인칭 만이 주어로 사용이 가능하고 명령을 나타내는 문에서는 2인칭 만이 주어로 사용이 가능함.

예 • (僕(○) / 君(×) / 彼(×)) はもう少しここで休もう。

• (僕(×) / 君(○) / 彼(×)) はもう少しここに座りなさい。

(3) 의지, 명령을 나타내는 문의 경우는 주어 생략이 가능함.

예 • もう少しここで休もう。

• もう少し早くしろ。

3) 보어(補語)

술어를 보충 설명하는 말 중에서 [명사+조사]의 형태를 취하는 것으로 주어 이외의 성분을 말함.

예 • 9時に家を出ました。 [9時に、家を]

• 友達と公園で遊びました。 [友達と、公園で]

(1) 補語는 뒤에 붙는 조사에 따라 「ニ格」「ヲ格」「ト格」「デ格」와 같이 부르기도 함.

(2) 어떤 조사가 붙는 補語가 요구되는가는 술어가 나타내는 어휘적 의미에 따라 미리 결정됨.

예 • ~に~を[あげる] 妻に花をあげた。

• ~と[結婚する] 木村と結婚する。

• ~を / から[降りる] 電車から / を降りた。

4) 수식어(修飾語)

문의 구성 성분 중에서 주어와 술어를 자세하게 설명, 한정하는 말.

(1) 수식을 받는 말을 [被修飾語]라고 함.

(2) 체언을 수식하는 [연체수식어]와 용언을 수식하는 [연용수식어]가 있음.

(3) 수식어는 필수적이 아니고 부가적임.

예 庭には白い雪がたくさん積もっている。

5) 병렬어(並列語)

후속하는 성분과 대등한 자격으로 결합되는 성분.

예 山か海かへ行きます。

6) 독립어(独立語)

단독으로 사용되는 경우 독립어문을 형성하는 것으로 술어와의 결합력이 비교적 약하고 뒤에 오는 말을 예고하는 역할을 하는 성분

(1) 다른 사람을 부르는 말, 응답, 화자의 감동 및 영탄 등을 나타냄.

예 おい、まっててよ。

ええ、僕も帰ります。

7) 상황어(状況語)

술어와 주어, 보어에 의해 형성된 사태가 성립하는 시간, 장소, 원인과 같은 사태 성립의 외적 배경과 상황을 나타내는 성분

예 先週、アメリカへ行って来た。

2. 술어성분이 갖게 되는 문법적 카테고리

1) 문법적 카테고리

(1) 정의 : 성격을 달리하는 몇 개의 문법적 의미를 하나의 유형으로 묶는 문법적 의미

(2) 특징 : 적어도 2개 이상의 문법적 의미에서 대립하는 어형 계열을 내포하고 있으며 그 대립 속에서 추출됨.

예 食べる　食べられる

문법적 카테고리 : [태] 문법적 의미 : [능동태][수동태]

(3) 종류 : [태], [상], [긍정/부정], [시제], [정중], [서법] 등

(4) 문법적 카테고리의 순서

예 食べ · させ · られ · てい · なかっ · た · でしょ · う
[태] [태] [상] [긍정/부정] [시제] [정중] [서법]

2) 태(態 Voice)

(1) 정의 : 사태의 서술에 있어서 동사가 나타내는 동작의 주체 · 대상 · 상대 · 관계사라는 [사태요소]를 어떠한 [문요소(주어 · 보어 · 수식어 등)]로써 파악하느냐와 관련된 문법적 카테고리

(2) 하위분류 : 능동태, 수동태, 사역태, 가능태, 자발태

① 수동

a. 수동문 : 동작의 영향을 받는 쪽에 시점을 둔 표현

b. 특징

ⓐ 동작의 대상이 주어, 주체가 보어가 됨.

ⓑ 수동문에서 동작주는 기본적으로 「に」를 사용하지만 「作る」「建設する」와 같이 뭔가를 새롭게 만들어 내는 동사의 경우에는 「によって」를 사용하고 「言う」「注意する」「送る」 등과 같이 뭔가를 이동하는 의미를 포함하는 동사의 경우는 「に」이외에 「から」를 사용하기도 함.

예 • この庭園は有名な建築家によって作られた。
• 娘はいたずらをして先生に / から注意された。

ⓒ 동사의 형태는 V-(ら)れる로 표현함.

c. 종류 : 직접수동문, 간접수동문

ⓐ 직접수동문

- 직접 대응하는 능동문이 있음.
- 필요로 하는 구성요소의 수가 늘지 않음.
- 수동문의 ガ格은 동사가 나타내는 움직임, 영향, 관계를 직접적으로 받음.

예 • 次郎は太郎に殴られた。(직접수동문)

• 太郎は次郎を殴った。 (능동문)

ⓑ 간접수동문

- 직접 대응하는 능동문이 없고 원래의 문에 없는 주어가 첨가됨.
- 동사가 필수적으로 요구하는 요소의 수에 비해 필요시 되는 구성요소의 수가 한 개 늘어남.
- 자동사수동문을 만들 수 있다는 점과 피해를 입었다는 뜻을 내포하여 [피해수동문]이라 불리워짐.

예 • (私は) 雨に降られた。

雨が降った。

- [피해수동문]은 피해를 입은 결과에 관한 표현이 수반되는 경우가 많음.

예 木村は息子を死なれて悲しんでいる。

- [피해수동문]은 타동사문에도 보여지며 동작주의 신체부분과 소유물을 대상으로 하는 경우도 있음.

예 • 前の人に足を踏まれて、つい悲鳴をあげてしまった。

• 良平は飼い犬に足をかまれた。

(飼い犬は良平の足をかんだ。)

• 僕は息子にラジカセを壊された。

(息子は僕のラジカセを壊した。)

② 사역

a. 사역문 : 인간이 다른 사람에게 뭔가의 작용을 가해 어떤 동작을 행하도록 하는 것을 나타내는 것

b. 특징

ⓐ 사역주를 주어, 동작주(피사역주)를 보어로 함.

ⓑ 동사의 형태는 V-(さ)せる로 표현함.

ⓒ 무생물을 주어로 하는 자동사의 대부분은 대응하는 타동사가 있어서 타동사문을 사용하기 때문에 사역문을 사용하기 어려움.

예 • 洗濯物が乾いた。

• おばあさんは 洗濯物を 乾かした。

• おばあさんは 洗濯物を 乾かせた。(×)

c. 종류

ⓐ 자동사문 사역

- 허용사역 : 사역주가 피사역주의 자발에 의한 행위를 용인함으로써 그 행위를 일으키는 경우로 피사역주를 나타내는 격조사로「を」또는「に」를 사용함.

예 • 弟が 庭で 遊んだ。

• お父さんは 弟を/に 庭で 遊ばせた。

- 강제사역 : 피사역자의 의지와는 관계없이 어떤 행위를 시키는 경우이며 피사역주를 나타내는 격조사로「に」는 사용하기 어렵고「を」를 사용함.

예 • 妹が 早く 起きた。

• 母さんは 妹を　早く　起きさせた。

ⓑ 타동사문 사역

- 거의 대부분이 유생물 주어이며 피사역주에 붙는 격조사는「に」로 제한됨.

예 •　　　　　　　子供が 習字を 習う。

• おじいさんは子供に 習字を 習わせる。

d.「~(さ)せられる」와 같이 사역 수동형에 의해 표현되는 문은 동작주의 의지와는 상관없이 하는 동작임을 나타내는데 u동사의 경우「~される」형도 함께 쓰임.

예 野口さんは社長に会社をやめさせられました。

③ 가능 · 자발

a. 특징

ⓐ 수동과 형태상이나 구문상으로 같아서 미분화 상태라고 할 수 있음.

ⓑ 구문적으로는 모두 원래의 동사가 나타내는 동작의 주체를「に格」으로 나타내고 대상이 있으면 그것을「が格」으로 나타낼 수 있다는 점에서 수동문과 동일함.

예 • 子供にその門が開けられる。(가능)

• 少年時代がなつかしく思い出される。(자발)

ⓒ 가능의 경우 u동사는「V-eる」형이 주로 이용되지만「V-(ら)れる」도 가능동사로 사용되는 경우가 있으므로 일단 수동과 동일한 형태로 간주할 수 있음.

예 • 野村にパソコンが使える。

• 21日なら僕は行かれません。

ⓓ 가능문과 자발문에서「が格」으로 나타내어지는 동작대상

은 주어라고 하기 어렵고 주어는 「に格」명사(동작주체)라는 점에서 수동과는 구별됨.

ⓔ 타동사를 사용한 가능표현의 경우 대상은 「が格」으로 표현할 수 있지만 원래의 타동사의 격을 그대로 받아서 「を」를 사용할 수도 있음.

예 たったの100円でも貧しい国の子供たちを助けられる。

ⓕ 가능의 의미는 능력의 가능과 상황의 가능으로 나눌 수 있음.

- 능력의 가능 : 동작주가 가지고 있는 행위의 능력

  예 菊池は辛いラーメンが食べられる。

- 상황의 가능 : 어떤 상황에 있어서의 행위의 가능성

  예 あの食堂では辛いラーメンが食べられる。

ⓖ 자발은 감정을 나타내는 동사에 주로 나타남.

예 彼は将来のことが心配される。

3) 시제(時制 Tense)

(1) 술어가 나타내는 사태를 발화시를 기준으로 하여 시간축상의 전후관계로 나타내는 문법카테고리. 즉 시간축상의 전후관계란 발화를 하고 있는 지금을 기준으로 해서 그 이전인 과거인가, 그것과 동시인 현재인가, 그 이후인 미래인가를 문제시하는 개념.

(2) 형식 : [ル형](비과거형), [タ형](과거형)

(3) 상태성 술어 : [ル형] - 현재, [タ형] - 과거

예 テーブルの上に新聞がある。(현재)

テーブルの上に新聞があった。(과거)

(4) 동작성 술어 : [ル형] - 미래 또는 현재습관, [タ형] - 과거

예 演劇を見に行く。(미래)
よく演劇を見に行く。(현재습관)
演劇を見に行った。(과거)

(5) 「思う、考える、見える、聞こえる」등의 동작성술어[ル형]은 현재의 사고, 지각 등을 나타냄.

예 となりの部屋から叫び声が聞こえる。

(6) [ル형]은 선언, 약속 등 현재의 행위를 나타내기도 함.

예 世界陸上大会の開会を宣言する。
再来年、また来ると約束する。

(7) 동작성 술어[タ형]중에는 과거라는 시제에 완료의 의미가 가미되는 경우가 있음.

예 もう彼に話した?
もうご飯は食べた。

(8) 동작성 술어[タ형]중에는 과거라는 시제를 나타내는 것이 아니라 발견, 상기, 긴박한 명령, 반사실 등의 [서법]의 용법으로 다루어지는 예도 있음.

예
- (何か物を探していて) あれ、こんなところにあった。(발견)
- あ、そうだ。明日会議があった。(상기)
- さあ、どいた、どいた。(긴박한 명령)
- こんな立場じゃないと、私もそこに行ったのに。(반사실)

4) 상(相 Aspect)

(1) 정의 : 시간 개념과 관련이 있는 문법 카테고리로 동사가 나타

내는 움직임 속의 어느 과정에 초점을 맞춰서 표현하는가하는 문법개념

(2) 대표적 형식

① 「~ている」와 같은 보조동사그룹

「~ている」「~てある」「~ておく」「~てしまう」「~ていく」「~てくる」

② 「(し)はじめる」와 같은 복합동사 그룹

「ます형」에 접속하는 형식으로 「~はじめる、~だす、~かける」「~つづける、~つづく」「~おわる、~おえる、~やむ」와 같이 개시, 계속, 완료를 나타냄.

(3) 상의 의미

① 「~ている」와 같은 보조동사그룹

a. 「계속동사 + ている」: 진행.

예 田中は今、手紙を書いている。

b. 「순간동사 + ている」: 결과의 잔존.

예 電気がついている。

c. 「진행」「결과의 잔존」 양쪽에 걸쳐있는 동사도 있음.

예 • 今、野村さんは富士山に登っているはずだ。(진행)

• 野村さんは何回も富士山に登っている。(결과의 잔존)

d. 金田一春彦의 아스펙트 관점에 의한 일본어동사의 분류

ⓐ 状態動詞: -ている를 붙일 수 없는 동사.

예 ある、いる、できる、泳げる 등

ⓑ 継続動詞: -ている를 붙일 수 있고 동작의 진행을 나

타냄.

예 読む、書く、歩く、走る 등

ⓒ 瞬間動詞 : -ている를 붙일 수 있고 동작의 시작 완료, 결과의 잔존 등을 나타냄.

예 はじまる、つく、終わる、死ぬ、結婚する 등

ⓓ 第4種動詞 : 언제나 -ている를 붙여 사용하며 어느 상태에 처해 있음을 나타냄.

예 似る、そびえる、すぐれる、ありふれる 등

② 「(し)はじめる」와 같은 복합동사 그룹

예 雨が降り出した。(개시)

雨が三日も降り続いた。(계속)

雨が降り終わるのを待った。(완료)

5) 서법(Mood)과 모달리티(Modality)

(1) 서법(Mood)

• 정의 : 단어 레벨의 문법적 카테고리로 술어의 어형변화(활용)에 의한 기본서법으로 한정되는 모달리티의 기본체계

<기본서법>

서술	현실	スル シタ
	추량	スルダロウ シタダロウ
의지 · 권유		シヨウ
명령		シロ(セヨ)

(2) 모달리티(Modality)

① 정의 : 문의 서술방식에 대한 화자의 심적태도를 나누어서 표현하는 문 레벨의 기능적 · 의미적 카테고리

② 특징 : 모달리티 표현에는 조동사, 종조사류가 활발히 관여하고 있으며 매우 체계적인 구조를 가지고 있음.

③ 종류

a. 사태에 대한 화자의 심적태도

예 • 彼が来るだろう。(추량)
• 娘は今にも泣き出しそうだ。(양태)
• 人はみかけによらないものだ。(설명)
• 学生は勉強すべきだ。(당연)

b. 청자에 대한 화자의 심적태도

예 • ねえ、はやく行こうよ。(권유)
• この店おいしいですか。(의문)
• 静かにしなさい。(명령)
• これはすごいぞ。(다짐)
• あなたが吉田さんですね。(확인)

깜짝퀴즈

시간 개념과 관련이 있는 문법 카테고리로 동사가 나타내는 움직임 속의 어느 과정에 초점을 맞춰서 표현하는가하는 문법개념을 (　　　)이라고 한다

예 태[Voice]　무드[Mood]　시제[Tense]　상[Aspect]

3. 복문(複文)

1) 보족절(補足節)

(1) 정의 : 종속절 중에서 술어를 보완하는 기능을 하는 절.

(2) 특징

① 보어와 같이 격조사 또는 인용의 형식을 동반함.

② 의문표현이 보족절이 될 경우에는 형식명사 등은 이용되지 않음.

③ 발언내용의 인용에 있어서 술어가 명령, 의뢰, 제안 등을 나타내는 동사의 경우에 「～よう(に)」가 이용되고 그 밖의 경우에는「～と」가 이용됨.

예 • 野口は、木村を街で見かけたことを思い出した。
• その日何をしていたかを詳しく説明しなさい。
• 部屋には誰もいないと思っていた。
• 社長は野口にすぐ帰るように命じた。

2) 부사절(副詞節)

(1) 정의 : 술어를 수식한다든지 문 전체를 수식한다든지 하는 기능을 가진 절.

예 • 彼は、音楽を勉強するために留学した。
• 事故があったために、電車が1時間遅れた。

(2) 형식 : 술어활용형,「술어활용형 + 取立て助詞」,「형식명사 + (격조사)」「술어활용형 + 종속접속조사」, 접미사적인 어 등

예 • 時間があれば、出席します。
• 金がなくては、話にならない。

• この計画を実行するために(は)、みんなの努力が必要だ。

• ここはうるさいから、もう少し静かなところに行きましょう。

• 考えていたほど難しくなかった。

(3) 의미적 기능 : 때, 원인 · 이유, 조건 · 양보, 부대상황 · 양태, 역접, 목적, 정도 등

3) 명사수식절(名詞修飾節)

(1) 정의 : 명사를 수식하는 절.

(2) 수식방법의 차이에 따른 분류

① 보족어 수식절 : 피수식어가 수식어 중의 술어에 대해 보족어의 관계에 있는 것을 말함.

예 この小説を書いた作家

② 상대명사 수식절 : 피수식명사가 수식절의 술어에 대한 특정의 보족어와 상대적인 관계에 있는 경우를 말함.

예 鈴木さんに会う前に高津さんと相談しておいたほうがよい。

③ 내용절 : 피수식명사가 지시하는 대상의 내용을 가리키는 것을 말함.

예 鈴木さんは、計画が中止になったということを後で知った。

4) 병렬절(並列節)

(1) 정의 : 주절에 대해 대등한 관계로 결합된 절.

(2) 종류

① 순접적 병렬 : 병렬절이 주절과 단순히 늘어서는 관계에 있는 것.

예 鈴木は音楽が好きで、佐藤は美術が好きだ。

② 역접적 병렬 : 병렬절이 주절과 서로 대립하는 관계에 있는 것.

예 野口は休んだが、佐藤は休まなかった。

03 문에 대한 주요 문법학자들의 학설

1) 大槻文彦(おおつきふみひこ) : 사상이 완결된 것을 [문] 또는 [문장]이라고 하고 주어와 설명어를 갖추고 있는 것은 문이다.(『広日本文典』1897)

2) 山田孝雄(やまだよしお) : 統覚作用에 의해 통합된 사상이 언어라고하는 형식에 의해 표현되어진 것을 말한다.(『日本文法論』1907)

3) 松下大三郎(まつしただいさぶろう) : 事項에 대한 주관의 관념적 了解. 断句는 단정을 나타내는 연속된 한 덩어리의 언어이다.(『改撰標準日本文法』1928 松下는 文을 断句라고 함.)

4) 橋本進吉(はしもとしんきち) : 「내용면(意義)에서 보면 그것 뿐인 것을 표현한 것으로 하나의 종합된 완전한 것」이며 외형상의 특징으로써 「① 문은 음의 연속이다. ② 문의 전후에는 반드시 음의 단절이 있다. ③ 문의 끝에는 특수한 음조가 더해진다」(『国文法要説』1934)

5) 時枝誠記(ときえだもとき) : 문을 규정하는 조건으로 「① 구체적인 사상의 표현일 것, ② 통일성이 있을 것, ③ 완결성이 있을 것」(『国語学原論』1941)

6) 渡辺実(わたなべみのる) : 文은 외면적으로는 形態的 独立体이고 내면적으로는 意義的 完結体이며 구문적으로는 職能的 統一体이

다. (『国語構文論』1971)

7) 仁田義雄(にったよしお) : 文이란 発話行為에 의하여 생성된 発話 중 독립할 수 있는 최소의 단위체적 존재이다. 즉 최소의 発話行為가 文이다. (「文」항목, 『日本文法事典』1981)

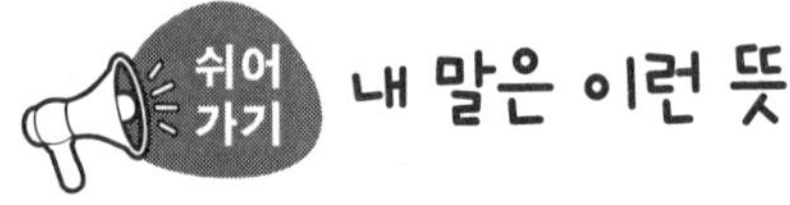

쉬어가기 내 말은 이런 뜻

화자의 심적(心的)태도를 표현하는 언어적, 문법적 수단은 모든 언어가 공통적으로 갖고 있는데, 전문용어로 말하자면 서법, 무드(Mood), 모달리티(Modality) 등으로 불리는 것이 바로 그것이다.

많은 언어 중에서도 특히 일본어는 화자의 심적 태도를 표현하는 수단이 상당히 발달된 언어 중의 하나로 지적되고 있다. 여기서는 특히 화자가 자기를 둘러싼 세계를 어떻게 인식하며 인식한 것이 어떻게 표현되는지를 살펴보도록 하겠다.

우선 우리들은 자신이 직접 체험했다든지, 이미 확실한 지식 · 정보로서 보유하고 있는 –쉽게 말해서, 알고 있는– 사항에 대해서는 확신을 갖고 단언해 마지 않는다. 만일 친구가 (나에게) 우산을 빌려줬다면 화자는 '*この傘は友達が貸してくれたのだ*'라고 할 수 있고, 또 스즈키씨가 온다는 사실을 알고 있을 때는 '*鈴木さんが来る*'라고 잘라 말한다.

하지만 또 우리들은 자신이 직접 체험하지 못했다든지, 아직 확실한 지식 · 정보로서 보유하고 있지 못한 –쉽게 말해서, 잘 알지 못하는– 사항이라면 확신을 갖지 못하므로 단언하지 않는다. 그럴 경우는 추량의 형태로 나타내는 것이 일반적이다.

화자는 사태파악을 할 때, 그 진위를 확실하게 인식 가능한 경우와 그렇지 못한 경우를 구별하여 표현한다. 추량의 형태는 적어도 화자가 자신의 인식 · 판단에 100%의 확신을 갖고 있지 못함을 내비치고 있는 것이다. 이는 발화행위에 있어 중요 구성원으로서의 화자가 자신의 발화내용에 책임을 지는 것을 의미한다. 화자가 발화행위시 아무렇게나 말하는 것이 아니라, 알면 확언을 하고, 잘 모르면 불확실하다는 것을 공표하면서 발화를 주도해 나가는 것이 바로 화자의 책임인 것이다.

예를 들면, '外は今も雨が降っているようだ / らしい'(바깥은 지금도 비가 오고 있는 것 같다)는, 불확실하다는 것을 것을 공표하면서 화자 나름대로의 추측판단임을 나타내는 문장이다. 즉 외출에서 돌아온 사람이 비에 젖은 것을 보고 그것을 근거로 해서 '外は今も雨が降っている'(바깥은 지금도 비가 오고 있다)라는 사실을 추측하는 것이다.

그런데 현실세계에서 우리가 모든 것을 다 경험하고 수많은 지식 정보를 모두 갖고 있다는 것은 애초부터 불가능한 일이다. 그러한 약점을 보완하기 위해서 화자는 '전문'이나 '추론'을 활용한다.

'전문'은 '日本でまた地震が起ったそうだ'(일본에서 또 지진이 일어났다고 한다)와 같이, 화자 자신이 직접 체험하지 못해 아무런 판단 근거를 갖지 못하고, 뉴스를 듣고 전하는 경우이다. 또한 '추론'은 잘 알고 있는 것을 근거로 해서 잘 모르는 것과 앞으로 일어날 일을 어떻게든 예측하려고 노력하는 것인데, 예를 들어 'きょう習ったばかりだからよくできるはずだ / わけだ'(오늘 막 배웠으니까 잘할 수 있을/있는 것이다)라는 문장에서는 'きょう習ったばかりだ'(오늘 막 배웠다)는 것을 전제로 해서 'よくできる'(잘 할 수 있다)라는 것을 추론해 내는 것이다. 물론 여기에는 'ならったばかりの時はよくできる'(막 배웠을 때는 잘 할 수 있다)라는 사항이 대전제가 되어 있다.

이상과 같이 화자는 발화책임을 다하기 위해서 다양한 화자의 심적 태도 표명을 충실히 수행하며 언어활동을 하고 있다는 점에 주목하지 않으면 안 된다.

– 윤상실(2003) 「내 말은 이런 뜻」『일본어는 뱀장어 한국어는 자장』글로세움에서

평가하기

다음을 읽고 맞으면 ○, 틀리면 ×를 하시오.

1 복수의 술어로 구성된 複文은 또다시 重文, 合文, 有属文으로 나누어 진다. ( )

2 눈 앞에서 일어난 사실을 보고 묘사하는 문을 判断文이라고 한다. ( )

3 일본어의 문의 구조는 言表事態가 言表態度를 싸고 있는 구조를 취한다. ( )

4 문의 핵심성분으로 주어의 지배를 받지 않고 독자적으로 기능하는 문구성성분을 述語라고 한다. ( )

5 성격을 달리하는 몇 개의 문법적 의미를 하나의 유형으로 묶는 문법적 의미를 문법적 카테고리라고 한다. ( )

6 동작의 대상이 보어가 되고 주체가 주어가 되는 특징을 갖는 문을 수동문이라고 한다. ( )

7 술어가 나타내는 사태를 발화시를 기준으로 하여 시간축상의 전후관계로 나타내는 문법적 카테고리를 태(Voice)라고 한다. ( )

8 「書く」와 같은 계속동사에 [~ている]가 붙으면 [결과의 잔존]을 나타내게 된다. ( )

9 술어를 수식한다든지 문 전체를 수식한다든지 하는 기능을 가진 절을 副詞節이라고 한다. ( )

10 大槻文彦는 文을 発話行為에 의하여 생성된 発話 중 독립할 수 있는 최소의 단위체적 존재라고 정의하고 있다. ( )

1. 문

1) 문의 정의, 문의 종류

2) 구조상의 분류

- 주어 · 술어 관계의 수에 따른 분류
- 술어 부분에 의한 분류
- 주제 유무에 따른 분류

3) 성질상의 분류

- 화자의 표현의도에 따른 분류
- 술어와 종속성분의 분화유무에 따른 분류

4) 절의 종류

- 주절
- 접속절 : 종속절, 병렬절

2. 문의 구조와 문구성 성분

1) 문의 구조 : 言表事態와　言表態度

2) 문구성 성분 : 술어, 주어, 보어, 수식어, 병렬어, 독립어, 상황어

3) 술어 성분이 갖는 문법적 카테고리 : 태, 시제, 상, 서법, 모달리티

4) 복문

- 종속절 : 보족절, 부사절, 명사수식절
- 병렬절

3. 문에 대한 주요 문법학자들의 학설

- 大槻文彦(おおつきふみひこ)
- 山田孝雄(やまだよしお)
- 松下大三郎(まつしただいさぶろう)
- 橋本進吉(はしもとしんきち) : 학교문법의 근간이 됨
- 時枝誠記(ときえだもとき)
- 渡辺実(わたなべみのる)
- 仁田義雄(にったよしお)

과제

- 다음의 「タ」의 용법은 A.시제, B.상, C.서법 중 어떤 영역에 속하는가?

(1) あの映画を見ましタか。 …… いいえ、見ませんでした。

( )

(2) じゃまだから、どいタ、どいタ。

( )

(3) しまった、明日はテストがあるんだっタ。

( )

08주차

문장과 문체

학습 목표

1. 문장의 정의와 종류를 이해한다.
2. 문장의 구조와 그 전개상황을 이해한다.
3. 문체의 특징과 종류를 이해한다.

학습 내용

1. 문장의 정의와 종류
2. 문장의 구조와 전개
3. 문체의 특징와 종류

사전 학습

1. 문장론에 대한 설명으로 맞지 않는 것은? (　　)

① 문장을 연구하는 분야를 문장론이라고 한다.

② 문장 내부의 문법적인 구조와 기능을 연구한다.

③ 문장과 단어의 역사를 연구한다.

④ 문체를 연구한다.

2. 文章의 구조상의 분류로서 맞지 않는 것은? (　　)

① 문장은 구조상 [단일한 문장]과 [복합된 문장]으로 분류할 수 있다 .

② 주요한 문장의 앞과 뒤에 다른 문장이 부속되는 형식을 [포함형식]이라고 한다 .

③ 복합된 문장은 [대등형식][포함형식][부속형식]으로 세분화할 수 있다.

④ 몇 개의 문장이 대등하게 연속되어 전체가 하나로 정해진 형식을 [대등형식]이라고 한다.

3. 유형적 문체론에 대한 설명으로 맞지 않는 것은? (　　)

① 문말 표현에 따라 나누면 常体와 敬体로 나눌 수 있다.

② 역사적 전개과정에 따라 나누면 漢文体, 和文体, 和漢混淆文, 候文体로 나눌 수 있다.

③ 鴎外의 문체, 太宰治의 문체 등과 같이 나누는 것은 표현의도에 따른 분류이다.

④ 簡略体와 蔓衍体와 같이 나누는 것은 수사법의 차이에 따른 분류이다.

01 문장의 정의와 종류

Ⅰ 문장(文章)

1. **정의 :** 文이 다수 모여 그 자체가 완결되고 전체적으로 통일된 사상 · 내용을 나타내는 것.

   예 夏目漱石『坊ちゃん』과 같은 소설 한 편, 島崎藤村의 시 「初恋」한 편 등

2. **문장론 :** 문장을 연구하는 분야
   - 문장 내부의 문법적인 구조와 기능을 연구하는 분야
   - 문체를 연구하는 분야
   - 문장 · 문체의 역사를 연구하는 분야

Ⅱ 문장의 종류

1. 표현의도에 따른 분류

- 예술적 문장 : 언어표현 그 자체를 목적으로 함.

  예 이야기, 소설, 수필, 기행문 등

- 실용적 문장 : 언어표현을 수단삼아 실용상의 목적을 달성코자 하는 것.

  예 설명문, 논설문, 기록 · 보고문, 선전 · 광고문, 편지, 일상일기

2. 목적에 따른 분류

- 상대에게 전달하는 것을 목적으로 하는 문장

- 전달할 뿐만 아니라 상대를 설득하는 것까지를 목적으로 하는 문장
- 상대를 감동시키는 문장

3. 문장을 보는 상대를 기준으로 한 분류

- 특정상대를 정하여 적은 통신 · 전달
- 불특정상대를 위한 기사 · 논설 · 선전 등의 문장

4. 사용된 문자에 따른 분류

- 한자 가나 혼합문
- 로마자문

5. 사용된 어휘의 성격에 따른 분류

- 和文
- 和漢混淆文
- 雅文
- 俗文
- 雅俗折衷文

6. 문법상의 규칙에 따른 분류

- 문어문
- 구어문

7. 음률의 유무를 기준으로 한 분류

- 운문

- 산문

깜짝퀴즈

文이 다수 모여 그 자체가 완결되고 전체적으로 통일된 사상 · 내용을 나타내는 것을 ( )이라고 한다.

예 문장론 문장 어 문

02 문장의 구조와 전개

I 문장의 구조

1. 문장의 구성요소 : 단어, 문, 단락

2. 문장의 구조

(1) 정의 : 文과 文과의 연접관계, 段落과 段落과의 연접관계의 유형을 적용시켜 보았을 때의 文章전체의 구성.

(2) 특징 : 다양하며 형태와 내용면에서 고찰할 필요가 있음.

(3) 논리적인 文章 : 序論 · 本論 · 結論

→이 구조는 현재 각종 논문, 레포트, 보고서 등에서 사용됨.

(4) 漢詩의 絶句 : 起 · 承 · 転 · 結

(5) 주제의 위치에 따른 분류

① 두괄식(頭括式) : 주제가 문장의 첫 부분에 나타나는 것.

② 미괄식(尾括式) : 주제가 끝부분에 나타나는 것.

③ 양괄식(両括式) : 주제가 처음과 끝 양쪽에 나타나는 것.

3. 문장의 분류

(1) 구조상의 분류

① 단일한 문장

② 복합된 문장

a. 대등형식(対等形式) : 몇 개의 문장이 대등하게 연속되어 전체가 하나로 정해진 형식. 歌集、文集 등 전체를 하

나의 문장으로 하는 경우에 보여짐.

b. 포함형식(包含形式) : 하나의 문장 내부에 다른 문장이 인용된 형태로 포함되어 있는 형식. 일기문 속에 다른 사람으로부터 온 편지를 인용하는 경우에 보여짐.

c. 부속형식(付属形式) : 주요한 문장의 앞과 뒤에 다른 문장이 부속되는 형식. 본문과 서문 또는 요약문을 한 덩어리로 생각하는 경우에 보여짐.

(2) 성질상의 분류 : 표현상대와 표현목적에 의거한 유형

① 제1류 : 특정상대에 대해서 표현되어지는 문장

a. 通信用文章 : 보통 형식으로 의사 등을 전달하는 문장

예 안내장, 의뢰장, 알림판 문장 등

b. 告知用文章 : 특정한 형식으로 의지 등을 알리는 문장

예 통지서, 청구서, 위임장 등

c. 申告用文章 : 해당하는 곳에 출원한다든지, 제출한다든지 하는 문장

예 휴가원, 결석계, 진정서 등

d. 報告用文章 : 조사결과 등을 보고하는 문장

예 상사에 대한 보고서, 신용조사 보고서 등

e. 証明用文章 : 증거로써 교부(또는 수여)되어지는 문장

예 면허증, 졸업증서, 감사장, 영수증 등

f. 契約用文章 : 당사자 간에 주고 받아 후일을 위해 보관되어지는 문장

예 각종 계약서 등

② 제2류 : 불특정 상대에 대해서 표현되어지는 문장

g. 解說用文章 : 사물이나 일을 분석적으로 해설, 설명하는 문장

예 시사해설, 신간소개 등

h. 報知用文章 : 사건이나 실정을 일반 사람에게 알리는 문장

예 신문보도기사, 경제백서 등

i. 実録用文章 : 실록에 근거해서 기술하는 문장

예 역사, 전기, 회고록 등

j. 表出用文章 : 마음 속 내면에 있는 것을 외부로 나타내는 문장

예 감상문, 비평문, 소설, 각본, 시 등

k. 表明用文章 : 의지, 견해 등을 사람 앞에서 명시하는 문장

예 성명서, 선언문, 결의문 등

l. 論說用文章 : 논리를 전개하여 주장을 하는 문장

예 논문, 평론, 사설 등

m. 宣伝用文章 : 상대를 공감시켜 반응을 기대하는 문장

예 공고문, 표어 등

n. 教戒用文章 : 교훈을 이야기하여 감화시키려고 하는 문장

예 教典, 격언 등

o. 公示用文章 : 결정사항, 결의사항 등을 공공연하게 알리는 문장

예 알림, 프로그램 등

p. 課題 · 解答用文章 : 과제, 질문하는 문장. 또는 그것에 대

해서 답을 하는 문장

예 문제문과 답안, 레포트 등

q. 規約用文章 : 규범으로서 제정하여 공포하는 문장

예 규약, 법령, 조례 등

③ 제3류 : 훗날의 상대(특정 또는 불특정)에 대해서 표현되어지는 문장

r. 記録用文章 : 문자로 정착시켜 기록에 그치는 문장

예 일기, 관찰기록, 등기부 기재 등

Ⅱ 문장의 전개

1. 문장의 직접구성요소인 문은 복잡한 전후관계를 이루며 문장전체의 단위가 됨.
2. 문의 접속관계를 명확히 하는 방법
   접속사, 지시사, 응답사(はい、いいえ 등), 앞의 문에서 나왔던 어구의 반복 등.
3. 접속사에 의한 문의 접속관계

1) 계속적 : ① 換言(すなわち、つまり)

② 補充(ただし、もっとも)

③ 順接(だから、すると)

④ 逆接(しかし、だが)

⑤ 累加(しかも、そして)

⑥ 並列(また、あるいは)

2) 중단적 : ⑦ 転換(さて、ところで)

4. 段落 : 문이 여러 개 모여 하나의 의미 단위를 이루는 것.
5. 文章 : 단락이 여러 개 모여 이루는 것.
6. 節 또는 章 : 긴 문장에서 단락이 여러 개 모여 大段落을 구성하는 것.

03 문체의 특징과 종류

Ⅰ 문체의 특징

1. 정의 : 문장의 개별적이고 특수한 성격. 문장에 있어서의 차이를 類型的 또는 個性的으로 파악한 것.

2. 문체 : 類型的文体, 個別的文体

3. 文体論 : 문체를 연구하는 분야

4. 문체론의 종류

(1) 유형적 문체론

① 표현의도에 따라 : 예술문과 실용문, 主情的文章과 主知的文章, 서사문, 서정문, 논설문, 설명문, 보고문 등

② 문말표현에 따라 : 常体(だ体、である体)와 敬体(です体、ます体)등

③ 역사적 전개과정에 따라 : 漢文体, 和文体, 和漢混淆体, 候文体

④ 修辞法의 차이에 따라 : 簡略体와 蔓衍体, 剛健体와 優柔体, 乾燥体와 華麗体 등

(2) 개별적 문체론

鴎外의 문체, 太宰治 의 문체 등

깜짝퀴즈

문장의 개별적이고 특수한 성격으로 문장에 있어서의 차이를 類型的 또는 個性的으로 파악한 것을 (　　　)라고 한다.

예 문장　단락　문　문체

Ⅱ 문체의 종류

1. 口語体

현재 보통 사용하고 있는 문체로써 문어체의 대립되는 개념

1) 常体 : だ体、である体

2) 敬体 : です体、でございます体

<常体와 敬体>[国語教科書의 경우]

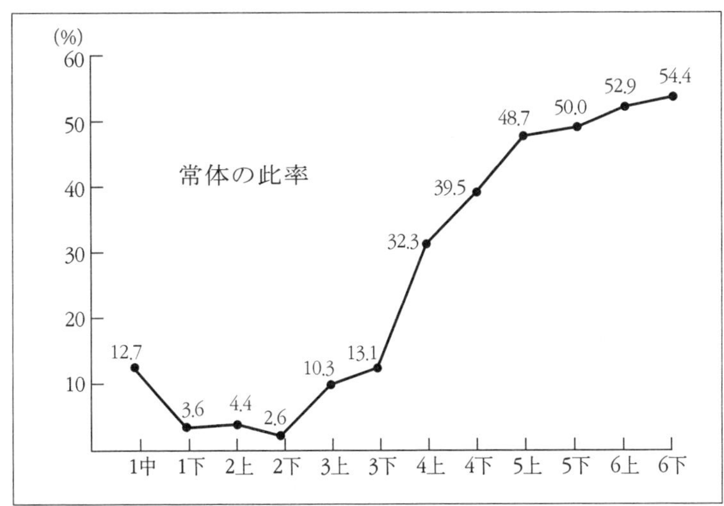

(西尾寅弥「教科書文章の常体・敬体」『言語生活』123号, 1961 에서)

- 그래프 범례

  常体(である・だ)와 敬体(ます・です)가 어느 정도의 비율을 점하는가를 1961년도 小学校国語教科書를 조사한 것임. 대상으로 한 것은 각각 다른 출판사에서 나온 7종류의 교과서로 이들 사이에는 상당한 차이가 보임. 그래프에 나타낸 것은 평균치를 의미함.

- 문체는 문장의 종류에 따라서도 알 수 있는데 常体의 비율은 다음과 같음.
  - 생활적인 문장 24%
  - 문예적인 문장 24%
  - 논리적인 문장 32%
  - 기록적인 문장 42%
  - 통지용 문장(문장체) 31%
  - 통지용 문장(회화체) 16%

- 중학교 3학년 国語교과서에서의 常体의 평균은 58.8%, 고등학교 3학년 国語교과서에서의 常体의 평균은 82.7%임.

- 口語体의 특징
  - 문장을 쓸 때 맨 처음 문이 常体이면 마지막 문까지 常体로 써야 하며 敬体도 마찬가지임(단 인용문은 제외).
  - 口語体는 明治中期의 「言文一致」운동 이후 문예작품에 정착되었으며 大正時代(1912 - 1926)에 일반화 됨.
  - 公用文이나 法令文은 1945년 제2차 세계대전이 끝날 때까지 文語文의 형태였음.

<口語文의 普及>

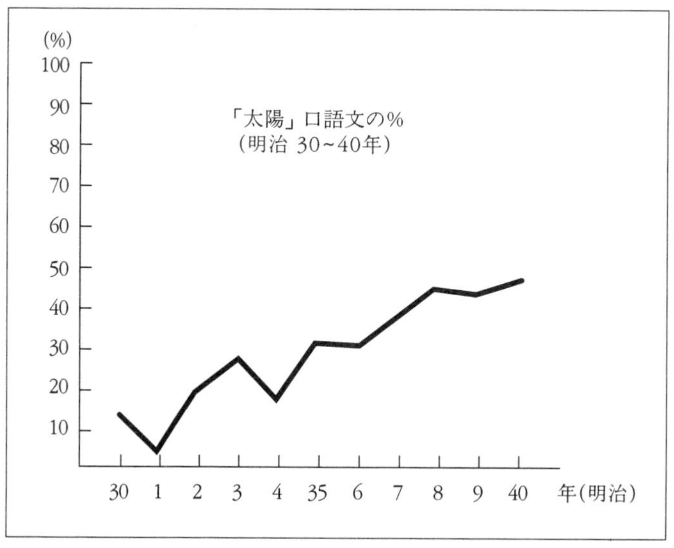

(見坊豪紀「明治時代の文語文」『言語生活』74号, 1957 에서)

• 言文一致体의 문장(口語文)은 明治20年경 二葉亭四迷 · 山田美妙 등에 의해 소설에서 시도되어진 후 소강상태를 보였으나 明治40年代에 자연주의 문학운동과 함께 口語文이 확립됨. 하지만 이것은 어디까지나 문학의 세계에서이며 일반문장이 口語化되는 것은 훨씬 더 뒤의 일임.신문이 사설을 포함하여 완전히 구어화되는 것은 大正11년의 일임.

그래프는 종합잡지 『太陽』에 나타난 구어문의 %를 페이지 단위로 조사한 결과임. 明治40년이 되어도 아직 전체의 반에도 미치지 못함. 단 大正6년(1917)에는 口語化 비율이 92.5%가 됨.

2. 文語体

1) 漢文体(かんぶんたい) : 한자 만을 사용하여 중국어의 문 구조에 따라 기록된 것.

<岩崎文庫本日本書紀 巻第二十二推古記(東洋文庫蔵)>

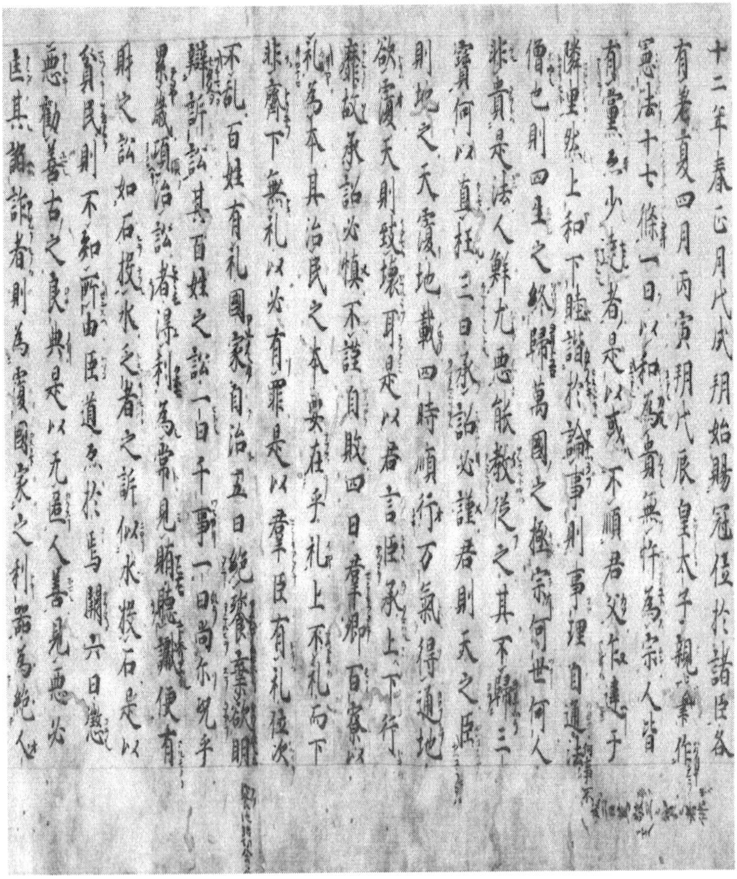
十二年春正月戊戌朔始賜冠位於諸臣各
有差夏四月丙寅朔戊辰皇太子親肇作
憲法十七條一曰以和爲貴無忤爲宗人皆
有黨亦少達者是以或不順君父乍違于
隣里然上和下睦諧於論事則事理自通何事不成二曰篤敬三寶三寶者佛法
僧也則四生之終歸萬國之極宗何世何人
非貴是法人鮮尤惡能教從之其不歸三
寶何以直枉三曰承詔必謹君則天之臣
則地之天覆地載四時順行万氣得通地
欲覆天則致壞耳是以君言臣承上行下
靡故承詔必愼不謹自敗四曰群卿百寮以
礼爲本其治民之本要在乎礼上不礼而下
非齊下無礼以必有罪是以群臣有礼位次
不亂百姓有礼國家自治五曰絶餮棄欲明
辨訴訟其百姓之訟一日千事一日尚尒况乎
累歳頃治訟者得利爲常見賄聽讞便有
財之訟如石投水乏者之訴似水投石是以
貧民則不知所由臣道亦於焉闕六曰懲
惡勸善古之良典是以无匿人善見惡必
匡其諂詐者則爲覆國家之利器爲絶人

2) 記録体(きろくたい) : 한자 만을 표기자로 사용하면서 비한문적 요소가 혼합된 문체로 和化漢文体 · 変体漢文 · 記録体 · 東鑑体 라고 함.

- 鎌倉時代에 일기, 往来物, 법률서 및 카마쿠라막부의 기록인 東鑑(아즈마카가미)에 사용되었으므로 東鑑体라고도 함.

<自筆本御堂関白記(陽明文庫蔵)>

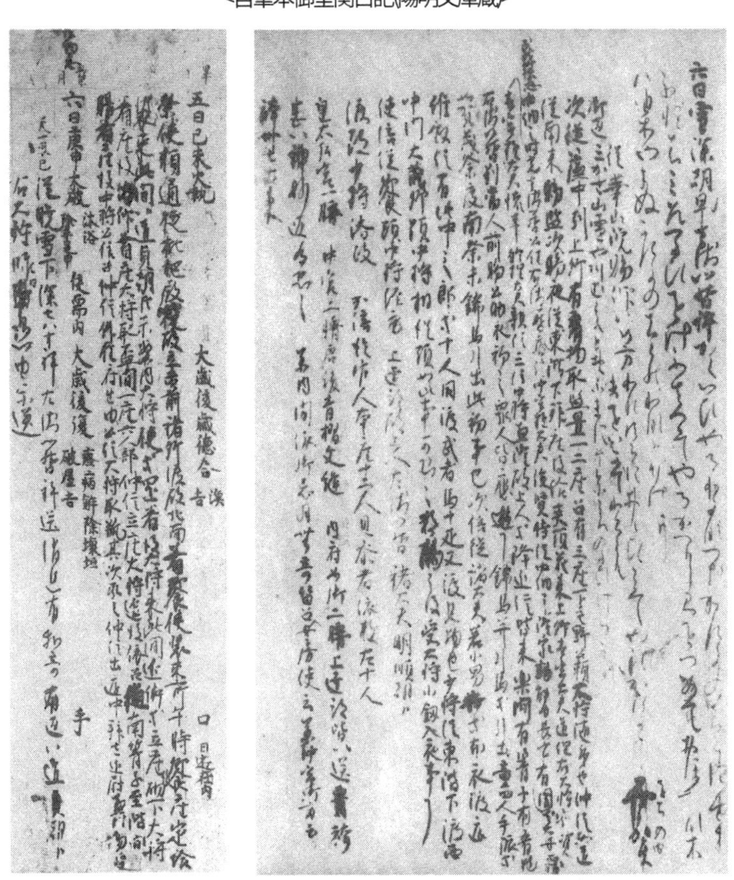

3) 宣命体(せんみょうたい) : 奈良時代이후 센묘(宣命 : 천황의 칙명을 전하는 문서), 노리토(祝詞 : 신에게 제사를 지낼 때 신에 대하여 기원하는 의식적인 언사)를 표기할 때 사용하던 문체.

- 한자를 사용하며 단어의 배열순서를 일본어의 어순에 맞추고 있음
- 万葉仮名를 본문의 해당부분 오른쪽에 작게 써서 送り仮名와 助辞를 나타냄

<宣命案(正倉院蔵)>

4) 和漢混淆体(わかんこんこうたい) : [和文]의 요소와 한문의 요소가 섞여진 문체로 보통 鎌倉時代이후의 [軍記物]에 사용된 문체.

- 한자와 가나를 섞어 쓰며 한문 특유의 対句표현을 하는 등 한문과 [和文]의 양자의 특성을 의식적으로 나타낸 문체.
- [漢文訓読体]를 풀어 읽어 주로 가타카나를 섞어 쓰는 방법과 [和文]을 합류시킨 것이 있음.

<延慶本平家物語(大東急記念文庫蔵)>

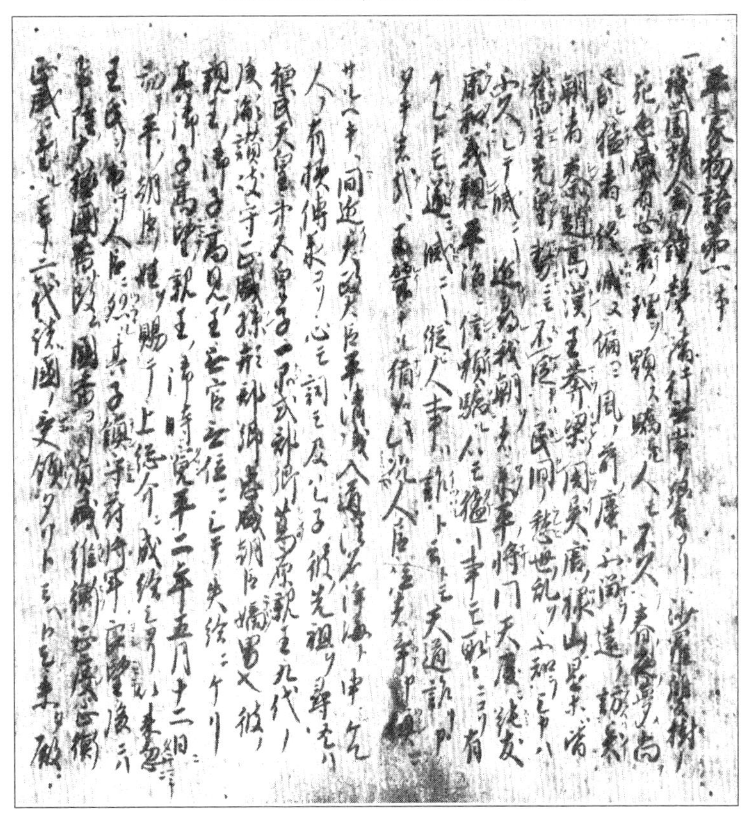

5) 和文体(わぶんたい) : 일본어를 가나로 표기한 문체로 보통은 平安時代에 가나로 쓰여져 일기나 [物語]의 기록에 쓰여진 문체.

- 万葉仮名가 히라가나로 발전하여 9세기 후반부터는 和文体가 나타나게 됨
- 鎌倉時代이후에도 和文体는 계속 쓰여짐

<元永本古今和歌集 巻一(東京国立博物館蔵)>

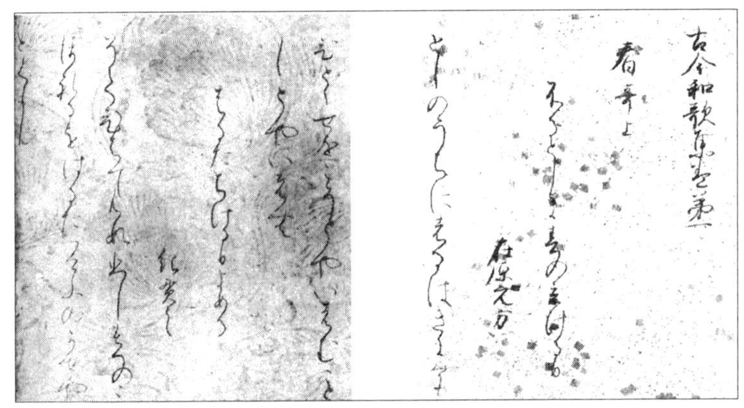

<烏丸本徒然草(宮内庁書陵部蔵)>

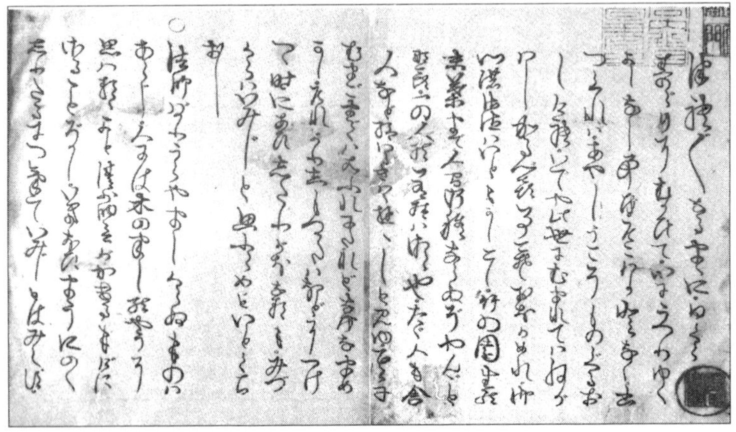

6) 雅文体(がぶんたい) : 江戸時代의 国学者들이 平安時代중기 이후의 和文体를 優雅한 문체라고 생각하고 모방하려 하여 생겨난 문체로 擬古文体라고도 함

<和字正濫鈔(東京大学国語研究室蔵)>

7) 候文体(そうろうぶんたい) : 일본화한 한문체로부터 파생된 書簡文体로써 경어로 [候ふ]를 쓰는 독특한 문체.

- 室町時代 초기 이후에 나타나 江戸時代에 융성하였고 明治時代 이후에도 남자들의 서간문에 많이 쓰여짐.

<庭訓往来(国立公文書館内閣文庫蔵)>

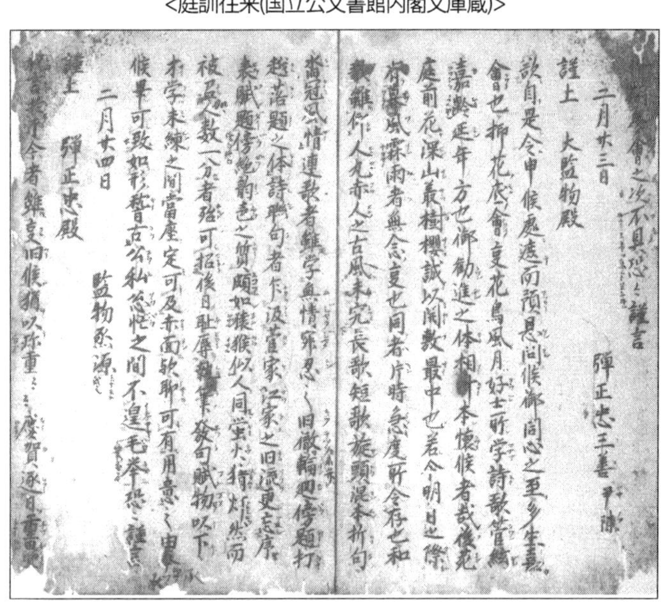

拝啓。兼て御招聘の栄を辱うし明四日の会にて講演すべき筈に候ひしが、此度の大会は我邦にて始めて全国の医を一堂に会したるものなれば後のためしにも引かるべき事なるに講演の命題立意僕が意に適ひしものなく或は新道理、新事実を発表すべき材料かとおもふ者も集り居り候へ共　昨歳暮以来…中略…

(森鴎外の手紙『鴎外全集』第11巻　岩波書店)

말할 때와 쓸 때는 다른 말을 쓴다는데

인간의 언어행동은 음성 또는 문자에 의해서 이루어진다. 일본어도 마찬가지로 음성에 의해 표현되는 언어, 즉 말할 때의 언어를 '구어체'라고 하고 문자에 의해서 표현되고 이해되는 언어를 '문장체'라고 한다. 구어체는 말하고 듣는 행위가 중심이 되고 문장체는 쓰고 읽는 행위가 중심이 된다. 구어체가 공간적 언어라면 문장체는 시간적 언어라고 표현할 수 있으며 그 전달방식에서 큰 차이가 난다.

말할 때는 듣는 사람과 말하는 사람이 같은 장소에 있고 몸짓과 표정과 실제의 목소리, 악센트, 인토네이션, 억양 등이 표현과 이해를 돕는다. 또 음성은 의미가 전달되면 대개는 그 자리에서 사라지기 때문에 일반적으로 정확성이 요구되지는 않는다.따라서 말할 때는 반복을 하기도 하고 주어와 술어의 관계가 부정확하기도 하며 언어의 중복이 많고 은어나 속어 등을 사용하기도 한다.

반면 문장을 쓸 때는 공간의 제약을 넘어 전달되므로 이해를 돕기 위해 정확하게 표현하지 않으면 안 된다. 즉 어휘선택이 적절해야 하고 의미의 흐름이 논리적이어야 한다. 또 이 경우 '문자'의 힘을 빌려서 문자의 대소(大小), 배치, 구두점, 쉼표 등의 부호를 이용하여 표현의도를 명시하므로 구어체와는 다른 효과를 낼 수가 있다.

일반적으로 일본어의 구어체와 문장체는 어휘, 문법상의 현저한 차이가 있는데 구어체의 특징은 다음과 같다.

1. 한 개의 문장이 비교적 짧다.
2. 문장의 순서가 바뀌는 경우가 있다.

3. 같은 문장과 단어를 반복하기도 한다.

4. 문장을 끝내지 않고 말하다가 그만두는 경우도 있다.

5. 동사 연용형으로 끝내는 경우는 거의 없다.

   문장체 : ぼくも行き、君も行く。

   구어체 : ぼくも行くし、君も行く。

6. 수식어를 비교적 적게 사용한다.

7. 문장의 일부를 생략하기도 한다.

8. 지시어를 많이 사용한다.

   あれ、これ、それ

9. 경어를 자주 사용한다.

10. 종조사, 간투사(間投詞 : 감동사, 감탄사), 간투조사(間投助詞 : ~さ、~よ、~ね 등과 같이 문장 중 일시적으로 끊기는 부분에 쓰이는 조사)를 많이 사용한다.

11. 한자어를 사용하는 경우가 적다.

12. 고어, 한문투의 말, 번역체의 말투가 적다.

13. 대부분 문장 끝이 だ, です, ございます로 끝난다. 문장체 : である

구어체는 이와 같은 특징을 가지고 있고 문장의 경우 위의 경우와 반대되는 특징을 가지고 있다.

실제로 구어체에는 외래어를 쓰고 문장체에는 한자어를 쓴 경우가 있다. 한 예로서 야구실황중계를 TV나 라디오로 듣고 있으면 ピッチャー(pitcher), キャッチャー(catcher), セカンドランナー(second runner) 등

의 외래어를 쓰고 있는데 다음날 신문에는 투수(投手), 포수(捕手), 이루주자(二塁走者)로 표기되어 있는 경우이다. 말할 때는 외래어를 사용하지만 신문기사에는 의도적으로 격식 높은 언어표현을, 혹은 외래어의 경우 단어의 길이가 길기 때문에 이를 짧게 하기 위해 한자어를 사용하고 있는 것이다.

– 한선희(2003) 「말할 때와 쓸 때는 다른 말을 쓴다는데」『일본어는 뱀장어 한국어는 자장』 글로세움

다음을 읽고 맞으면 ○, 틀리면 ×를 하시오.

1 문장을 사용된 어휘의 성격에 따라 분류하면 [한자가나혼합문][로마자문]으로 나눌 수 있다. ( )

2 주제가 문장의 처음과 끝 양쪽에 나타나는 것을 頭括式이라고 한다.( )

3 告知用文章은 성질상으로 분류했을 때 특정상대에게 사용되어지는 문장이다. ( )

4 문의 접속을 명확히 하기 위해서는 접속사, 지시사, 응답사, 앞에 나왔던 어구의 반복 등의 방법을 이용한다. ( )

5 문이 여러 개 모여 하나의 의미 단위를 이루는 것을 節이라고 한다. ( )

6 문장의 개별적이고 특수한 성격을 文体라고 한다. ( )

7 일본어에 있어서 구어체는 明治中期의 언문일치(言文一致)운동 이후 문예작품을 비롯해 모든분야에서 일반화되었다. ( )

8 한자 만을 표기자로 사용하면서 비한문적 요소가 혼합된 문체를 記録体라고 한다. ( )

9 奈良時代이후 宣命나 祝詞를 표기할 때 사용하던 문체를 宣命体라고 하며 이 문체는 한자를 사용하면서도 단어의 배열순서를 일본어의 어순에 맞추는 특징을 보인다. ( )

10 일본화한 한문체로부터 파생된 書簡文体로써 경어로 [候ふ]를 쓰는 독특한 문체를 雅文体라고 한다. ( )

1. 문장의 정의와 종류

- 문장의 정의, 문장론
- 문장의 종류

2. 문장의 구조와 전개

- 문장의 구조, 문장의 분류
- 문장의 전개

3. 문체의 특징와 종류

- 문체의 특징
- 문체의 종류

과제

- 문장과 문체의 차이점에 대하여 기술하시오.

09주차

경어

학습 목표

1. 경어의 정의와 그 용어의 변천양상을 이해한다.
2. 경어에 관한 일본의 언어정책을 이해한다.
3. 경어선택의 요인과 그에 따른 경어를 분류해서 학습한다.

학습 내용

1. 경어라는 용어의 변천
2. 경어에 관한 일본의 언어정책
3. 경어 선택의 요인과 경어의 분류

사전 학습

1. 현대일본어의 경어에 대한 설명으로 맞지 않는 것은? (　　)

① 현대일본어의 경어사용은 청자에 대한 배려가 우선된다.

② 현대일본어의 경어는 높여야 할 대상이 뚜렷하여 존경어와 겸양어의 두 형식 만으로 충분하다.

③ 현대일본어의 경어형식은 존경어, 겸양어 이외에도 많은 경어의 요소가 존재한다.

④ 정중어에 속하는 경어형태는 청자에 국한되는 경우와 경의의 대상이 뚜렷하지 않은 채로 쓰이는 경우가 있다.

2. 2007년 2월에 제시된 「敬語の指針」에 대한 설명으로 맞지 않는 것은? (　　)

① 경어의 개개의 문제와 경어의 올바른 사용법에 대해 구체적으로 제시하고 있다.

② 경어에 대한 [상호존중]과 [자기표현]이라는 용어와 인식에 의거하여 설명하면서 [상대나 장면을 배려해서]라는 취지도 기술하고 있다.

③ [경어에 대한 시각], [경어의 구조], [경어의 구체적인 사용]으로 구성되어 있다.

④ 경어라는 측면보다는 타인과의 원활한 커뮤니케이션을 위한 배려를 나타내는 표현에 주목하는 '경의표현'을 제시하고 있다.

3. 경어선택의 요인으로 맞지 않는 것은? (　　)

① 지리적 요인　　② 사회적 요인

③ 상황적 요인　　④ 심리적 요인

01 경어라는 용어의 변천

Ⅰ 경어

1. **정의** : 표현주체가 자기자신, 표현의 상대, 화제의 인물 사이에서 상하, 친소, 은혜, 이해 등의 관계를 인식하고 그 인식에 근거해서 행하는 표현.

2. 특징

- 언어주체(화자 · 필자)가, 대상에 대해서 뭔가를 고려하는 마음이 있음.
- 이 고려하는 마음에는 언어주체의 대상에 대한 어떠한 평가적 태도를 동반함.
- 고려하는 마음과 평가적 태도에 근거해서 표현을 구분해서 사용함.

Ⅱ 경어라는 용어의 변천

- 일본어에서 敬語라는 용어는 江戸時代에 이미 쓰이고 있었으며 明治時代이후에 일반적으로 사용됨.
- 현대일본어를 경어사용면에서 보면 경어는 좁은 의미의 높임말로서의 뜻이 있고, 넓은 의미로서는 말하는 사람 즉 화자가 상대방에 대해 행하는 언어표현 전반을 뜻하는 것임.

1. 경어사용의 변화

1) 고대 일본어의 경어

(1) 경어의 사용은 본래 신이나 왕에 대한 공경심에서 시작된 것이며 그 근본목적은 신분사회에 있어서 상위자를 높이기 위한 데에 있었음.

(2) 고대 경어는 높여야 할 대상인 화제의 인물이 뚜렷하여 그에 대한 경어사용은 존경어와 겸양어의 두 개의 경어형식만이 필요했음.

2) 현대 일본어의 경어

(1) 현대어에 있어서의 경어사용은 대화의 상대자인 청자에 대한 배려가 모든 것에 우선하는 사교경어의 단계에 와 있음.

(2) 현대 일본어의 경어형식은 대표적인 존경어와 겸양어 이외에도 많은 경어의 요소가 존재함.

예를 들면 정중어에 속하는 경어형태들은 경의의 대상이 대화의 직접 상대자인 청자에 국한되는 경우와 경의의 대상이 뚜렷하지 않은 채로 쓰이는 경우가 있는데, 공통점은 화제의 인물을 높여야 한다는 경의에 입각한 대인의식이 우선되는 것이 아니라 화자의 청자에 대한 배려, 상황에 대한 고려, 언어표현의 품위를 갖추어 화자 자신의 심리적 만족을 충족시킨다는데 있음.

2. 대인의식의 변화에 따른 경어에 대한 개념의 변화

1) 경어

경어란 화자가 경어행동을 할 때에 청자 혹은 화제의 인물과의 인간관계, 언어행동이 행해지는 장면, 화제가 되는 사항의 성질 등에 대한 배려에 의해 선택되는 표현형식임.

2) 대우표현

대우표현이란 다른 사람을 어떻게 대우할 것인가를 정하고 그에 따른 표현형식이 행해지는 것을 말함.그러므로 화자가 다른 사람에 대해 자신의 입장에서 어떻게 대우할 것인가의 판단에 의해 이루어 지는 것이므로 넓은 의미의 경어와 같다고 할 수 있음.

3) Politeness

커뮤니케이션을 원활하게 하기 위해 상대방의 기분을 배려하는 언어행동을 말하는데 일본의 학자들 사이에서 아직 확실한 개념으로 파악되지 않은 면이 있음. 하지만 우사미마유미(宇佐美まゆみ(2001)『談話のポライトネス』)는 '원활한 인간관계를 확립, 유지하기 위한 언어행동 모든 것을 가리킨다'고 개념을 정리하고 있음.

4) 경어표현

가바야 히로시(蒲谷宏) · 가와구치 요시가즈(川口義一) · 사카모토 메구미(坂本恵)는 『敬語表現』(1998)에서 '경어표현이란 어떤 표현 의도를 가진 표현주체가 자기, 상대, 화제의 인물 상호간의 인간관계나 장면의 상황을 인식하고 표현형태(음성표현형태 또는 문자표현형태) 를 고려하고 나서, 그 표현의도를 이루기 위하여, 적절한 제재와 내용을 선택하고, 적절한 경어를 사용함으로써 文話(담화 혹은 문장)를 구성하여 매재화(媒材化)하는 일련의 표현행위'라고 규정하고 있음.

5) 경의표현

'경의표현'이라는 용어는 2000년 일본 문부대신의 자문에 대해 국어심의회가 답신에서 사용하고 있음. 이는 종래의 경어라는 범위에서 벗어나 상대에 대한 배려에 입각한 것임.국어심의회의 개념정의에 의하면 '敬意表現이란 커뮤니케이션에 있어서 상호존중의 정신에 입각하여 상대방이나 장면을 배려해서 구분하여 사용하는 언어표현을 의미한다. 이는 화자가 상대의 인격이나 입장을 존중하고 경어나 경어 이외의 다양한 표현에서 그 때 그 때에 적합한 것을 자기표현으로서 선택하는 것이다'라고 기술하였음.

깜짝퀴즈

표현주체가 자기자신, 표현의 상대, 화제의 인물 사이에서 상하, 친소, 은혜, 이해 등의 관계를 인식하고 그 인식에 근거해서 행하는 표현을 (　　　)라고 한다.

예 존경어　경어　자립어　미화어

02 경어에 관한 일본의 언어정책

일본의 문부과학성이 주도한 국어심의회에서 과거 2번에 걸쳐 경어사용에 대한 방향을 제시하였고 2007년에 또다시 문화청의 문화심의회 국어분과회(과거의 국어심의회)에서 문부과학대신의 자문에 답하는 형식으로 [경어의 지침]이 발표됨.

I 「これからの敬語」(1952년 4월 14일)

1) 일본사회의 언어순화와 언어생활의 방향을 제시하려는 노력의 하나로 경어사용에 대해 1952년 4월 14일 제 14회 일본의 국어심의회에서 제시한 것.

2) 「これからの敬語」의 머리말
'본래 경어문제는 단순히 언어상의 문제만이 아니며, 실생활에 있어서의 예법과 일체를 이루는 것이므로 앞으로의 경어는 앞으로의 신세대 생활에 맞는 새로운 예법의 성장과 함께 명료하고도 간소한 신 경어법으로서 건전한 발달이 이루어지기를 바라는 바이다'

3) 「これからの敬語」의 기본방침
지금까지의 경어는 구시대에 발달한 채로 필요 이상으로 번잡한 점이 있었다. 앞으로의 경어는 지나치지 않도록 주의하며 오용을 바로잡고 될 수 있는 한 명료하고 간결해야 할 것이다.
지금까지의 경어는 주로 상하관계에 입각하여 발달하여 왔는데 앞으로의 경어는 각자의 기본적 인격을 존중하는 상호존경에 입각해야 할 것이다.

여성의 경어는 필요이상으로 경어 또는 미칭(美称)이 많이 사용되고 있다(예를 들면 お의 과용). 이 점 여성의 반성, 자각에 의해 점차로 순화됨이 바람직하다.

봉사 정신을 잘못 이해하여, 부당하게 높은 존경어나 부당하게 낮춘 겸손어를 사용하는 것이 특히 상업방면 등에서 많았다. 그렇게 함으로써 알게 모르게 자타의 인격적 존엄을 손상시키는 경우가 있는 것은 대단히 경계해야 할 것이다. 이러한 점에 있어서 국민 일반의 자각이 요망된다.

4) 전반적으로 호칭, 접두어, 접미어 등의 구체적인 경어 사용에 대한 견해를 제시하고 있으며 또한 사회인의 대화기조를 です・ます체를 사용할 것을 권하고 있음.

5) 동사에 대해서는 동사의 경어법을 Ⅰ형れる・られる, Ⅱ형お~になる, Ⅲ형お~あそばす의 세 가지로 분류하여 그 중에서 あそばせ체(여성의 지극히 공손하고 품위있는 언어표현을 말함)의 쇠퇴를 예상하고 れる・られる의 장래성을 인정하고 있음.

6) 「これからの敬語」에서는 신분의 단계에 따라 복잡한 양상을 보이던 경어사용을 간소화하고자 하는 의도를 보이고 있음. 또한 경어의 구체적인 형태 및 그 사용법에 대해 구체적으로 다루고 있으며 당시에도 이미 상호존중에 입각한 경어사용을 권하고 있음.

Ⅱ 「現代社会における敬意表現」(2000년 12월 8일)

1) 2000년 「국어심의회 답신」에서는 상대나 장면을 고려한 언어사용이 경어 이외에도 이루어지고 있는 점에 관심을 갖고 경어라는 측면보다는 타인과의 원활한 커뮤니케이션을 위한 배려를 나타내는 표현에 주목하는 '敬意表現'을 제시하고 있음.

2) 「경의표현이란」

경의표현이란 커뮤니케이션에 있어서 상호존중의 정신에 입각하여 상대방이나 장면을 배려하고 구분하여 사용하는 언어표현을 의미한다. 그것들을 화자가 상대의 인격이나 입장을 존중하여 경어나 경어 이외의 다양한 표현에서 그때그때에 적합한 자기표현으로서 선택하는 것이다.

[상호존중의 정신]이란 한 사람 한 사람의 인간을 소중히 한다는 기반에 서서 상대의 인격을 서로 존중하는 정신을 말한다.

[상대를 배려한다]는 것은 상대의 상황이나 상대와의 인간관계를 배려하는 것이다. 이야기의 내용에 따라서는 화제에 오른 인물에 대해서도 배려가 미치게 된다.

[장면을 배려한다]는 것은 대화가 이루어지고 있는 장면이나 상황을 배려하는 것을 말한다. 장면에는 예를 들어 회의나 식전이라는 격식 차린 장면, 직장이나 쇼핑 등의 일상생활의 장면, 새로운 친구나 가족과의 스스럼 없는 장면 등이 있다. 그 외에 상담장면, 교육장면, 친목장면 등 다양한 목적에 따라 다른 장면들이 있다.

[구분하여 사용한다]는 것은 내용이 거의 같은 복수의 표현 가운데 그때그때의 인간관계나 장면에 적합한 것을 선택하여 사용하는 것

을 말한다. 우리들은 각각의 사회마다 기대되는 언어표현의 습관을 목표로 하여 적합한 표현을 선택하고 있다.

[자기표현]이란 자기의 인격, 입장, 태도를 언어표현으로 나타내는 것을 말한다. 여러가지 표현의 선택지로부터 어떤 것을 선택하느냐에 따라 그 화자가 어떠한 인간이라는 것이 그 사람다움으로서 나타나는 것이다.

또한 위에서 기술한 경의표현은 화자의 측면에서 서술한 것이지만 청자의 측면에 있어서도 같은 양상이라고 할 수 있다.청자는 상대가 말하는 것, 말하지 않는 것을 입장이나 장면을 배려해 가면서 이해하는 것이 필요한데 그것이 경의표현을 유지하는 것이 된다. 이렇게 쌍방향에서 상대나 장면을 배려한 언어표현을 사용하거나 이해하거나 하는 것에 의해서 원만한 커뮤니케이션이 성립하게 된다.

또한 경의표현은 회화문에서 뿐만 아니라 문장어에서도 보인다. 게다가 언어 이외의 여러 측면 즉 표정, 몸짓, 행동, 복장 등으로까지 확대해서 생각할 수도 있는데 여기서는 언어, 주로 발화자의 측면에서 본 일상회화에 관계되는 것을 다루기로 한다.

경의표현과 같은 언어표현은 다른 언어에 있어서도 각각의 사회양상에 따라 존재한다.

3) 「경의표현의 실제」

경의표현은 여러가지 배려에 의해 선택되어지는 표현이며 그것들은 커뮤니케이션을 원활하게 하는 각종의 역할을 하고 있다.

(1) 경의표현에 관련된 배려

- 인간관계에 대한 배려

- 장면에 대한 배려
- 전하는 내용에 대한 배려
- 상대방의 기분이나 상황에 대한 배려
- 자기다움을 나타내기 위한 배려

(2) 경의표현의 역할

경의표현은 앞에서도 언급한 바와 같이 여러 가지 배려에 입각하여 선택된 언어표현이다. 커뮤니케이션을 원활하게 함에 있어 경의표현은 다음의 6가지 역할을 하고 있다.

- 상대방과의 입장이나 역할이 같고 다름을 나타낸다.
- 상대방과의 관계가 친한지 아닌지를 나타낸다.
- 장면이 격식이 있는지 없는지를 나타낸다.
- 전달하는 내용의 성격을 나타낸다.
- 상대방의 기분이나 상황에 따른 배려를 나타낸다.
- 자기다움을 나타낸다.

Ⅲ 「敬語の指針」(2007년 2월 2일)

1) 이 지침은 「現代社会における敬意表現」(2000년 12월 8일)에서 추상적이며 부족하다고 지적되었던 경어의 개개의 문제와 경어의 올바른 사용법에 대해 구체적으로 제시함.

2) 「現代社会における敬意表現」(2000년 12월 8일)에 나타난 생각을 기본적으로 이어받으면서도 경어에 대한 [상호존중]과 [자기표현]이라는 용어와 인식에 의거하여 설명하면서 [상대나 장면을 배려해서]라는 취지도 기술하고 있음.

3) 「敬語の指針」구성

(1) 제1장 경어에 대한 시각

경어에 대한 기본적인 인식으로서 (1) 경어의 중요성을 다루고 있으며, (2) 경어란 상호존중의 마음을 기반으로 해야하며, (3) 경어란 어디까지나 자기표현이어야 한다고 강조하고 있다. 그리고 주의해야 할 사항으로 (1) 방언에서의 경어의 다양성을 지켜가며, (2) 세대나 성에 의한 경어의식의 다양성을 받아들임에 있어서 획일화가 아닌 자기표현으로 선택하는 자세가 필요하다고 하고 있다. 또한 (3) 소위 '매뉴얼 경어'는 각 분야나 직장에 적절한 내용으로 작성할 것을 전하고 있으며, (4) 새로운 전달매체에서의 경어의 존재에 대해서도 쓰고 있다. 그 외에(5) 경어에 대한 학교교육과 사회교육의 필요성을 역설하고 있다.

(2) 제2장 경어의 구조

① 尊敬語 (いらっしゃる・おっしゃる 型)

② 謙譲語Ⅰ (伺う・申し上げる　型)

③ 謙譲語Ⅱ(丁重語) (参る・申す　型)

④ 丁寧語 (です・ます　型)

⑥ 美化語 (お酒・お料理　型)

(3) 제3장 경어의 구체적인 사용

경어의 구체적인 사용법으로서 경어를 사용할 때의 기본적인 생각, 경어의 적절한 선택, 구체적인 장면에서의 경어사용법으로 나누어 의문이나 문제점을 제시하고 제시된 문제점에 대해서 해설하는 형식을 취함.

03 경어선택의 요인과 경어의 분류

I 경어선택의 요인

1. 사회적 요인

대화 당사자들이 주관적인 판단에 기인한 관계가 아니고 대화자들이 소속된 집단 또는 집단으로는 분류할 수 없는 일상 속의 관계를 의미함.

- 가족(혈연으로 맺어진 관계)
- 학교(교육이 이루어 지는 곳)
- 직장(경제생활을 영위하는 근원이 되는 것)
- 일반(위의 셋을 제외한 일상 속에서의 일반적인 사람들과의 인간관계)

2. 상황적 요인

대화 당사자들이 처해 있는 인간관계 또는 대화시 놓여 있는 주위환경을 화자가 고려하는 것을 말함.

- 상하관계
- 친소관계
- 화제 인물의 영역
- 은혜 · 역할관계
- 대이성 관계
- 대화 장면의 공 · 사
- 격식 · 비격식의 구분

- 대화 대상 인원수의 다소
- 대화 장면에 제3자의 개입
- 대화 매체에 의한 간접대화

3. 심리적 요인

대화가 이루어지는 장면에서 화자가 내리는 지극히 주관적인 심리적 판단을 말함

- 심리적 거리감 : 상대방에 대한 그 장면에서의 친근감에 의한 친소관계를 말함
- 화제의 인물에 대한 판단 : 화자의 주관적인 판단에 의한 경우에 한함
- 상대방의 기분에 대한 배려 : 여기에서의 배려는 상대방에게 의뢰 또는 거절 등 화자의 의도를 표현할 때 원활한 커뮤니케이션을 위해 완곡한 표현을 하게 되는 경우 등을 말함
- 자기 품격 유지 : 화자자신의 교양을 나타내기 위해 또는 자기만족을 위해 경어를 사용하는 경우를 말함

Ⅱ 주요 경어 학설

1. 山田孝雄(やまだよしお,『敬語法の研究』1931)

경어의 기초를 인칭에 두고 敬称, 謙称으로 크게 두개로 나누고 있으며 구어행동의 敬称, 謙称을 絶対와 関係의 둘로 나누고 있음.

2. 時枝誠記(ときえだもとき,『国語学原論』1941)

언어과정설에 입각하여 詞의 경어(개념화하는 과정을 거친 경어),

辞의 경어(개념화하는 과정을 거치지 않는 경어)로 나누고 있음.

- 존경어와 겸양어는 소재간의 상하존비 관계를 구별하여 표현하는 것이므로 詞에 속하고 です, ます, でございます는 청자에 대한 화자의 직접적인 경의를 나타내는 것으로서 辞에 속함.즉 사고를 통한 상하존비의 관계의식 표시에 초점을 둔 언어사용과 청자에 대한 화자의 직접적인 경의표시로 나눔.

3. 辻村敏樹(つじむらとしき,『現代の敬語』1967)

경어를 표현소재에 관한 경어로서의 素材敬語와 표현 수용자에 대한 표현주체의 겸손한 기분을 직접 나타내는 対者敬語로 나누는데 대자경어는 반드시 대자(청자)를 의식한다는 점이 소재경어와 다름. 또한 素材敬語를 다시 上位主体語와 下位主体語로 나누고 그 외에 美化語를 둠.

4. 渡辺実(わたなべみのる,「国語より観たる日本の国民性の二」『国学院雑誌』29-5)

경어를 크게 〈화제의 인물에 대한 경어, 청자에 대한 경어, 화자자신을 위한 경어〉로 나누고있고, 다른 한편으로는 〈화제의 인물을 대우하는 것과 화제의 인물을 대우하지 않는 것〉으로 보고 있음.

5. 石坂正蔵(いしざかしょうぞう,『敬語』1969)

인칭에 입각한 야마다설에 근거하여 경어의 인칭에 의한 설을 주장함. 즉 '경어적 인칭설'을 제창하여 〈경어적 자칭=謙称, 경어적 타칭=敬称, 경어적 범칭=謹称〉으로 분류함.

6. 宮地裕(みやじゆたか,『文論』1971)

경어를 尊敬語, 謙譲語, 美化語, 鄭重語, 丁寧語의 5가지로 분류하였음. 그리고 尊敬語, 謙譲語는 화제의 인물에 대한 경어, 美化語는 화자가 자신의 품위를 나타내는 경어, 鄭重語, 丁寧語는 청자에 대한 배려를 나타내는 것으로 보고 있음.

7. 大石初太郎(おおいしはつたろう,『現代敬語研究』1983)

경어를 넓게 대우어로 파악하여 대우표현을 敬語, 対等語, 軽卑語의 3가지로 분류하였음. 또한 경어를 더욱 세분하여 인물에 대한 경어는 一般敬語, 청자에게 예를 갖추는 경어는 聞き手敬語(여기에서는 청자경어라 한다), 그리고 화자가 청자에게 공손함을 나타내 청자를 높이는 표현을 위한 경어로 です, ます, でございます를 들고 이것을 文体敬語라고 하고 있음.

8. 南不二男(みなみふじお,『敬語』1987)

경어를 협의의 경어와 광의의 경어로 나누어 종래의 존경어, 겸양어 등은 협의의 경어로 하고 언어행동은 물론 그 외에 비언어행동까지를 포괄하여 광의의 경어로 보고 있음.

- 미나미의 경어설은 사회언어학적 입장에서 경어사용을 좌우하는 요인과 경어의 운용을 관련지어 논하고 있어서 주목받고 있으며 이후 경어 파악의 광범위화에 앞장서고 있음.

9. 菊池康人(きくちやすと,『敬語』1994)

도키에다, 쓰지무라에 있어 소재경어와 대자경어로 2분류 되었던 경어를 기쿠치는 화제의 경어와 대화의 경어로 나누고 있으며 그 사이에 화제의 경어와 대화의 경어의 양면을 갖는 것을 두고 있음. 또한 미화어를 경어 이외의 준경어로 취급하고 있음.

10. 蒲谷宏 · 川口義一 · 坂本恵(かばやひろし, かわぐちよしかず, さかもとめぐみ『敬語表現』1998)

〈경어표현〉이란 전문적으로는 대우표현에 입각하고 있음. 즉 '인간관계'나 '장면'에 대한 표현주체(화자/필자)의 배려에 입각한 표현으로서 '경어'를 다룬다는 발상임.

- 대우표현으로서의 경어표현에 대한 기본적인 설정으로 경어를 '경어적 성질'과 '경어적 기능'으로 나누어 〈言材로서의 경어〉와 〈語(句) 로서의 경어〉로 나누고 있음. 여기에서 〈言材로서의 경어〉는 추상적인 '경어적 성질'을 말하며 〈語(句) 로서의 경어〉는 경어적 성질에 더해 구체적인 '경어적 기능'을 나타내고 있음.
- 담화와 문장의 총칭어를 '文話'라고 하고 경어표현의 기본적인 단위로 하고 있음.
- '文話'는 '자기표출표현', '이해요청표현', '행동전개표현'의 세 가지로 분류하고 있음.

Ⅲ 경어의 분류

1. 표현 방법에 의한 분류

1) 尊敬語 : 화자(필자)가 대상이 되는 사람을 직접 높여서 사용하는 경어
2) 謙譲語 : 화자(필자)가 자기를 낮춤으로서 대상이 되는 사람을 높여 사용하는 경어

3) 丁寧語 : 화자가 청자에 대해서 경의를 나타내고 말투를 정중하게 하기 위해서 사용되어지는 경어

4) 丁重語 : 겸양어의 정중한 용법으로 이야기 상대에 대해서만 사용되어짐

5) 美化語 : 사물을 미화하여 품위 있게 표현하는 것

1) 경어의 형태

(1) 尊敬語 · 謙譲語

① 특수어형

普通語	尊敬語	謙譲語
いる	いらっしゃる · おいでになる	おる
行く	いらっしゃる · おいでになる	参る · 伺う
来る	いらっしゃる · おいでになる お越しくださる	
する	なさる · あそばす	いたす
言う	おっしゃる	申す · 申し上げる
食べる	召し上がる	いただく
着る	お召しになる	
見る	ご覧になる	拝見する
知る	ご存知です	存じる · 存じあげる

② 부가형식

尊敬 :	お(ご) ～になる	お待ちになる	ご出席になる
	お(ご) ～なさる	お話なさる	ご休憩なさる
	お(ご) ～くださる	お待ちくださる	ご相談くださる

お(ご) ～です　お待ちです　ごもっともです
～てくださる　聞いてくださる

謙譲 : お(ご) ～する　お待ちする　ご無沙汰する
お(ご) ～いたす　お知らせいたす　ご案内いたす
お(ご) ～いただく　お話いただく　ご出席いただく
～ていただく　見せていただく
～てさしあげる　読んでさしあげる

③ 尊敬・謙譲을 나타내는 名詞

尊敬語 : 貴兄　貴大学　御社　こちら　そちら　どちら　ご子息　お話

謙譲語 : 拙文　拙論　愚妻　粗品　粗茶　わたくし　わたくしども

(2) 丁寧語 : 「です」「ます」「ございます」

(3) 丁重語 : 「致す」「おる」「申す」「参る」등

예 それは私が致します / 明日は家におります

(4) 美化語 : 명사에 「お」「ご」를 붙인 「お菓子」「お弁当」「ごちそう」등

2. 문법 기능에 의한 분류

1) 자립어

(1) 활용어(용언) – 동사

예 おっしゃる　伺う　申し上げる

(2) 비활용어(체언) – 명사

예 わたし　わたくし　小生

2) 부속어

(1) 활용어　- 보조동사　예 申し上げる　いたす

　　　　　　- 조동사　예 れる　られる

(2) 비활용어 - 접두어　예 お客　ご家族

　　　　　　- 접미어　예 田中様　鈴木殿

깜짝퀴즈

화자(필자)가 자기를 낮춤으로서 대상이 되는 사람을 높여 사용하는 경어를 (　　　)라고 한다.

예 미화어　존경어　정중어　겸양어

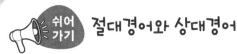

절대경어와 상대경어

절대경어, 상대경어라는 용어는 긴다이치 교스케(金田一京助)에서 비롯된다. 긴다이치(金田一, 『日本語の敬語』1959)는 '일본어의 경어의 어법을 통해서 모든 경어법 발달의 과정을 생각해 보면, 대체로 3가지 단계가 있는 것 같다. 제1기는 말하자면 터부 시대로서, 자연민족의 생활에 그 자취를 통해 추측하는 것이며, 제2기는 거기에서 발달한 절대경어의 시대이다. 절대경어는 경어로서는 초기발달 단계로, 예를들면 아이누어의 경어 등이 그것이다. …다음으로 제3기의 상대적 경어의 시대가 즉 오늘날(일본어)의 경어이다'와 같이 시대별 특징을 들고 있으며 이는 그 후 경어 발달단계의 정설로 일본학계에서는 받아들여지고 있다.

한일 양국어는 모두 경어라는 언어수단을 갖고 있으며 각각의 체계를 갖추고 있다. 그러한 양국어의 경어사용을 보면 실제로 많은 공통점을 보이나 한편으로는 커다란 차이점을 나타낸다. 한일 양국어 모두 발화 당사자인 화자는 자기의 판단으로 경의를 표해야 할 상대방(청자)에 대해서는 주저없이 높여서 말한다. 그러나 제3자인 화제의 인물에 대해서 언급할 때 한국어는 절대경어, 일본어는 상대경어의 경향을 보인다. 다음은 한국어와 일본어의 예이다.

A. 한국어 ① 밖에서 어머니가 기다리십니다.
일본어 ②-1 外で母が待っております。
②-2 外でお母さんがお待ちです。

위의 A의 예 중 ①의 한국어의 경우 이 예만으로는 화제의 어머니는 누구의 어머니인지 확실치 않다.한국어에서는 부모님을 비롯해 화제의 인물이 화자에게 있어 상위자인 경우 청자 앞에서도 높여서 이야기하기 때문이다. 그러므로 화자 자신의 어머니를 나타낼 때는 '저희 어머니'라는 표현으로 구별하기도 한다. 그러나 ②의 일본어의 예에서는 어머니에 대한 경어의 사용으로 금방 화제의 인물'어머니'가 자기의 어머니인지 상대방의 어머니인지를 구별할 수가 있다. 즉 ②-1은 어머니에 대해 겸양어를 사용하여 화자가 자신의 어머니를 화제로 하고 있다는 것을 알 수 있으며 ②-2는 어머니에 대해 존경어를 사용하고 있으므로 예문 중의 어머니는 상대방(청자)의 어머니인 것을 알 수 있다.

이와 같이 한국어와 일본어의 경어사용에는 큰 차이가 나타나는데 이것은 경어란 무엇인가의 기본적인 개념의 차이이기도 하다. 한국어의 현대경어도 매우 사교적으로 변화하여 원활한 인간관계의 유지를 위해서 사용하고는 있으나 기본적으로는 역시 礼(예의의 의식)에 입각하고 있다고 하겠다. 그러므로 청자에 대한 배려 보다는 기본적으로 경의를 갖추어야 할 화제의 인물을 높여서 언급하는 것이다.그러나 일본어는 앞에서 살펴보았듯이 경어는 '敬(경어의 의식)'에서 '礼(예의의 의식)'로 바뀌어 사교경어로 변해오다가 현재는 원활한 커뮤니케이션을 위한 청자에 대한 배려가 무엇보다도 중요시되므로 화제의 인물에 대한 경어도 청자에 대한 배려에 기인하고 있는 것이다. 그러나 일괄적으로 한국어는 절대경어, 일본어는 상대경어라고 단정 짓기 어려운 점도 있다. 한국어에서도 청자에 따라 화자 자신 쪽의 화제의 인물에 대한 높임의 정도가 달라지는가 하면 일본어에서도 청자와 대화장면에 따라 자기 쪽 화제의 인물을 높이기도 한다. 그러나 전반적인 현대어의 경어사용으로 볼 때 한국어는 절대경어적, 일본어는 상대경어적이라고 특정지을 수 있다.

– 한미경(2007)『드라마로 보는 한국인과 일본인의 경어행동』제이앤씨

평가하기

다음을 읽고 맞으면 ○, 틀리면 ×를 하시오.

1 커뮤니케이션을 원활하게 하기 위해 상대방의 기분을 배려하는 언어행동을 Politeness라고 한다. ( )

2 경어표현이란 어떤 표현의도를 가진 표현주체가 자기, 상대, 화제의 인물 상호간의 인간관계나 장면의 상황을 인식하고 표현형태(음성표현형태 또는 문자표현형태) 를 고려하고 나서, 그 표현의도를 이루기 위하여, 적절한 제재와 내용을 선택하고, 적절한 경어를 사용함으로써 文話(담화 혹은 문장)를 구성하여 매재화(媒材化)하는 일련의 표현행위라고 말 할 수 있다. ( )

3 2000년 12월에 제시된 「現代社会における敬意表現」에서는 복잡한 양상을 보이던 경어사용을 간소화하고자 하는 의도를 보이며 경어의 구체적인 형태 및 그 사용법에 대해 구체적으로 다루고 있다. ( )

4 2000년 12월에 발표된 「現代社会における敬意表現」에서 경의표현이란 커뮤니케이션에 있어서 상호존중의 정신에 입각하여 상대방이나 장면을 배려해서 구분하여 사용하는 언어표현을 의미한다. ( )

5 2007년 2월에 발표된 「敬語の指針」에서의 경어의 구조는 [尊敬語Ⅰ][尊敬語Ⅱ][謙譲語][丁寧語][美化語]로 나누어진다. ( )

6 [상하관계]나 [친소관계]는 경어선택의 요인 중 사회적 요인에 해당된다. ( )

7 敬語선택의 요인 중 심리적 요인이란 대화가 이루어지는 장면에서 화자가 내리는 지극히 주관적인 심리적 판단을 말한다. ( )

8 辻村敏樹는 경어를 크게 素材敬語와 対者敬語로 나누고 그 밖에 美化語를 두고 있다. ( )

9 南不二男는 소재경어와 대자경어로 2분류 되었던 경어를 화제의 경어와 대화의 경어로 나누고 있으며 그 사이에 화제의 경어와 대화의 경어의 양면을 갖는 것을 두고 있다. ( )

10 현대 일본어 경어의 尊敬語와 謙譲語의 형태는 특수어형과 부가형식으로 이루어져 있다. ( )

1. 경어라는 용어의 변천

- 경어의 정의 및 특징, 경어라는 용어의 변천

2. 경어에 관한 일본의 언어정책

- 「これからの敬語」(1952.4.14)
- 「現代社会における敬意表現」(2000.12.8)
- 「敬語の指針」(2007.2.2)

3. 경어선택의 요인과 경어의 분류

- 경어선택의 요인 : 사회적 요인, 상황적 요인, 심리적 요인
- 주요 경어학설
- 경어의 분류 : 표현방법에 의한 분류, 문법기능에 의한 분류

깜짝퀴즈

• 다음의 경어를 尊敬語、謙譲語、丁寧語로 나누시오.

いただく、召し上がる、参る、行きます、いらっしゃる、拝見する、

10 주차

방언과 공통어

학습 목표

1. 방언과 공통어에 대한 기본적인 사항을 이해한다.
2. 방언 구획과 각 방언의 특징을 학습한다.
3. 언어 지리학의 개괄적인 것을 이해한다.

학습 내용

1. 방언과 공통어
2. 방언 구획과 각 방언의 특징
3. 언어 지리학

사전 학습

1. 방언에 대한 설명으로 맞지 않는 것은? (　　)

① 일정한 지역에서 사용되어지고 있는 말을 방언이라고 한다.

② 방언이라고 할 때는 그 지역의 말을 총체로서 체계적으로 생각한다는 점이 가미된다.

③ 방언은 상대적이고 대비의 방법에 따라 그 지역이 넓어지기도 하고 좁아지기도 한다.

④ 그 토지의 사람들에게 있어서 공통어라고 생각되어지는 말을 방언이라고 한다.

2. 東部方言의 특색이 아닌 것은? (　　)

① 모음의 무성화와 촉음편이 많이 일어난다.

② 악센트의 폭포가 1박의 앞 위치에 오지 않는다.

③ 모음 ウ의 원순성이 강하다.

④ 부정의 조동사로 [~ない]를 사용한다.

3. 언어지리학에 대한 설명으로 맞지 않는 것은? (　　)

① 프랑스의 지리에론에 의해 시작된 것으로 언어의 사적연구의 한 분야이다.

② 어떤 사항을 나타내는 단어의 지리적 분포로부터 그 어의 발생이나 전파 등 시간적 변화를 추정하려고 하는 것이다.

③ 語의 발생, 소멸, 전파 등은 모두 비슷하다고 하는 것이 언어사 재구의 원칙이다.

④ 語의 지리적 분포에 근거해서 그 語의 역사를 재구하려고 하는 것이다.

01 방언과 공통어

I 방언

일정한 지역에서 사용되어지고 있는 말.

1. 주의점

1) 방언이라고 할 때 그 지역의 말을 총체로서 체계적으로 생각한다고 하는 점.
2) 그 지역 말의 특색은 항상 다른 지역과의 비교에 의해서 나타난다고 하는 점.
   - 이런 의미에서 방언은 상대적이고 대비의 방법에 따라 그 지역은 넓어지기도 하고 좁아지기도 함.
   - 東北方言과 関東方言을 구별하는 한편 이 양자를 포함한 東部方言이 있고 西部方言과 대비됨.

2. 각 지역의 사용어

1) 방언 : 친한 사람끼리 마음을 터놓고 서로 이야기하는 경우에 사용되는 말.
2) 지역공통어 : 그 토지의 사람들에게 있어서 共通語라고 생각되어지는 말.

예 東京方言	東京共通語
カタス	片付ける
オッコチル	落ちる

3. 이언(俚言)

같은 것을 가리키는 각지의 다른 형의 단어를 들어 대비시킬 때 사용하는 말로 [방언형]이라고도 함.

예 とうもろこし→ 北海道、東北地方、中国、四国：トーキビ
北関東：トーギミ
近畿地方：ナンバ
尾張、美濃地方：コーライ

Ⅱ 공통어

1. 전국공통어 : 현재 일본 전국의 사람들 사이에 통하는 말.

1) 東京共通語가 현재의 全国共通語임.

2) 明治이후 일본에서는 東京共通語가 현재의 全国共通語로 이용됨.

2. 지역 공통어 : 그 토지의 사람들에게 있어서 共通語라고 생각되어지는 말.

예 北海道共通語：「シバレル(凍る)」「オキレ(起きろ)」
北関東共通語：「オバンデス(今晩は)」
名古屋共通語：「(食べ) テミエル [(食べ) ていらっしゃる]」
近畿共通語：「タク(煮る)」

3. 표준어

1) 회화투로서의 전국공통어.

2) 전국공통어를 한층 순화시킨 것.

3) 규범성이 높고 통일적인 민족어로 이미 문장투로서 전국에 보급

되어 있는 것.

깜짝퀴즈

회화투로서의 전국공통어로 규범성이 높고 통일적인 민족어로 이미 문장투로서 전국에 보급되어 있는 것을 (　　)라고 한다.

예 방언　표준어　俚言　공통어

02 방언구획과 각 방언의 특징

I 방언구획

1. 일본방언구획도(日本方言区画図)

현대일본어가 어떠한 각 방언으로 나누어 지는가를 나타낸 지도.

(1) 각 방언을 구별해서 방언구획을 긋는 것은 그 사이에 언어체계의 차이가 나기 때문인데 이 경계를 설정하는 것은 용이한 것이 아님.

(2) 東條操(とうじょうみさお) 는 음운, 문법, 어휘의 종합적 연구를 통해 일본의 방언구획을 설정하고 日本方言区画図를 작성함. 현재에도 이 설이 널리 퍼져 방언구획의 기초가 되고 있음.

2. 일본의 방언

(1) 本土方言

① 東部方言 : 北海道方言、東北方言、関東方言、東海・東山方言、八丈島方言

② 西部方言 : 北陸方言、近畿方言、中国方言、雲伯方言、四国方言

③ 九州方言 : 豊日方言、肥筑方言、薩隅方言

(2) 琉球方言 : 奄美方言、沖縄方言、先島方言

<일본방언구획도>

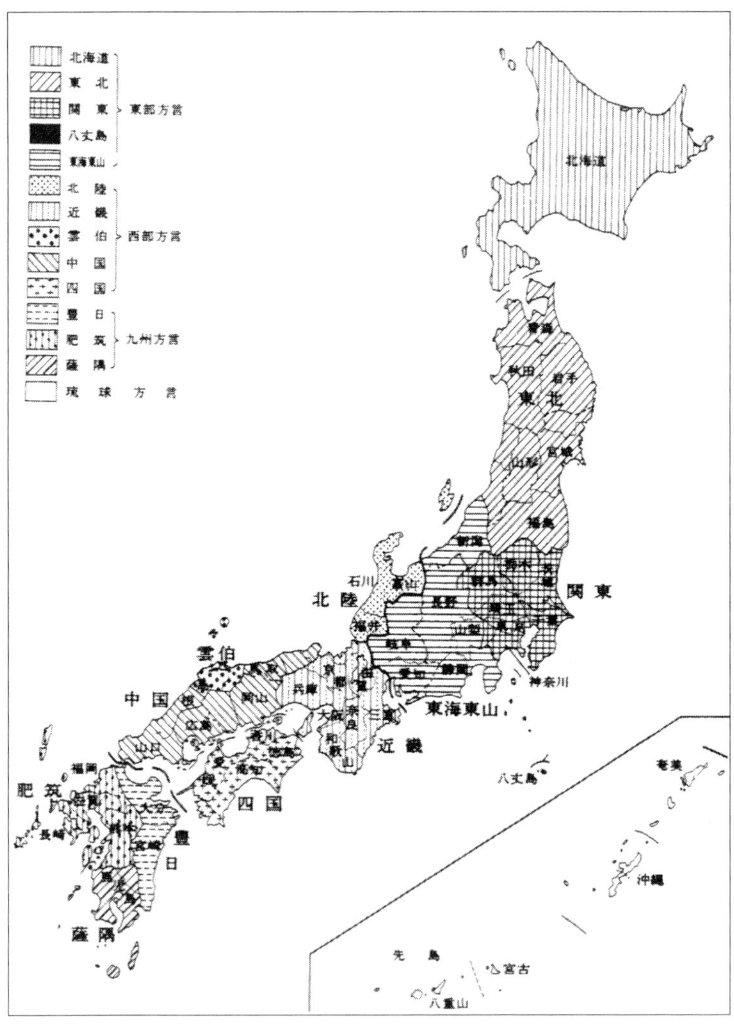

(出典 東條操『日本方言地図』吉川弘文館에서)

<음성특색에 따른 종합도>

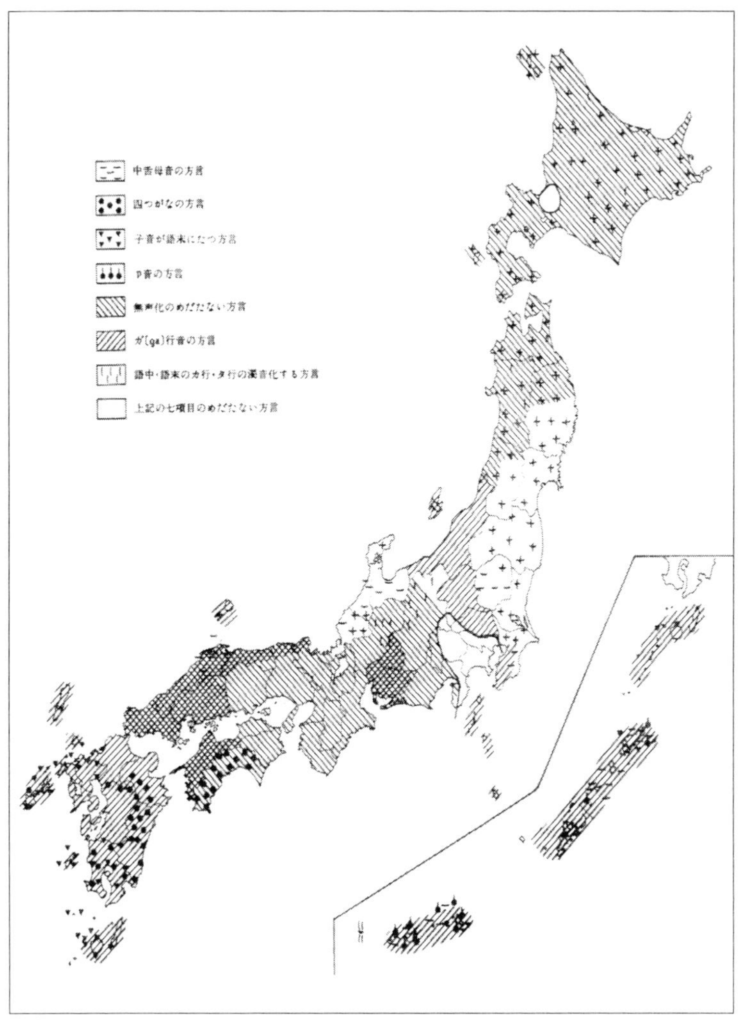

(出典 平山輝男『全国方言基礎語彙の研究序説)明治書院에서)

<일본전지역 악센트 분포도>

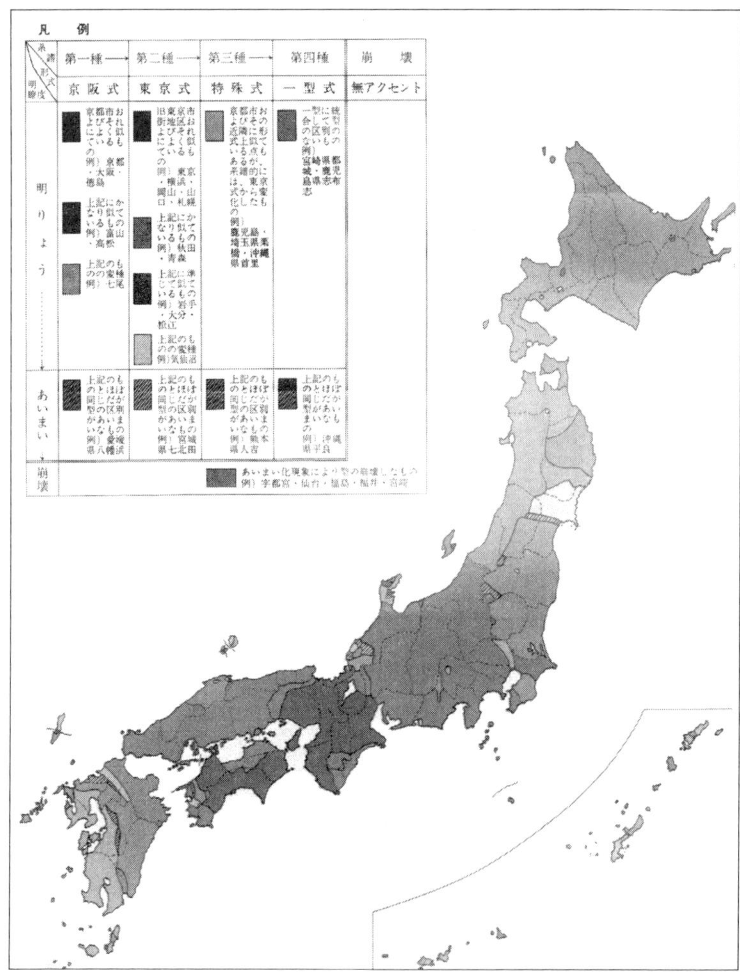

(出典 平山輝男『方言指導掛図』解説書 全教図에서)

Ⅱ 각 방언의 특징

1. 동부방언(東部方言)

[음운]

- 모음의 무성화와 촉음편이 많음.
- 語気가 거칠고 말씨가 명확함.
- 모음의「ア」는 西部方言보다 조금은 전설화된 [a]이고「ウ」는 西部方言보다 비원순화 된 [ɯ]임.
- 「日、火、葉、柄……」의 류는 1박임.
- [take：](高い) 등과 같이 連母音[ai]가 転化되는 것이 일반적임.
- [odogo](男), [hagama](袴)와 같이 カ行, タ行의 자음이 어중간이나 어의 끝에서 유성화하는 지방이 많음.

[악센트]

- 東京式 악센트임.
- 악센트의 폭포 위치가 1박의 앞 위치에 오지 않는 것이 큰 특징임.
- 京阪方言에 비해 東京方言은 어의 拍간의 고저의 차가 적음.
- 撥音, 長音, 促音 등 독립성이 떨어지는 박에 악센트의 핵이 오지 않는 것이 보통임.
- 악센트의 핵이 없는 무악센트(붕괴)가 많음.
- 2박명사의 제4류(傘, 箸, 松…)와 제5류(秋, 春, 窓…)의 악센트를 구별하지 않음.

[문법]

- 부정의 조동사「~ナイ」를 사용(書かない, 書かせない).
- 부정의 과거 조동사「~ナカッタ」를 사용(書かなかった).
- 「~てイル」의 형태를 사용(書いている).
- ル동사의 명령형을「~ロ」를 사용(起きろ).
- 「名詞」+「ダ」의 형태를 사용(学生だ).
- 동사의 음편형「~ッタ」를 사용(買った).
- 동사의 추량형으로「ダロウ」또는「ダンベー」를 사용(降るだろう).
- 형용사의 종지형은「~い」를 사용(白い).
- 형용사의 연용형「~クなる」를 사용(白くなる).

2. 서부방언(西部方言)

[음운]

- 모음ウ의 원순성이 강함.
- 「日・火・葉・柄…」는「ヒー・ハー・エー…」와 같이 2박으로 발음됨.
- [ai]가 [eː]와 같이 전화되지 않고 단정하게 발음되는 지역이 많음.
- ヒ의 자음이 [h]에 가까움.
- 어두 이외의 ガ行자음이 [ŋ]으로 발음되지 않으며 발음되어도 음운으로서 구별되지 않음(紀州南部、四国南部는 예외).

[악센트]

- 京阪式악센트임.
- 특수박의 독립성이 강하고 그 곳에 악센트의 핵이 올 수 있음.
- 2박명사의 제4류(傘, 箸, 松…)와 제5류(秋, 春, 窓…)의 악센트를 구별하는 지역이 많음.

[문법]

- 부정의 조동사「～ン」을 사용(行かん · 行かせん).
- 부정의 과거 조동사「～ナンダ, ～ンジャッタ」를 사용(書かなんだ · 書かんじゃった).
- 「～てオル」의 형태를 사용(書いてオル).
- ル동사의 명령형으로「～ヨ」「～イ」또는 ル를 뗀 형태를 사용(起きよ, 起きい, 起き).
- 「名詞」+「ヤ」「ジャ」의 형태를 사용(そうじゃ · そうや).
- 동사음편형「～oウタ」또는「～oタ」를 사용(書(こ) うた · 書(こ)た)
- 동사 サ行은 イ음편임(差いた).
- 동사의 추량형으로「ヤロ」또는「ジャロ」를 사용(降るやろ · 降るじゃろ).
- 형용사의 연용형은 ウ음편「～ウなる」를 사용(白うなる).

3. 규슈방언(九州方言)

[음운]

- 어미의 모음 i, u가 소실되는 경향이 있음.

예 茎, 櫛, 靴, 口, 釘, 首 등 : 모두 〈クッ〉이라고 발음됨.

- 「り」의 음절에서 자음 r이 탈락하는 경향이 있음.

예 「まり」를 「まい」라고 함.

- 「じ · ぢ, ず · づ」를 구별해서 발음함.
- [せ][ぜ]를 [シェ][ジェ]로 발음함.
- 「さう」를 [ソー]로 발음하고 「そう」를 [スー]로 발음함.
- 연모음 [ai][ei][oi][ui]는 대부분의 지역에서 [e :][i :] 등의 변화된 형태로 발음됨.
- 이 지역방언에는 ガ行鼻濁音이 거의 나타나지 않음.
- 모음의 무성화 경향이 강함.

[악센트]

- 東北部(筑前 · 豊前 · 豊後)악센트는 奥羽地方, 東海地方의 일부, 出雲地方의 악센트와 유사하며 中国地方의 악센트와 관련이 있음.
- 西南部(薩摩 · 大隅 · 肥前肥後의 일부)의 악센트는 二型악센트로 각 음절어에 있어서 2개의 형의 구별밖에 없음.
- 中間地帯악센트는 一型악센트임.

[문법]

- 動詞의 下二段活用이 잔존함(受くる).
- 一段活用이 ラ行四段化하는 경향이 강함.
- 부정의 조동사 「～ン」을 사용(行かん).
- 부정의 과거 조동사 「～ンジャッタ · ～ンザッタ · ～ンカッタ · ～ンダッタ」를 사용.

(書かんじゃった · 書かんざった · 書かんかった · 書かんだった)

- ル동사의 명령형으로「~ロ」「~レ」를 사용(起きろ, 起きれ).
- 「名詞」+「ヤ」「ジャ」「ダ」의 형태를 사용(春じゃ · 春や · 春だ).
- 동사음편형「~oウタ」를 사용(書(こ) うた).
- 동사의 추량형으로「ロウ」 또는「ツロウ」를 사용(書くろう · 書くつろう).
- 형용사의 종지형은「白か」임.
- 형용사의 연용형은 ウ음편「~ウなる」를 사용(白うなる).
- 준체조사에「と」를 사용함.

  예 「書くのだ」를「書くとじゃ」로 씀.
- 「山のように」를「山のごと」로 씀.

4. 류큐방언(琉球方言)

[음운]

- ハ行자음[h]에 대응하는 [p]음이 남아있음.
- 上代特殊仮名遣의 オ列음의 구별이 보존되어 있는 지방이 있음.
- 宮古, 八重山方言 등에서 어두의 ワ行자음이 [b]로 나타나 [w]보다 오래된 일본어의 모습을 전하고 있음.
- 琉球方言의 모음을 보면 本土方言(동경어)의 i와 e는 i(ï), 本土方言(동경어)의 a는 a, 本土方言(동경어)의 o와 u는 u가 대응됨. 장모음의 경우는 e · ë · o도 나타남.
- 자음은 후두화를 둘러싼 음운적 대립이 있음(奄美 · 沖縄方言의 대부분, 与那国方言).
- 沖縄의 首里方言에서는 シ와 ス, チ와 ツ, ジ와 ズ는 구별하지 않음.
- 어두에 촉음이 오는 경우도 있음.

[악센트]

• 악센트는 九州方言과 비슷하며 多型악센트(亀津 · 辺土名 · 与那国方言 등), 2型악센트(名瀬 · 首里 · 石垣 · 池間方言 등), 1型악센트(喜瀬 · 長浜方言 등)로 나눌 수 있음.

• 2型악센트가 多型악센트보다 우세하며 가장 넓은 지역에 펴져있음. 1型악센트는 가장 열세로 좁은 영역에 한정되어 있음.

[문법]

• 동사의 활용면에서 종지형과 연체형을 구별하는 지방이 많음.

예 「書く」首里方言 종지형「カチュン」, 연체형「カチュル」

• 首里方言에서는「ドゥ」라는 조사를 받아 연체형으로 문을 맺는 係り結び가 존재함.

예 ワ_ガドゥユヌル[われぞ読む]

• 형용사에는 サアリ系(奄美 · 沖縄諸方言, 八重山諸方言)와 クアリ系(宮古諸方言)가 있음.

예 taka+sa+ari 〉takasan 高サン

taka+ku+ari 〉 takakarï(takakaï) 高カリ(高カイ)

• 격조사「を」에 대응하는 것은 없고「は」는「や」가,「が」는「ぬ」또는「が」가 대응함.

깜짝퀴즈

일본의 방언은 크게 나누면 본토방언과 琉球방언으로 나눌 수 있는데 본토방언은 또다시 동부방언, 서부방언, (   )으로 나누어 진다.

예 동북방언 규슈방언 긴끼방언 히찌쿠방언

03 언어지리학

1. 언어지리학

1) 프랑스의 지리에론에 의해 시작된 것으로 언어의 사적연구에 관한 한 분야.
2) 어떤 사항을 나타내는 단어의 지리적 분포로부터 그 어의 발생이나 전파 등 시간적 변화를 추정하려고 하는 것.
3) 단어의 지리적 분포에 근거해서 그 語의 역사를 재구하려고 하는 것.

2. 언어지리학의 방법

1) 먼저 언어지도(방언지도)를 작성함.
2) 언어지도를 근거로 사회적, 역사적 조건이나 지세 등을 고려해서 해석을 해 나감.

3. 언어사 재구에 있어서의 언어지리학의 원칙

1) 語의 발생, 소멸 , 전파 등은 개개의 어에 따라 모두 다르다고 하는 것.
   - 언어지도는 각각의 語에 대해서 작성됨.
   - 각각의 語는 그 어 특유의 분포를 이루고 있다고 생각함.
2) 語는 원칙적으로 인접하는 지역에 전파된다고 하는 것.
   - 인접하는 부락에 있어서의 어형의 차이는 두 개의 어형의 발생에 관한 전후관계를 나타내고 있다고 해석함.
   - 문화적 중심지로부터 멀리 떨어진 지역에 보다 오래된 어형이

잔존할 가능성이 있다고 봄.

3) 언어지도의 해석에 있어서는 노년층과 젊은층에 있어서의 분포의 차이, 화자의 内省보고, 이해어와 사용어의 분포의 차이 등도 근거가 된다는 점.

4. 방언주권론(方言周圏論)

柳田国男(やなぎだくにお)의 『蝸牛考』에서 제시된 것으로 문화의 중심지에 새로운 어형이 발생하면 그 때까지 이용되어져 온 어형은 바깥지역으로 밀려나게 되는데 이러한 현상이 계속 반복되어 같은 어형을 이용하는 지역이 문화적 중심지를 둘러싸고 물결과 같이 존재하고 오래된 어형일수록 중심에서 먼 지역에 나타난다고 하는 것을 말함.

예 • 蝸牛(かたつむり) 의 발생순서

• ナメクジ系→ツブリ系→カタツムリ系→マイマイ系→デデムシ系

<柳田国男(やなぎだくにお) 『蝸牛考』의 方言周圏論>

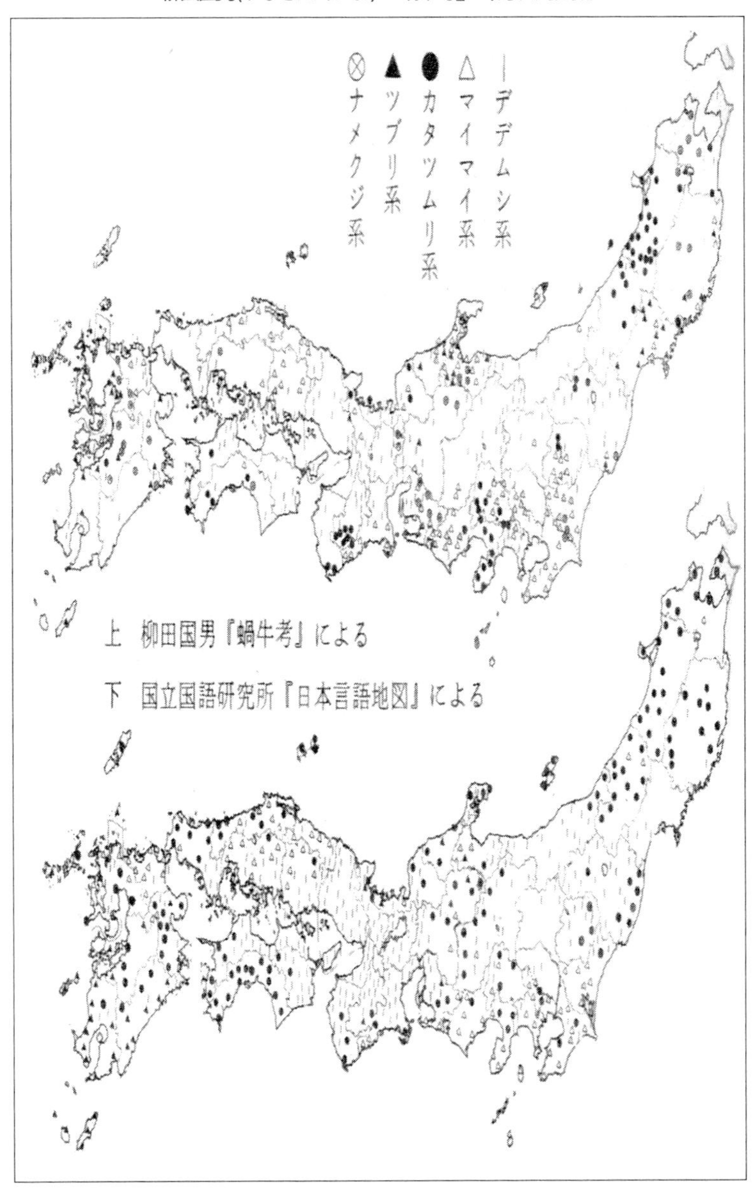

5. 언어사와 언어지리학

1) 言語史가 문헌을 근거로 해서 연구를 행하는데 대해서 言語地理学은 현재의 지리적 분포를 근거로 한다는 점에서 양자는 다름.

2) 言語史와 言語地理学의 관계는 서로 상호 보완하는 관계로 연구의 성과를 높일 수 있음.

3) 일본언어지도(日本言語地図)

현대일본어가 어떠한 기반에서 생겨나고 또한 어떠한 경과를 거치면서 발달해 정착해 왔는가를 명확히 하려는 의도에서 작성된 것으로 北海道에서 沖縄에 이르는 일본어 영역 전체에 있어서 2400여개의 조사지점을 선정하고 거기에서 가장 신빙성 있는 이상적인 방언 사용자로부터 260항목을 직접 면접을 해서 얻은 결과를 300장의 지도로 정리한 것.

〈권별구성〉

제1집 음성 · 형용사편

제2집 동사편

제3집 명사편(1)

제4집 명사편(2)

제5집 명사편(3)

제6집 명사편(4)

<日本言語地図>

「大きい」의 지리적 분포도

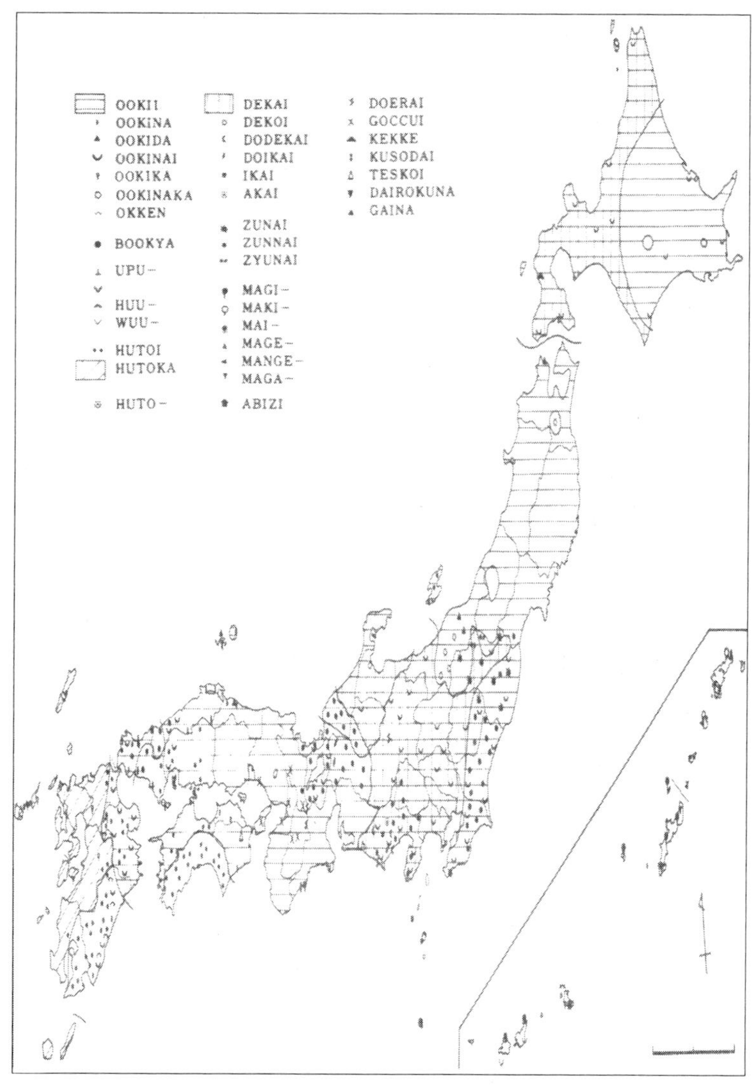

일본에도 지방색이! 도쿄사람과 오사카사람은 다른 말을 쓴다?

우리나라의 경우 경상도와 일부 지방의 말을 제외하고는, 표준말이라 불리는 서울지역의 말을 포함한 대부분 지역의 말에 악센트가 거의 없다. 이에 반해 일본어는 이바라키현(茨城県)과 일부지역의 말을 제외하고는 악센트가 모두 있다. 일본어의 악센트는 발음의 높낮이에 의해서 의미를 구분하는 고저악센트이다. 즉 하나의 단어 속에 높게 발음되는 음과 낮게 발음되는 음이 있어 어느 음에 악센트를 두는가에 따라 단어의 의미가 확연히 달라진다.

이러한 일본어의 악센트에도 지방에 따라 차이가 있는데 특히 도쿄와 오사카는 악센트가 정반대인 경우가 있다. 예를 들어 도쿄의 표준말에서 あめ라는 단어를 고저로 읽으면 '비'가 되고 저고로 읽으면 먹는 '엿'이 된다. 그러나 이와 반대로 오사카에서는 고저로 읽으면 '엿'이 되고 저고로 읽으면 '비'가 된다. 또한 도쿄에서는 はし를 고저로 읽으면 '젓가락'이 되고 저고로 읽으면 '다리'가 된다. 이 또한 오사카에서는 정반대이다.

다음에는 ひ와 し의 음운적 측면에서 도쿄와 오사카 말의 차이를 보기로 하자. 도쿄에서는 ひ와し를 잘 구별하지 못하여 ひ를 し로 잘못 발음한다고 한다. 예를 들어 お日様(ひさま) 를 おしさま로, 飛行機(ひこうき) 를 しこうき라고 발음하는 것이다. 이러한 경향은 도쿄사람들 중에서도 특히 에도사람(江戸っ子)이라고 불리는 토박이에게서 주로 관찰되며 일종의 에도사투리(江戸訛り)라고 할 수 있겠다.

이와는 반대로 오사카에서는 し가 ひ로 발음되는 경향이 있다. 오사카의 거리를 걷다보면 전당포(質屋、しちや)의 간판에 ひちや라고 쓰여져 있는 것을 발견할 수 있는데, 이것이 가장 대표적인 예이다. 또한 '방석을 깐다'라는 표현을 됴쿄의 표준어로 하면 '座布団を敷(し)く'인데 오사카에서는 '座布団をひく'라고 하는 경우가 많으며 이것이 표준어라고 생각하는 사람 또한 상당수에 이른다. 이는 많은 사람들이 방석을 깔고 앉을 때 방석을 자기 쪽으로 끌어 당겨 앉기 때문에 자연스럽게 '引(ひ)く'라는 단어를 머릿속에 떠올리기 때문으로 추측된다.

-강석우(2003)「일본에도 지방색이! 도쿄사람과 오사카사람은 다른 말을 쓴다?」『일본어는 뱀장어 한국어는 자장』글로세움)

다음을 읽고 맞으면 ○, 틀리면 ×를 하시오.

1 같은 것을 가리키는 각지의 다른 형의 단어를 들어 대비시킬 때 사용하는 말로 방언형이라고도 하는 것을 공통어라고 한다. ( )

2 현재 일본 전국의 사람들 사이에 통하는 말을 가리켜 全国共通語라고 한다. ( )

3 현대일본어가 어떠한 각 방언으로 나누어 지는가를 나타낸 지도를 日本方言区画図라고 한다. ( )

4 본토방언에 속하는 동부방언에는 北海道方言, 東北方言, 関東方言, 東海·東山方言, 八丈島方言가 있다. ( )

5 琉球方言에는 豊日方言, 肥筑方言, 薩隅方言가 있다. ( )

6 동부방언에서는 동사의 음편형으로 「~oウタ」「~oタ」를 사용한다. ( )

7 서부방언의 경우, 특수박에는 악센트의 핵이 오지 않는다. ( )

8 규슈방언의 경우 어미의 모음 i, u가 소실되는 경향이 있다. ( )

9 琉球方言에서는 동사의 활용에 있어서 종지형과 연체형을 구별하는 지방이 많다. ( )

10 柳田国男(やなぎだくにお)의 『蝸牛考』에서 제시된 것으로, 문화의 중심지에 새로운 어형이 발생하면 그 때까지 이용되어져 온 어형은 바깥지역으로 밀려나게 되는데, 이러한 현상이 계속 반복되어 같은 어형을 이용하는 지역이 문화적 중심지를 둘러쌓고 물결과 같이 존재하고 오래된 어형일수록 중심에서 먼 지역에 나타난다고 하는 이론을 方言周圏論이라고 한다. ( )

1. 방언과 공통어

- 방언, 공통어

2. 방언 구획과 각 방언의 특징

- 방언 구획
- 일본의 방언 : 本土方言(東部方言, 西部方言, 九州方言), 琉球方言
- 각 방언의 특징

3. 언어지리학

- 언어지리학과 방법
- 언어지리학의 원칙
- 방언주권론
- 언어사와 언어지리학

깜짝퀴즈

- 東部方言과 西部方言의 차이점을 3가지 이상 들어서 기술하시오.

11 주차

일본어 교육

학습 목표

1. 언어와 교육이라는 큰 관점하에 언어교육법과 그 실천적인 면을 이해한다.
2. 이문화간의 교육과 커뮤니케이션 교육은 어떠해야 하는가를 이해한다.
3. 언어 교육과 정보의 관계를 고찰하고 설명할 수 있다.

학습 내용

1. 언어 교육법과 실기
2. 이문화간 교육과 커뮤니케이션 교육
3. 언어 교육과 정보

사전 학습

1. 니즈분석에 대한 설명으로 맞지 않는 것은? ( )

① 학습자가 왜 일본어를 학습하려고 하고 있는가를 조사하는 것을 니즈조사라고 한다.

② 학습자를 여러 각도에서 분석하고 학습자에게 필요한 일본어를 명확히 하는 작업을 니즈분석이라고 한다.

③ 어떠한 학습자에게 가르쳐야 할 것인가를 파악하기 위한 것을 레디니스 조사라고 한다.

④ 학습자가 연소자의 경우 학부형의 희망이나 학교측이 요구하는 레벨 등은 니즈조사에서 중요한 정보가 되지 않는다.

2. 일본어 교육에 있어서 이문화간의 커뮤니케이션 교육에 대한 설명으로 맞지 않는 것은? ( )

① 이문화 마찰의 에피소드나 이 상황을 어떻게 해석할 것인가를 요구하는 설문을 한다든지 하는 트레이닝을 컬쳐 어시미레이터라고 한다.

② 이문화 마찰의 장면을 제시하고 그 상황을 어떻게 해석, 평가할 것인가를 그룹으로 서로 점검하는 트레이닝을 실러버스 트레이닝이라고 한다.

③ 일본어 교사는 문화에 의한 커뮤니케이션 스타일의 차이를 이해하고 대응해야 한다.

④ 각각의 문화에 의한 차이를 깨닫고 그 문화를 존중하는 쌍방향적 학습이 요구된다.

3. 일본어 교육에 있어서의 컴퓨터 활용에 대한 설명으로 맞지 않는 것은? ( )

① 최근에는 사람 대 사람이 주고받는 컴퓨터 매개 커뮤니케이션을 도입한 일본어 학습이 이루어 지고 있다.

② 수업활동 등에 의해 발생하는 각종 데이터를 교사가 컴퓨터를 이용하여 행하는 것을 CMI라고 한다.

③ 컴퓨터 지원 언어학습을 리테라시라고 한다.

④ 학습자의 성적관리에 표 계산 소프트를 사용하는 것도 CMI의 예에 속한다.

01 언어 교육법과 실기

Ⅰ 코스디자인(course design)

일본어 코스 전체의 계획을 하는 가운데 있어서 필요한 갖가지 작업의 총체를 가리킴. 개인레슨과 같은 소규모의 것부터 일본어학교의 경영과 같은 대규모적인 것까지 어떠한 규모의 코스라도 「누가」「누구에게」「언제」「어디에서」「무엇을」「왜」「어떻게」 가르치는가의 하나하나 문제를 고려해서 계획을 세울 필요가 있음.

<코스 디자인(course design)의 흐름>

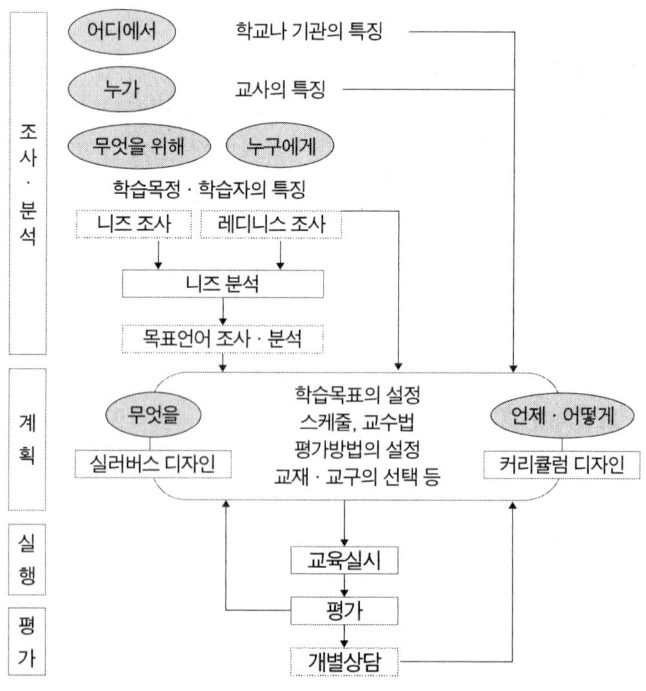

Ⅱ 니즈(needs)분석

학습자를 여러 각도에서 분석하고 학습자에게 필요한 일본어를 명확히 하는 작업을 가리킴.

- **니즈(needs) 분석을 위해 필요한 것**

1) 니즈(needs)조사 : 학습자가 왜 일본어를 학습하려고 하고 있는가를 조사하는 것. 다시 말해 학습의 목적, 도달목표, 실제로 어떠한 일본어가 필요시되는가 등을 판단하기 위해 필요한 정보를 얻기 위해 행해지는 조사임.
   (1) 대상 : 학습자.
   (2) 학습자가 연소자인 경우 학부형의 희망, 비즈니스피플인 경우 직장의 희망, 유학생인 경우 학교측이 요구하는 레벨 등이 필요시 되는 일본어를 정하는데 있어서 중요한 정보가 됨.
   (3) 이미 같은 입장에서 학습을 시작하고 있거나 학습을 경험한 선배학습자들로부터의 정보수집도 중요함.

2) 레디니스(readiness)조사 : 어떠한 학습자에게 가르쳐야 할 것인가를 파악하기 위한 것.
   (1) 레디니스(readiness) : 학습자가 이미 어떠한 상황에 있는가를 가리킴. 구체적으로 말하자면 학습자의 일본어 학습경험이나 일본어 능력 그리고 일본어 이외의 학습경험이나 능력, 학습환경에 관한 항목을 말함.
   (2) 조사항목

① 학습자 개인의 능력과 학습 스타일

일본어의 학습경험, 일본어 능력, 학습한 교재, 다른 외국어의 학습경험과 레벨, 외국어 학습에서는 효과적인 교수법이라고 생각하고 있는 것.

② 학습환경

어느 정도의 기간 학습할 예정인지, 어느 정도의 빈도로 어떤 시간대에 클래스에 출석할 수 있는지, 자습할 시간은 있는지, 어떠한 기자재를 가지고 있는지 등.

(3) 레디니스(readiness)조사의 결과는 니즈분석에 필요한 정보를 제공할 뿐만 아니라 교수법, 교재, 수업시간 등을 생각하는 커리큘럼디자인에 있어서도 필요한 정보가 됨.

Ⅲ 목표 언어 조사 · 분석

1) 니즈(needs)분석에 의해 학습자에게 필요한 일본어가 명확해지면 다음으로 일본어의 실제 사용 예를 조사해 분석하게 됨.

2) 조사의 방법

(1) 실태조사(実態調査) : 실제로 그 장면에서 행해지고 있는 커뮤니케이션을 관찰하고 기록함.

(2) 의식조사(意識調査) : 그 장면에서 어떻게 이야기 할까를 일본어모국어화자에게 물어 봄.

(3) 教師자신의 내성(内省) : 교사자신이 자기자신에 대해서 행하는 의식조사.

3) 최종적으로 조사의 결과 얻어진 자료를 분석하여 필요한 어휘, 문형, 표현 등을 결정해 감.

4) 이러한 조사를 바탕으로 교재를 개발하는 것이 이상적이지만 방대한 시간과 노력을 요하기 때문에 시판하는 교재를 사용하는 경우가 많음.

5) 하지만 시판하는 교재를 사용할 경우라도 교재 선정단계에서 가능한한 실제장면에서 사용되어지는 언어의 자료에 비추어 보아 목표언어를 가르치는 데 바람직한 교재를 선정할 필요가 있음.

Ⅳ 실러버스 디자인(syllabus design)

1) 실러버스 : 「학습항목」 또는 「학습항목 일람표」.

2) 코스 실러버스 : 코스 전체에서의 실러버스.

3) 실러버스 디자인 : 코스 실러버스의 작성작업.

4) 코스 실러버스의 종류

   (1) 구조(構造) 실러버스(structural syllabus)

      ① 정의 : 언어를 「形」의 관점에서 분류해서 늘어놓은 것.

      ② 특징 : 쉬운 것, 단순한 것부터 어려운 것, 복잡한 것으로 체계적으로 정리해서 학습항목을 늘어 놓음.

   (2) 기능(機能) 실러버스(functional syllabus)

      ① 정의 : 언어를 [기능]이나 [의미]의 관점에서 분류하고 늘어놓은 것.

      ② 특징 : 「依頼する」「誘う」「命令する」「禁止する」「感謝する」「謝罪する」 등 언어의 커뮤니케이션에서 행하는 기능이 실러버스 항목이 되고 그 기능을 위해서 사용되어지는 문형이나 어휘는 그 하위항목이 됨.

   (3) 장면(場面) 실러버스(situational syllabus)

① 정의 : 언어를 그 언어가 사용되어지는 장면이나 장소의 관점에서 분류한 것.

② 특징 : 레스토랑, 은행, 우체국, 물건사기 등 장면이나 장소가 실러버스 항목이 되고 거기에서 행하는 언어행동에 필요한 문형, 어휘, 언어기능 등이 하위항목이 됨.

(4) 기능(技能) 실러버스(skill syllabus)

① 정의 : 언어기능의 관점에서 분류한 실러버스. 여기에서의 기능이란 읽기, 쓰기, 말하기, 듣기의 4기능을 말하는데 이 4기능을 더욱 구체적으로 세분화하여 분류한 기능.

(5) 화제(話題) 실러버스(topic syllabus)

① 정의 : 화제의 관점에서 분류한 실러버스.

② 특징

- 레벨에 따라 갖가지 화제가 실러버스 항목이 되고 각각의 화제에서 행하는 언어행동에 필요한 문형, 어휘 등이 하위항목이 됨.
- 초급 단계에서는 학습자에게 있어서 가까운 「가족」「취미」「학교」와 같은 화제가, 레벨이 높아짐에 따라 「교육」「환경」「건강」 등 일반적이고 사회성을 띈 추상적인 화제가 들어지는 경우가 많음.

(6) 과제(課題) 실러버스(task syllabus)

① 정의 : 과제의 관점에서 분류한 실러버스

② 특징 : 각각에 필요한 문형, 어휘, 일본사정에 관한 지식, 기능 등이 하위항목이 됨.

(7) 복합(複合) 실러버스

① 정의 : 몇 갠가의 실러버스를 서로 조합한 것.절충 실러버스

라고도 함.

(8) 선행(先行) 실러버스, 후행(後行) 실러버스, 가변(可変) 실러버스

① 선행(先行) 실러버스 : 코스를 시작하기 전에 완성해 놓은 실러버스.

- 특징 : 효율적인 반면에 학습자의 필요 변화에 대응하기 어려움.

② 후행(後行) 실러버스 : 코스를 종료한 시점에서 완성한 실러버스.

- 특징 : 학습기록과 같은 것이어서 학습자의 필요 변화에는 대응할 수 있지만 교사의 부담이 크고 효율도 나쁨.

③ 가변(可変) 실러버스 : 선행(先行) 실러버스에 처음부터 어느 정도 유연성을 가지게 하고 코스 도중에 학습자의 필요 변화에 대응할 수 있도록 한 것.

V 커리큘럼 디자인(curriculum design)

정의 : 코스 실러버스의 각 항목을 [언제][어떻게]가르칠 것인가를 결정하는 것. 구체적으로는 도달목표를 설정하고 시간적인 틀을 정해 실러버스 항목의 제출순서, 그리고 그것을 어떠한 교수법으로 가르칠 것인가, 어떠한 교실활동을 행할 것인가를 결정함.

1) 교재, 교구 등을 선택하고 최종적으로 어떠한 평가를 행할 것인가를 정하는 것도 이 단계에서 행함.

2) 도달목표의 설정이란 언어 운용력 전반에 걸친 목표의 설정을 가리킴.

3) 일본어 운용력의 향상을 목표로 하고 있다면 최종적으로 습득할 문형, 어휘, 한자의 종류와 수 등 지식적인 면의 목표 뿐만이 아니라 코스 종료 시에 어떠한 커뮤니케이션 행동을 할 수 있게 되는가 또는 언어 행동면에서의 목표도 설정할 필요가 있음.

Ⅵ 교수법

- 교수법은 어프로치(approach), 메소드(method), 테크닉(technique)과 같이 다양한 명칭을 갖음.
- 교수는 교수법을 선택할 때 테크닉 뿐만이 아니라 그 배경에 있는 교수법이나 이론을 파악한 가운데 도달목표를 달성하기 위한 최적의 방법을 생각할 필요가 있음.

1. 文法翻訳法(Grammar Translation Method)

1) 중세 유럽 그리이스어 교육, 라틴어 교육에서 시작된 전통적인 교수법.

2) 당시 유럽에서는 그리이스어 라틴어로 쓰여진 고전의 이해를 통해서 교양을 습득하는 것이 교양인의 자격으로서 요구되어 졌는데 이 방법이 18세기후반 구미에서 현대어 교육의 교수법으로서도 이용되어지게 됨.

3) 특징

① 문자언어를 중시하는 것이고 목표언어로 쓰여진 문학작품을 읽을 수 있도록 하는 것이 학습목적임.

② 문법 규칙이나 단어의 의미를 암기하고 모어와 목표언어의 번역을 자유롭게 할 수 있도록 되는 것이 중요시 됨.

③ 외국어를 이해하는 것은 모어에 대한 이해를 높이고 지적 성장에도 도움이 된다고 생각되어져 옴.

2. 내츄럴 메소드(Natural Method, 자연적 학습법)

외국어 습득의 가장 좋은 모델을 유아의 모어 습득 과정(제1언어습득과정)으로 보는 것으로 관(F.Gouin)과 베르리쯔(M.D.Berlitz)가 대표적인 제창자임.

1) 관(F.Gouin)의 교수법

내츄럴 메소드 중에서도 특히 유아의 심리적 발달에 주목하고 있으며(Psychological Method : 사이컬러지 메소드), 모든 사건은 작은 사건의 연쇄(series)로서 기술할 수 있다(Series Method : 연쇄법)고 함.

2) 베르리쯔(M.D.Berlitz)의 교수법

지도훈련을 받은 네이티브 스피커인 교사에 의한 소수 클래스를 편성하여 교실활동으로부터 학습자의 모어를 배제하고 실물, 그림, 동작 등을 많이 이용함. 또한 발음에 있어서는 교사의 모델을 흉내 내는 방법을 취하고 모어에 의한 설명 등을 행하지 않음.

3. 포네텍 메소드(Phonetic Method, 음성학적 교수법)

1) 음성기호를 이용한 계통적인 음성지도를 목표로 하는 음성중시의 교수법.
2) 문자언어는 음성언어의 부수적인 것이라는 생각에 근거하고 있음.
3) 스위트(H.Sweet), 에스페르센(O.Jespersen) 등이 주창함.

4. 오럴 메소드(Oral Method)

1) 20세기에 들어와 퍼머(H.E.Palmer)가 제창한 교수법.

2) 퍼머(H.E.Palmer)는 소쉬르의 영향을 받아 언어에는 [기호의 체계](랑그에 해당하는 것)와[운용](파롤에 해당하는 것)의 양면이 있다고 규정하고 언어교육이 대상으로 해야 할 것은 [운용]이라고 하였음.

3) 언어운용을 위한 언어학습의 5가지 습성

① 귀에 의한 관찰　② 입으로 흉내내기　③ 입에 익히기

④ 의미부여　⑤ 유추에 의한 작문

4) 5가지 습성을 키우기 위한 연습

① 음을 구분해 듣는 연습　② 발음연습

③ 반복연습　④ 재생연습

⑤ 치환연습　⑥ 명령연습

⑦ 정형적인 회화

5. 직접법(Direct Method)

내츄럴 메소드, 포네틱 메소드, 오럴 메소드 등 문법번역법을 대신해 생겨났으며 사용되어지는 장면이나 상황을 제시함으로써 문이나 어의 의미를 직접목표언어의 형식과 결합시켜 이해시키려고 하는 교수법의 총칭을 말함.

6. ASTP(Army Specialized Training Program, 육군특별훈련 프로그램)

1) 세계 2차 대전 중에 미국정부가 대전국의 정보를 수집하기 위한 장교를 단기간에 양성하기 위해서 개발한 교수법.

2) 1920년대 아메리카의 문화인류학자인 보아스(F.Boas)와 언어학자인 사피아(E.Sapir), 브룸필드(L.Bloomfield) 등에 의해 제창된 구조언어학 이론에 근거해 개발된 프로그램으로 여기에 이용된 교수법을 일명 아미 메소드(Army Method)라고 함.

3) 구조 언어학(structural linguistics, 구조주의 언어학)에서 언어는 본래 음성이고 구조체라고 해서 언어의 체계를 음소, 형태소, 어, 구, 절, 문과 같이 선상에 늘어서는 조직적인 구조로 다루고 있어서 이러한 언어관에 의거한 학습은 언어의 구조 또는 형을 학습하는 것으로 여겨져 옴.

4) ASTP에서는 상급교사(senior)과 드릴 마스터(drill master)의 2 종류의 교사가 존재하는데 상급교사는 아메리카인인 언어학자로 목표언어의 음성, 문법구조 등에 대해 영어로 강의를 진행하고, 드릴 마스터는 목표언어의 모어화자로 상급교사가 강의한 언어 항목에 대해서 철저한 구두연습을 함.

5) 구두연습 중에는 목표언어 만을 사용하고 그 이외의 언어는 금지됨.

6) 구두연습 클래스는 소수로 반복, 모방에 의한 연습, 암기가 철저하게 행해짐.

7. 오디오링걸 메소드(Audio－Lingual Method, AL법)

1) 세계 2차 대전후 ASTP를 이어 받은 형태로 미시건 대학의 프리즈(C.C.Fries)에 의해 확립된 교수법.

2) AL법은 이론적 근거를 구조 언어학 뿐만이 아니라 행동주의 심리학에도 중점을 두고 있는데 이 행동주의 심리학에서는 인간이나 동물은 외부 세계로부터의 자극에 대해 갖가지 반응을 보이고 그

중에 강화된 반응이 다시 일어나기 쉽기 때문에 이윽고 습관이 되어 간다고 여김.

3) 이러한 언어학 습관을 근거로 습관형성을 위해서 반복해서 연습을 하는 것이 중요하다는 주장이 생겨나 패턴 플랙티스(pattern practice)라고 하는 구두연습이 개발됨.

4) 문헌에 따라서는 프리즈가 개발한 교수법 뿐만이 아니라 기본이 된 ASTP도 포함해서 AL법이라고 부르는 경우도 있음.

8. 사이런트 웨이(Silent Way)

1) 심리학자인 가티뇨(C.Gattegno)에 의해서 제창된 교수법.

2) 가티뇨는 모어습득 과정에 주목하여 언어학습이 학습자의 시행착오를 통해 스스로 느낌으로서 행해진다고 주장함.

3) 이 교수법에 있어서 수업의 중심은 학습자로 교사는 침묵하고 학습자의 자립을 돕는 관찰자, 보조자의 입장을 취함.

4) 수업에서는 교과서를 사용하지 않고 피델차트(색채를 이용한 문자를 조합시킨 음성조직표)를 이용하여 음성체계의 학습을 한다든지, 롯드(길고 짧은 갖가지 색이 들어간 봉)을 이용하여 어휘, 통어, 어형학습을 행한다든지 함.

9. CLL(Community Language Learning)

1) 미국의 심리학자 카란(C.A.Curran)에 의해 제창된 학습법으로 카운셀링 이론과 기술을 외국어 교육에 응용시킨 것으로 카운셀링 러닝(Counseling Learning)이라고도 불리워짐.

2) 카운셀러(교사)는 새로운 환경인 목표언어 환경에서 곤란을 느끼고 있는 클라이언트(학습자)에게 안심감을 주고 조언자가 되

어 자립을 돕는 역할을 함.

3) CLL에 의한 수업에서는 학습자는 이야기하고 싶은 내용을 자유롭게 이야기할 수 있고 목표언어인 표현을 모를 때는 교사의 원조를 받을 수 있음.

4) 서로 이야기를 한 후 교사는 학습자의 발화를 녹음한 테이프를 재생하여 사용된 문형이나 표현을 매개어로서 설명함.

5) CLL에서는 이야기한 활동이 그대로 교재가 되고 그 내용에 대해서 학습함으로써 지식을 얻을 뿐만이 아니라 그 학습과정이나 방법을 스스로 의식화할 수 있음.

10. TPR(Total Physical Response)

1) 미국의 심리학자 아셔(J.J.Asher)에 의해 제창된 교수법으로 청해력을 중시해서 들은 것을 온 몸으로 반응하는 방법을 이용함.

2) 모어습득의 방법을 모델화한 것인데 특히 말을 하기 전에 오랜 시간에 걸쳐 많은 목표언어를 듣고 있는 것, 목표언어에 의한 명령에 몸으로 반응하고 평가받음으로 인해서 언어(음성)과 동작(의미)을 연관시킨다고 하는 점에 착안해서 개발됨.

3) 매개어에 의한 번역은 행하지 않고「말할 준비(readiness to talk)」가 될 때까지 학습자는 억지로 말할 필요가 없음.

4) 초급 단계에서는 교사가 주는 음성에 의한「명령」에 대해서 학습자가 몸을 움직여 반응한다고 하는 방법이 취해짐.

11. 내츄럴 어프로치(Natural Approach)

1) 미국의 스페인어 교사 테렐(T.D.Terrell)이, 1970년대 후반, 제2언어 습득연구의 성과를 응용해서 개발한 교수법.

2) 이 이론은 미국의 응용언어학자 크라센(S.D.Krashen)에 의해 지지를 받아 1980년대초 외국어교육계에 주목을 받음.

3) 크라센(S.D.Krashen)의 5개 가설

「습득 · 학습의 가설」「자연스러운 순서의 가설」「모니터 가설」「인풋가설」「情意필터 가설」

12. 서제스트페디아(Suggestopedhia, 암시적 교수법)

1) 불가리아의 정신과 의사 로자노브(G.Lozanov)에 의한 암시학(Suggestology) 이론을 외국어 학습에 응용시킨 교수법.

2) 로자노브는 학습자를 긴장에서 개방시켜 릴럭스한 심리상태로 만들어 顕在意識과 潜在意識을 통합 활용시키고 潜在能力에 영향을 주어 활용시키는 것이 중요하다고 주장함.

3) 학습에 대한 불안이나 스트레스를 제거하고 가능한한 편안한 환경을 만들기 위하여 교실에서는 릴럭스할 수 있는 공간이 만들어짐.

4) 음악을 들으면서 낭독을 하거나 롤플레이 등이 이용됨.

13. 인지학습 어프로치(Cognitive Approach)

1) 변형생성문법이론과 인지학습이론을 기반으로 해서 개발된 교수법.

2) 인간의 인지능력을 이용해서 언어규칙을 이해시키고 그 위에 언어습득을 위한 연습을 해야한다고 하는 생각을 취함.

14. 커뮤니커티브 어프로치(Communicative Approach)

1) 커뮤니케이션 능력의 육성을 목적으로 하는 교수법의 총칭

2) 교육내용부터 변혁하려고 하는 어프로치와 교육방법을 변혁시키고 목표언어의 기능이나 운용력을 양성해 가려고 하는 어프로치가 있음

3) 유럽의 커뮤니커티브 어프로치는 영국의 윌킨즈(D.A. Wilkins)가 외국어 교육 프로그램 개발을하고 있던 유럽 협의회에 제출한 보고서가 그 시작으로 이 보고서에서 윌킨즈는 개념실러버스(notional syllabus)를 제창함.

4) 개념실러버스(notional syllabus) : 언어의 구조가 아니라 개념(동작의 개시나 계속, 빈도, 순서, 행위자, 수단 등)과 커뮤니케이션에 있어서의 전달기능(요구, 수락, 거부, 감정표명 등)의 측면에서 언어를 기술, 분류한 실러버스.

5) 미국의 사회언어학자 하임즈(D.Hymes)는 1972년 커뮤니케이션 능력을 언어능력에 상대되는 개념으로 제창함.여기에서 커뮤니케이션 능력이란 언어의 체계 뿐만이 아니라 사용방법도 포함한 지식과 운영능력을 가리킴.

6) 커뮤니커티브 어프로치는 「무엇을 가르칠 것인가」언어의 어떤 측면(구조인가 운영인가)을 가르칠 것인가에 중점을 두고 있으며, 「가르치는 방법」이나 「가르칠 내용」의 발리에이션도 교수자측의 언어관이나 언어습득관의 차이보다는 오히려 개개의 학습자의 차이에 따른 것이어야만 한다고 함.

깜짝퀴즈

암시학 이론을 외국어 학습에 도입시킨 것으로 학습에 대한 불안이나 스트레스를 제거하고 가능한한 편안한 환경을 만들기 위하여 교실에서는 릴럭스할 수 있는 공간을 만드는 따위의 교수법을 (　　　　　)라고 한다.

예 내츄럴 어프로치　서제스트 페디아
인지학습 어프로치　커뮤니커티브 어프로치

Ⅶ 언어형식의 초점화를 의식한 지도법의 흐름

1) 「focus on forms」: 언어형식에 우선적으로 초점을 맞춘 것.
   예 문법번역법, 오디오링걸 메소드
2) 「focus on meaning」: 의미를 우선해서 지도하는 경우.
   예 내츄럴 어프로치, 이머전 프로그램, 커뮤니티브 어프로치
3) 교수법은 focus on forms에서 focus on meaning으로 변화해 왔다고 말할 수 있음.
4) 최근 제2언어습득이론을 배경으로 focus on forms이라는 생각이 주목을 받게 되었는데 의미를 우선시키면서 언어형식에도 주목시킨다고 하는 생각.
5) 의미를 이해하고 전하는 것을 우선시킨 다스크 중에서 어떤 특정한 문법항목에 주목시키는 것을 목적으로 인풋을 강화시킨다든지 명시적, 암시적인 지도도 행함. 이렇게 함으로써 자연스럽게 주고 받는 것 만으로는 의식화시킬 수 없는 언어형식에도 주목시킬 수가

있어서 언어습득을 진전시킬 수 있다는 생각.

Ⅷ 평가법

1. 평가의 종류

1) 「실시시기」와 「목적」에 따른 분류

① 事前的評価 : 코스 개시시나 개시전에 행해지는 평가.

- 학습자 현재의 일본어 능력, 또는 언어학습에 대한 적성을 알기 위해서 행해지며 레디니스조사의 하나로서 행해짐. 이 평가결과에 따라 클래스를 나누는 경우가 많음.

② 形成的評価 : 학습의 도중단계에서 행해지는 평가.

- 각과의 소테스트, 각 학기의 중간 테스트나 기말 테스트 등으로, 학습자에게 있어서는 지금 자신이 할 수 있는 것과 할 수 없는 것을 분간할 수 있고 후의 학습활동의 방향설정과 동기의 지침이 되며, 교사에게 있어서는 코스의 내용이나 스스로의 가르치는 방법을 돌아보아 후의 교육활동을 개선하기 위한 지침이 됨.

③ 総括的評価 : 학습이 일단락 또는 종료된 시점에서 학습자가 어느 정도 목표를 달성했는가를 명확히 하는 평가.

- 학습자에게 있어서는 스스로의 학습성과를 아는 기회가 되고 교사나 교육기간에 있어서는 코스 디자인이 적절했는지를 되돌아보기 위한 자료가 됨.

2) 「평가의 기준」에 따른 분류

① 絶対的評価 : 절대적인 도달목표가 있고 학습자가 여기에 어느 정도까지 도달했는 지를 평가하는 것.

② 相対的評価 : 어떤 집단 속에 있어서의 학습자의 위치를 나타내기 위한 평가를 말하며 능력의 차가 명확하게 될 것 같은 변별력이 있는 문제로 테스트가 만들어짐.

2. 테스트의 종류

1) 목적에 따른 분류

① 숙달도 테스트(proficiency test) : 학습자가 어떤 언어에 대해서 어느 정도 숙달되어 있는가를 측정하는 테스트.

• 특정 코스나 교과서의 학습내용을 전제로 하지 않고 그 언어에 대해서 어느 정도의 능력을 가지고 있는가를 측정하는 것.

예 * 일본어능력시험

* OPI(Oral Proficiency Interview) : ACTFL(전미외국어교육협회)의 기준에 의거하여 행해지는 구두능력 테스트.

• 시험관이 수험자와 일대일로 인터뷰를 행함.

• 시간은 30분 이내로 초급후반이상의 레벨의 수험자에게는 인터뷰 후반부분에서 롤플레이가 실시됨.

• 정확성과 텍스트의 형 뿐만이 아니라 말을 사용해서 어떠한 기능을 다할 수 있는가, 어떠한 내용에 대응할 수 있는가의 면에도 초점을 맞추어 종합적으로 판단함.

• 레벨판정은 초급(初級), 중급(中級), 상급(上級), 초급(超級)의 4개의 레벨로 나누어 지고 초급(超級) 이외의 것은 다시 3개의 하위레벨로 나누어짐.

② 도달도 테스트(achievement test) : 특정 코스나 교과서의 학습내용을 어느 정도 습득했는가를 측정하는 테스트.

- 출제범위는 거기까지의 교육내용에 한정됨.
- 코스 도중에 형성적 평가로서 또는 종료시에 총괄적 평가로서 실시됨.

③ 진단 테스트(diagnostic test) : 학습자가 어떠한 기능이나 지식을 가지고 있는 것을 측정하는 것.

- 금후 어떠한 내용의 학습이 필요한가를 명확히 할 수 있음.
- 코스 개시전의 事前的 評価, 또는 코스 도중의 形成的評価로서 실시되는 경우가 많음.

④ 프레이스먼트 테스트(placement test) : 클래스를 나누기 위한 테스트로 학습자를 적절한 클래스에 배치시키기 위해서 행함.

- 이 명칭은 테스트 결과를 어떻게 사용할 것인가 하는 관점에서의 명칭으로 숙달도 테스트, 진단 테스트 등과 같이 테스트 그 자체의 형식이나 내용을 규정하는 것이 아님.
- 事前的 評価로서 행한 숙달도 테스트와 같이 클래스를 나누기 위해 행하는 테스트는 모두 프레이스먼트 테스트로서의 기능을 다하고 있는 것이 됨.

⑤ 언어학습적성 테스트(language aptitude test) : 언어학습적성을 측정하는 테스트.

- 장래학습의 성공여부나 학습 정도를 예측하는 것으로부터 예측 테스트(prognostic test)라고 불리워지는 경우도 있음.
- 가공언어의 문법규칙을 추측하는 능력이나 시각정보를 처리하는 능력을 측정하는 문제 등이 나옴.
- 언어학습적성 테스트의 결과는 클래스를 나누는 자료가 되

는 것 외에 학습에 있어서의 곤란한 점을 예측한다든지 학습자에게 있었던 교수방법을 선택한다든지 하기 위해서 이용됨.

3. 객관 테스트와 주관 테스트

1) 객관 테스트

① 채점자의 주관에 의해 득점이 좌우되는 것이 아니라 채점의 기계적 처리가 가능하기 때문에 단시간에 대량의 해답처리가 가능한 장점이 있음.

② 질과 량 모두 적절한 문제를 작성하는 것이 어려움.

③ 측정할 수 있는 내용도 종합적인 운용능력을 측정하는 것도 어려운 경우가 많음.

④ 多肢選択法, 진위법, 단순 재생법, 조합법, 空所補充法 등이 있음.

2) 주관 테스트

① 득점이 주관에 좌우되어 채점에 시간과 수고가 들어간다는 단점은 있으나 언어능력, 특히 운용능력의 면에서 객관 테스트에서는 측정할 수 없는 부분까지 측정할 수 있음.

② 크로즈 테스트(cloze test)

문장으로부터 일정한 간격으로 단어를 삭제하고 그 공란을 재생하는 형식의 테스트로 종합적인 언어능력을 측정할 수 있음.

4. 테스트 그 자체의 평가

1) 테스트의 좋고 나쁨을 측정하는 척도

① 信頼性 : 테스트에 일관성이 있는지 없는지를 문제로 함. 즉 같은 테스트를 같은 조건에서 몇 번 실시하더라도 언제라도 같은 결과가 얻어질지 어떨지에 대한 것임.

② 妥当性 : 측정하려고 의도한 것을 테스트가 정말 측정하고 있는지에 대한 정도를 말함.

③ 客観性 : 채점의 결과에 채점자의 주관이 들어가는 정도를 말함.

2) 객관성이 낮다고 해서 반드시 주관 테스트를 배제하여야만 하는 것은 아님.

3) 측정할 내용에 따라서는 주관 테스트가 적합한 경우도 있는데 이 경우에는 채점기준을 확실히 해서 복수의 채점자가 체크하는 등과 같이 주관 테스트이면서도 신뢰성을 높일 방법을 찾는 것도 필요함.

4) 테스트 사용의 문제도 테스트를 평가하는 가운데 중요한 척도가 됨.

5) 테스트의 준비, 실시, 그 후의 처리에 걸리는 시간, 수고, 비용에 비해서 얼마만큼 효과가 있는지에 대한 문제도 있음.

5. 테스트 결과의 통계적 분석

1) 클래스 간의 차이나 특징을 파악하기 위해서 채점을 통해 얻어진 득점의 평균치를 내는 방법이 있음.

2) 표준편차(standard deviation, SD)를 산출해서 학습자의 득점이 전체 중에서 어느 위치에 있는가를 파악할 수 있음.

3) S - P표(Student - Problem Table)을 작성해서 학습자의 도달도에 관한 질적, 양적 측면으로부터의 정보를 얻을 수가 있음.형성적

평가를 위해 행해진 테스트의 분석이나 문제항목의 적절성을 검토하는 가운데에서도 이 방법이 유효함.

깜짝퀴즈

특정 코스나 교과서의 학습내용을 어느 정도 습득했는지를 측정하는 테스트를 (   )라고 한다.

예 숙달도 테스트 도달도 테스트 프레이스먼트 테스트
언어학습적성 테스트

Ⅸ 수업 계획과 실시 – 초급 레벨의 경우

기본적으로 문형 실러버스를 채용하고 교수방법으로서 오디오링걸 메소드와 커뮤니커티브 어프로치의 절충적 교수방법을 취하는 경우를 상정함. 코스는 9개월로 최종적으로 일본어 능력시험 3급 정도의 어휘나 문형을 배우고 일본에서 생활하는 가운데 필요한 기본적인 활동은 모두 일본어로 하도록 하는 것을 목표로 함.

1. 학습목표 설정

2. 실러버스의 확인과 정리

3. 수업의 흐름 파악

4. 교실활동 파악

1) 도입을 고려함.

① 학습자를 편안하게 하고 수업이 재미있게 진행되도록 분위기를 만듦.

② 수업의 최종목표를 학습자에게 제시하고 학습자의 불안을 덜고 동기를 부여함.

2) 기본연습을 생각함 – 패턴 프랙티스.

① 패턴 프랙티스 : 어느 정도 정확성을 몸에 익힌다든지 학습자의 학습스타일에 따라서는 불안감을 줄이는 효과도 있음.

② 패턴 프랙티스의 기본적인 형

- 반복연습 : 반복해서 말하는 연습
- 대입연습 : 문의 일부를 지시에 따라 바꾸는 연습
- 변형(전환)연습 : 주어진 문의 형태를 바꾸는 연습
- 확장(확대 · 전개)연습 : 주어진 어구를 부가시켜 장문을 만드는 연습
- 응답(Q&A)연습 : 질문에 답하는 연습

3) 기본연습을 생각함 – 인포메이션 갭.

① 인포메이션 갭 : 회화를 하고 있는 두 사람 사이에서 한 사람이 알고 있고 또 한 사람이 모른다고 하는 정보의 차가 있는 것을 말함.

② 인포메이션 갭이 있기 때문에 말을 사용해 남에게 묻는다든지 무언가를 부탁한다든지 하는 행위가 생겨남.

4) 응용연습을 생각함.

① 가능한한 현실장면에서 상정되는 표현을 넣어 회화를 설정하는데 한정된 시간 속에서 학습자에게 부담이 되지 않도록 하고 응답표현의 양을 최소한으로 하는 배려가 필요함.

② 활동형태로는 시나리오가 어느 정도 정해져 있는 회화연습이나 역할을 정한 롤플레이가 자주 사용됨.

5) 정리연습을 생각함.

• 학습목표가 달성된 것을 확인할 수 있는 활동이 좋음.

Ⅹ 활동의 형태

1) 교사와 학습자간의 주고받는 형태(일대 일, 일대 다수).
2) 페어워크 : 학습자가 2명이 한 팀이 되어 연습하는 것.
3) 그룹워크 : 그룹이 되어 연습하는 것.

Ⅺ 교재분석 및 개발

1. 주교재의 선택

1) 주교재 : 코스에서 주로 사용하는 교재.
2) 학습자의 니즈분석 결과 필요하다고 판단된 실러버스를 주교재를 이용해서 가르치는 것이고 주교재의 내용 그 자체가 실러버스가 되는 것은 아님.
3) 주교재 선택의 포인트
대상자, 학습의 최종목표(최종레벨), 실러버스(학습항목의 내용과 양), 상정학습시간, 상정된 교수법과 수업의 흐름, 매개언어(모어에 의한 해설언어)의 유무, 표기(로마자, 히라가나, 한자가나혼합, 후리가나의 유무, 띄어쓰기), 문법적 설명의 유무, 교재의 구성(회화문, 연습문제 등), 부속교재

2. 부교재

1) 주교재와는 별도로 보완의 차원에서 사용되는 것.
2) 시판의 것이라도 교실활동을 보완하는 활동집, 기능면의 부족을

보완하는 기능별 교재 등 여러종류의 것이 있기 때문에 우선 이 것들을 이용하는 것이 효율적임.

3) 대개는 시판되는 교재중의 소재나 生教材의 일부를 이용하게 됨.

3. 교구

1) 교실활동을 돕기 위해서 사용되는 도구.
2) 교구를 특성에 맞게 이용하는 것이 필요함.
3) CAI(Computer Assisted Instruction)교재 : 컴퓨터 안에 자습하는 프로그램이 깔려있는 교재로 통상 CD롬에 수록되어 있음. 학습 항목의 도입, 연습 등에 관한 내용이 수록되어 있어 기기만 있으면 혼자서 학습할 수 있음.
4) 이 방식으로 외국어를 학습해 가는 것을 CALL(Computer Assisted Language Learning)이라고 함.
5) 교구로는 그림교재, 사진교재, 문자카드, 음성테이프, CD, 비디오 테이프, DVD, 프로젝터 등이 있음.

4. 生教材 · 리얼리어(realia)

실질적으로 일상생활에서 사용되어지는 소재를 교재나 도구로 이용할 수 있는데 이러한 소재를 말함.

Ⅻ 교안작성

1) 실질적으로 수업을 시작하기 전에 지금까지의 것을 참고로 교안을 쓸 필요가 있음.
2) 교안에 포함되는 항목 : 일시, 학습자수, 당일의 수업목적, 학습항

목, 수업의 흐름, 수순, 지도상의 유의점, 사용하는 교구 등.

3) 교안은 수업의 효율화를 위해서 필요할 뿐 아니라 수업 후를 돌아보고 개선해가기 위해서도 중요한 재료가 됨.
4) 복수의 교사가 가르칠 경우 연락용의 자료로서도 이용할 수 있음.

XIII 수업분석과 평가

1) 수업을 잘 하기 위해서는 자신과 타인에 의한 수업의 평가, 분석의 기회를 갖는 것이 중요함.
2) 이 때 교사의 발화량과 질, 판서, 움직임, 학습자의 발화량과 질, 반응, 교사와의 주고 받음의 유효성 등을 분석함과 동시에 수업 목표는 달성했는가, 학습자는 달성감을 가지게 되었는가를 검토할 필요가 있음.
3) 액션리서치 : 교사가 자기자신과 자신의 수업을 항상 냉정하게 객관적으로 관찰하고 교육현장에 있어서 문제점을 추출해 내고 문제해결을 꽤할 목적으로 행하는 연구.
4) 액션 리서치의 연구대상 : 테스트 평가, 교사측의 인풋, 학습자의 아웃풋, 교사와 학습자의 주고받음, 수업 앙케이트나 인터뷰, 비디오, 메모, 교사의 内省에 의한 수업기록 등.

XIV 오용분석

학습자의 오용은 교사에게 있어서 학습자의 습득단계를 파악하고 효과적인 피드백을 행하기 위해서 이용할 뿐만이 아니라 교재나 지도, 넓게는 코스디자인을 다시 검토하기 위해서도 유효하게 이용할 필요가 있음.

XV 목적 · 대상별 일본어 교육

1) JSP(Japanese for Specific Purposes) : 이 용어는 특정 목적을 위한 일본어로 입장을 나타낸 것이지 특정한 교수법이나 교재를 가리키는 것은 아님. 하지만 JSP의 입장은 내용중시의 교수법을 지시하고 있음.

2) 내용중시의 교수법 : 학습자가 장래 필요로 하는 학습내용과 언어교육을 접목시켜 실시하는 언어교육 지도법.

- 이머전 프로그램 : 아이들이 제 2 언어를 습득할 수 있도록 설치된 프로그램

  ① 전면 이머전 프로그램 : 처음 수년간은 제 2언어만으로 수업을 하고 나중에 아이들의 모어도 도입됨.

  ② 부분 이머전 프로그램 : 하루 중에 몇 시간 정도를 제 2언어로 가르쳐짐.

02 이문화간 교육과 커뮤니케이션 교육

Ⅰ 이문화간 교육

서로 다른 두 개의 문화 사이에서 전개되는 인간형성의 과정이며 또한 이문화, 이민족과의 접촉과 상호작용의 과정이나 결과에 의거하여 접촉, 상호작용을 상정한다든지 행해지는 교육적 활동.

Ⅱ 이문화간 접촉의 영향

의식주 등의 물리적 측면보다 오히려 표면에는 나타나지 않는 사람들의 사고나 행동을 규정하는 룰의 변화 쪽이 개인의 생활이나 정신에 주는 영향이 큼. 더구나 여기에는 언어의 문제가 가미되는 경우가 많고 이민, 주재원, 유학생, 귀국아동, 외국인 아동 등 모두 언어와 문화의 양쪽에서 곤란함을 느끼게 됨.

Ⅲ 문화사이를 이동하는 사람들을 위한 이문화간 교육

1. 귀국아동

1) 귀국아동은 심신의 발달에 있어서 극히 중요한 어린 시절을 해외에서 보냈기 때문에 일본사회에서 자란 아이들과는 다른 가치관이나 행동규범을 몸에 지니고 있는 경우가 많음.

2) 종래에는 귀국아동의 특징이 사회에 널리 이해되지 않고 학교에서의 교육적인 배려도 충분하지 않았기 때문에 귀국아동 중에는

일본어 능력부족에 기인해서 학습곤란에 빠지거나 문화적 차이에 근거한 행동양식이나 발상의 차이로 주위에서 고립되는 경우도 있었음.

3) 현재 국제이해 교육추진교나 귀국 · 외국인 아동 지원교로 지정된 일부의 일부 공립초등학교에서도 귀국학생을 받아들이고 있음.

2. 외국인 아동

1) 일 때문에 부모를 따라 해외에서 일본에 온 아이들.
2) 외국인 아동의 고초를 덜기 위하여 [뽑아내서 하는 수업(取り出し授業)]이라 불리우는 개인지도시간을 마련해 이들에게 일본어나 생활지도를 행하는 경우가 있음.
3) 자원봉사자의 협력을 얻어 국어나 사회 등의 교과에서 모어에 의한 선행학습을 행해 성과를 올리고 있음.

3. 중국 귀국자

1) 2차 세계대전 후의 혼란기에 주로 중국대륙의 동북부에 남겨진 일본인 아이들이나 여성으로 영주귀국한 사람들.
2) 중국귀국자들은 전국의 중국귀국자 정착촉진센터나 중국귀국자 자립연수센터에서 일본어 교육이나 생활지도를 받는 경우가 많음.
3) 2001년 새롭게 중국귀국자 지원 · 교류센터가 설립되어 일본어 지도나 생활상담 이외에 귀국자와 지역주민과의 상호이해를 높이는 교류사업이나 지원그룹이 생겨나 귀국자가 근처 사람들과 함께 건전한 사회생활을 보내는 것을 목표로 활동하고 있음.

Ⅳ 다문화사회를 맞이하기 위한 이문화간 교육 – 국제이해교육

1) 국제이해교육 : 이것은 특정교과를 가리키는 것이 아니라 국어, 외국어, 사회 등의 교과를 통해 아이들이 세계에 대한 이해를 넓히고 국제사회의 일원으로서 행동할 수 있도록 육성하는 것을 목표로하는 학습지도요령에 포함된 교육내용의 하나임.

   예 외국국적 아동을 받아들여 국제이해를 고려한다든지 그들의 모국어를 배운다든지 하는 시도

2) 국제이해의 개념은 1989년 학습지도요령 개정시에 처음으로 등장함.

Ⅴ 일본어 교육에 있어서 이문화간의 커뮤니케이션 교육

1. 이문화트레이닝

1) 컬쳐 어시미레이터

① 이문화 마찰의 에피소드

② 그 상황을 어떻게 해석할 것인가를 요구하는 설문

③ 이문화 마찰에 대한 3 또는 4의 선택사항

④ 각 선택사항에 대한 해설

2) 클리티컬 인시던트

① 이문화 마찰의 장면을 제시하고 그 상황을 어떻게 해석, 평가할 것인가를 그룹으로 서로 검토하는 트레이닝.

② 우선 장면을 관찰 묘사하고 다음으로 서로간에 상대의 의도를

이해할 수 없었던 이유가 무엇이었는지 등을 상대의 문화정보와 자신의 문화정보를 근거로 정확하게 이해하고 어떻게 하면 문제를 해결할 수 있는지 또 어떻게 하면 사전에 피할 수 있는지를 서로 이야기하는 가운데 배움.

2. 문화에 의한 커뮤니케이션 스타일의 차이

1) 사람들의 커뮤니케이션 스타일이나 방책은 문화에 따라 다르고 그 사람이 외국어를 이용하여 커뮤니케이션을 꽤할 때에도 커다란 영향을 줌.

2) 일본어 교육에 있어서 일본어 교사는 일본어 규범에서 벗어난 학습자의 언어표현에 대해서 단순히 일본인의 규범에 따른 일본어 표현을 고치는 것이 아니라 일본어, 일본문화와 학습자의 모어 · 모국문화의 차이를 제시하고 쌍방의 커뮤니케이션 스타일의 차이를 이해하면서 대응하는 것이 바람직함.

3. 이문화 이해를 위한 쌍방향적 학습

1) 일본어 교육에 있어서 학습자에게 일본의 문화나 일본적인 회화 스타일 등을 일방적으로 가르치는 것이 아니라 문화에 의한 차이를 깨닫고 각각의 문화를 존중하는 쌍방향적 학습이 요구됨.

예
- 일본어 자원봉사 교실 : 실생활로부터의 문제의식을 출발점으로 학습자 중심의 교류활동이 행해지고 있음.
- 대학 : 유학생과 일본인 학생이 서로 배우는 갖가지 시도가 행해짐.

03 언어교육과 정보

I 일본어 교육에 있어서의 컴퓨터활용

1. 수업장면에서의 활용

• 컴퓨터 지원 언어학습(CALL : Computer Assisted Language Learning) : 요사이는 사람 대 사람이 주고받는 컴퓨터 매개 커뮤니케이션(CMC : Computer Mediated Communication)을 도입한 일본어학습이 실시되고 있음.

예 이메일에 의한 작문지도, 차트를 이용한 회화능력의 육성을 목적으로 한 것 등

2. 그 밖의 장면에서의 활용

• CMI(Computer Managed Instruction) : 수업활동 등에 의해 발생하는 각종 데이터나 자료작성 처리 등을 교사가 컴퓨터를 이용하여 행하는 것.

예 교재작성을 위해 워드소프트를 사용함, 학습자의 성적관리에 표계산 소프트를 사용하는 것, 교사가 모인 게시판에서 가르치는 방법에 대해서 상담하는 것 등

Ⅱ 정보에 관한 리테라시(literacy)

1. 정보 리테라시와 미디어 리테라시

1) 정보 리테라시 : 방대한 정보를 다루는 가운데 필요한 지식과 능력을 말하며 정보의 수집이나 분석, 새로운 정보의 구성, 발신이라고 하는 일련의 작업을 효과적으로 행하는 능력.
2) 미디어 리테라시 : 메스 미디어 등이 갖는 지배적인 영향력에 대해서 전달되는 정보를 비판적으로 분석하고 활용하는 능력.

2. 일본어 교육과의 관계

1) 교재개발을 하는 과정에서 교사는 정보 리테라시를 활용하고 학습자의 필요나 일본어 레벨을 생각하면서 필요한 정보를 취사선택하고 학습자에게 이해하기 쉽도록 정보를 재구성함.

Ⅲ 저작권

1) 수업의 자료작성을 위해서 담당교사가 저작물을 복제하는 경우나 학습자가 수업의 일환으로서 레포트를 작성할 때 인터넷 등으로부터 수집한 자료를 복제할 경우는 허락을 받을 필요가 없음.
2) 영리목적으로 설치된 민간의 일본어 교육시설이나 학교, 그 밖의 교육기관이라도 수업 이외에 사용하기 위한 복제 워크북 등 학습자가 구입하는 것을 상정하여 만들어진 것의 복제는 인정되지 않음.

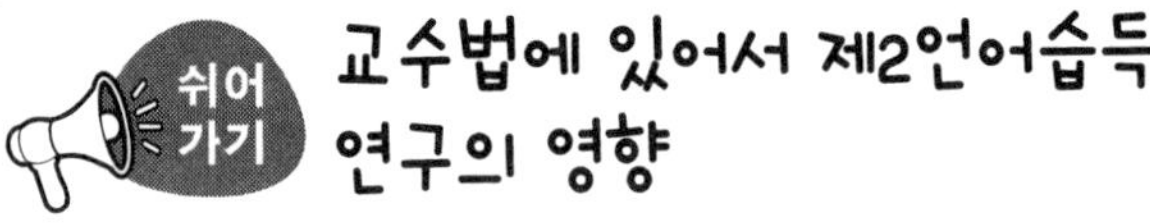

교수법에 있어서 제2언어습득 연구의 영향

언어교육은 19세기 이래로 유아의 제1언어습득을 모델로 연구가 진행되어 왔으나 시대의 흐름에 따라 언어학 이론이나 학습이론의 발전도 있어서 그 착안점이 변화해 오고 있다.

19세기에 등장한 직접법에서는 「유아는 문단위로 듣는 것부터 시작하고 문법은 규칙적으로 가르치지 않아도 차츰차츰 귀납적으로 이해해 간다」고 판단하여 매개어는 사용하지 않고 목표언어로 주고받는 것을 통해서 외국어를 습득시키는 방법을 모색해 왔다. 또한 오디오 · 링걸 · 어프로치에서는 「언어는 사회적인 습관이고 유아는 어머니가 말하는 것을 흉내 내고 그것을 반복하는 가운데 새로운 언어습관이 형성되어 외국어를 말할 수 있게 된다」고 생각하여 반복학습을 중시하는 지도법이 고안되었다. 게다가 청해능력이 언어습득의 기반이 된다고 생각하는 TPR(Total Physical Response)이나 내츄럴 어프로치(Natural Approach), 촘스키의 「가설검증」 이론의 영향을 받아 제1언어습득과정에 있어서 유아의 시행착오를 중시하고 제2언어교육에 있어서도 학습자에게 시행착오를 요구하는 사이런트 · 웨이(Silent Way) 등도 같은 계보라고 말할 수 있다.

그 후 제2언어습득의 연구는 더욱 진전되어 현재는 다음과 같은 3종류의 가설이 주목 받고 있다.

1. 「인풋가설」(Krashen)

「이해 가능한 인풋」만이 습득에 연관되는 「인풋」이고, 자연스럽게 주고받는 가운데 있어서도 「이해한 언어 데이터」가 습득되어져 간다.

2.「아웃풋가설」(Swain)

「인풋가설」은 바르지만 그것만으로는 충분하다고는 말할 수 없다. 아웃풋에 동반되는 모니터링이나「알아차림」「인지비교」 등이 효과를 향상시킨다.

3.「인터액션의 가설」(Pica)

자연스럽게 주고받는 가운데에는「인풋」이나「아웃 풋」의 면도 있지만 그 밖에도 다음과 같은 기능이 있다.

1) 학습자의「명확화 요구」에 의해 네이티브 스피커의 인풋이 수정되고「이해 가능한 인풋」이 되어 습득으로 이어져 간다.
2) 네이티브 스피커의「확인요구」에 의해 학습자는, 자신이 말하고 싶었던 것의 바른「모델」을 얻을 수 있다.
3) 네이티브 스피커의「명확화 요구」에 의해 학습자의 아웃 풋이 네이티브 스피커에게「이해가능한」 것으로 수정할 기회를 얻게 할 수 있다.

－高見澤孟(2004)「교수법에 있어서 제2언어습득연구의 영향」『新はじめての日本語教育2 日本語教授法入門』アスク出版

평가하기

다음을 읽고 맞으면 ○, 틀리면 ×를 하시오.

1 실러버스란 [학습항목] 또는 [학습항목 일람표]를 가리킨다. ( )

2 機能 실러버스란 언어를 「形」의 관점에서 분류해서 늘어놓은 것으로, 쉬운 것, 단순한 것부터 어려운 것, 복잡한 것으로 체계적으로 정리해서 학습항목을 늘어 놓는 특징을 갖는다. ( )

3 사이런트 웨이는 세계 제2차 대전 후 ASTP를 이어받은 형태로 미시건 대학의 프리즈에 의해 확립된 교수법으로 이론적 근거로 구조 언어학 뿐만이 아니라 행동주의 심리학에도 중점을 두고 있다. ( )

4 CLL은 미국의 심리학자 아셔에 의해 제창된 교수법으로 청해력을 중시해 들은 것을 온몸으로 반응하는 방법을 이용한다. ( )

5 포네텍 메소드(Phonetic Method, 음성학적 교수법)란 음성기호를 이용한 계통적인 음성지도를 목표로 하는 음성중시의 교수법을 말한다. ( )

6 퍼머(H.E.Palmer)는 오럴 메소드(Oral Method) 교수법에서 언어운용을 위한 언어학습의 5가지 습성으로, a.귀에 의한 관찰 b.입으로 흉내내기 c.입에 익히기 d.의미부여 e.유추에 의한 작문을 제시하고 있다. ( )

7 테스트의 좋고 나쁨을 측정하는 척도로는 신뢰성, 타당성, 객관성을 들 수 있다. ( )

8 코스에서 주로 사용하는 교재를 주교재라고 하며, 주교재를 선택할 때는 대상자, 학습의 최종목표, 실러버스, 상정학습시간, 교수법과 수업의 흐름, 매개 언어의 유무, 표기, 문법적 설명의 유무, 교재의 구성, 부속교재 등을 고려해야한다. ( )

9 국제이해교육이란 국어, 외국어, 사회 등의 교과를 통해 아이들이 세계에 대한 이해를 넓히고 국제사회의 일원으로서 행동할 수 있도록 육성하는 것을 목표로 하는 학습지도요령에 포함된 교육내용의 하나를 말한다. ( )

10 매스 미디어 등이 갖는 지배적인 영향력에 대해서 전달되는 정보를 비판적으로 분석하고 활용하는 능력을 정보 리테라시라고 한다. ( )

1. 언어 교육법과 실기

- 코스 디자인
- 니즈분석
- 목표언어조사 및 분석
- 실러버스 디자인
- 커리큘럼 디자인
- 교수법
- 지도법의 흐름
- 평가법
- 수업 계획과 실시
- 활동의 형태
- 교재분석 및 개발
- 교안작성
- 수업분석과 평가
- 오용분석
- 목적 · 대상별 일본어 교육

2. 이문화간 교육과 커뮤니케이션 교육

- 이문화간 교육
- 이문화간 접촉의 영향
- 문화사이를 이동하는 사람들을 위한 이문화간 교육
- 다문화 사회를 맞이하기 위한 이문화간 교육
- 일본어 교육에 있어서의 이문화간 커뮤니케이션 교육

3. 언어교육과 정보

- 일본어 교육에 있어서의 컴퓨터 활용
- 정보에 관한 리테라시
- 저작권

과제

- 다음에 제시하는 실러버스의 특징을 간단히 설명하고 이 실러버스를 어떠한 학습자에게 사용하면 좋은지를 아래의 리스트에서 골라 괄호 안에 기호를 넣으시오.

1. 구조 실러버스 (　　)
2. 機能 실러버스 (　　)
3. 장면 실러버스 (　　)
4. 화제 실러버스 (　　)
5. 技能 실러버스 (　　)

A. 여행자로서 여관을 예약하는 것과 같이 특정상황에서의 일본어로 한정해서 학습하고 싶은 사람
B. 대학이나 전문학교에 입학할 사람
C. 여러가지 내용이나 화제에 대해서 일본인과 똑같이 논쟁할 정도로 실력을 키우고 싶은 사람
D. 대학입시에 소논문이 있기 때문에 그 쓰는 방법에 한정해서 공부하고 싶은 사람
E. 어떤 특정한 장면이나 상황 속에서 자신의 의사나 요구를 상대에게 실례가 되지 않도록 전달하고 원활한 커뮤니케이션을 달성하고 싶은 사람

12 주차

일본어의 역사

학습 목표

① 일본어의 시대구분과 그 특징을 개괄적으로 이해한다.
② 上代일본어를 문자 · 표기, 음운, 어휘, 문법, 문체, 방언별로 나누어 그 특징을 학습한다.
③ 中古일본어를 문자 · 표기, 음운, 어휘, 문법, 문체, 방언별로 나누어 그 특징을 학습한다.
④ 中世일본어를 문자 · 표기, 음운, 어휘, 문법, 문체, 방언별로 나누어 그 특징을 학습한다.
⑤ 近世일본어를 문자 · 표기, 음운, 어휘, 문법, 문체, 방언별로 나누어 그 특징을 학습한다.
⑥ 近代일본어를 문자 · 표기, 음운, 어휘, 문법, 문체, 방언별로 나누어 그 특징을 학습한다.

학습 내용

① 일본어의 시대구분 및 개관
② 上代일본어의 특징
③ 中古일본어의 특징
④ 中世일본어의 특징
⑤ 近世일본어의 특징
⑥ 近代일본어의 특징

사전 학습

1. 각 시대의 일본어에 대한 설명으로 맞지 않는 것은 ? (　　)

① 上代에는 한자를 이용하여 이두식으로 쓰는 万葉仮名와 한자에 의한 문자생활이 이루어졌다.

② 中古에는 운문인 和歌뿐만이 아니라 궁중을 중심으로 한 物語, 일기, 수필 등의 가나문학이 탄생하여 문학의 황금기를 이루게 되었다.

③ 中世에는 문말표현 「ます」의 옛 형태인 「まらする」「まるする」가 사용되었다.

④ 近世에는 신분제도의 붕괴로 신분, 직업, 성별에 의한 표현양식이 정리통합 되었고 대우표현의 변화를 가져왔다.

2. 上代일본어의 특징으로 맞지 않는 것은? (　　)

① 上代에는 주로 漢字나 万葉仮名가 사용되었다.

② 동사활용은 下二段活用을 포함하여 9종류의 활용이 있었다.

③ 복잡하고 세세한 사항을 나타내는 어휘는 불충분하고 정적인 표현의 어휘가 중심이 되었다.

④ 문체로는 순수한 漢文体, 記録体, 和文体, 草書体가 사용되었다.

3. 中古일본어의 특징으로 맞지 않는 것은? (　　)

① 万葉仮名를 기반으로 히라가나가 발생하였다.

② 上代特殊仮名遣い의 구별이 없어졌다.

③ 수동, 가능, 자발을 나타내기 위해서 「ゆ」「らゆ」가 사용되었다.

④ 係り結び법칙이 가장 잘 지켜지는 시대였다.

4. 中世일본어의 특징으로 맞지 않는 것은? (　　)

① 희망을 나타내기 위해서 「まほし」가 활발하게 사용되었다.

② 濁点이 현재와는 다르게 여러가지 형태의 방법으로 표기되었다.

③ 이 시대의 모음은 5개가 있었는데 「エ」는 [ye], 「オ」는 [wo]의 음가를 가지고 있었다.

④ 動詞의 二段活用이 一段化 경향이 나타난다.

5. 近世일본어의 특징으로 맞지 않는 것은? (　　)

① 한자의 일반화가 진행되어 当て字가 많이 나타나게 되었다.

② 「ジ」와 「ヂ」, 「ズ」와 「ヅ」의 음의 구별이 元禄年間에 소멸되었다.

③ 과거 · 완료를 나타내는 조동사 「き、けり、つ、ぬ、り」가 쇠하고 「たり」와 「た」가 사용되다가 「た」가 중심이 되었다.

④ 정중의 조동사로 「です」「ます」가 사용되기 시작했다.

6. 近代일본어의 특징으로 맞지 않는 것은? (　　)

① 한자사용의 제한이 이루어져 1946년 当用漢字1850자가 공포되어 사용되었다.

② 번역을 통해서 한어가 급속도로 증가하게 되었다.

③ 언문일치운동에 의해 明治後期부터 구어문이 확립되었다.

④ 존경어로 「さっしゃる」「しゃる」가 활발하게 사용되었다.

01 일본어의 시대구분 및 개관

Ⅰ 일본어의 시대 구분

언어 개개의 사항을 보면 그 변천하는 양상이 각각 다르고 그 시대가 차이가 나기 때문에 정치사나 제도사와 같이 명확하게 일본어를 나눌 수는 없다. 하지만 어떤 시점을 나누어 보면 음운, 문법, 어휘 등에 있어서 변천이 있었던 것은 틀림이 없기 때문에 그 명확한 차이를 보고 과도기적 양상에 주의해서 그 사이에 하나의 경계를 그을 수 있다. 또 언어는 사회적인 것이기 때문에 사회의 변동에 영향을 받고 정치상의 커다란 변혁, 그에 따른 사회정세의 큰 변화는 결국 언어상에도 나타난다. 이러한 점을 고려해서 일본어사의 시대구분은 다음과 같이 나누어 지는 것이 보통이다.

- 上代(奈良시대이전 및 奈良시대(~794))
- 中古(平安시대(794~1192))
- 中世(院政期(1086~1192), 1192~1333), 室町시대(1333~1603))
- 近世(江戸시대(1603~1867))
- 近代(明治시대이후(1868~))

Ⅱ 각 시대별 일본어 개관

1. 上代

1) 上代는 기록물이 처음 나타나는 시기부터 794년까지를 말함. 奈

良시대는 710년에 수도를 平城京로 천도하여 794년에 平安京로 천도할 때 까지를 가리킴.

2) 나라시대가 되면 문헌자료도 많아지므로 당시의 일본어의 모습을 파악하는 것이 가능해지는데 초기의 생생한 언어 기록은 金石文 등의 단편적인 자료에 의존할 수 밖에 없으나 8세기에는 『古事記』『日本書紀』『万葉集』 등의 유명한 문헌들이 나타나므로 당시의 기본자료가 됨.

3) 당시에는 한자를 이용하여 이두식으로 쓰는 万葉仮名와 한자에 의해 문자생활이 이루어짐.

4) 이 시대의 언어는 주로 奈良지방의 언어가 중심이었고 구어와 문어의 차이는 크지 않았던 것으로 보임.

5) 『万葉集』의 東歌(아즈마 우따), 防人歌(사키모리 우따)를 통해 변방인 동부지역의 말을 찾아볼 수 있는데 奈良지방 언어와 많은 차이를 보임.

2. 中古

1) 수도를 平安京로 천도한 이후 400년을 中古시대 또는 平安시대라고 함.

2) 이 시대는 중앙의 표준어였던 奈良지방의 언어가 京都어로 중심이 옮겨지는 시대임.

3) 일본의 고유문자인 仮名가 성립되고 和文이 성립됨.

4) 운문인 和歌뿐만이 아니라 궁중을 중심으로 物語(모노가타리), 일기, 수필 등의 가나문학이 탄생하여 문학의 황금기를 이루게 됨.

5) 후세 사람들은 이 시대를 하나의 이상 세계로 동경하게 되며 헤

이안 문학을 고전문학이라고 표준화하고 이 시대의 일본어를 고전일본어의 대표로 규범화하기에 이름.

6) 가나문학이 융성하였으나 여전히 漢詩, 漢文, 変体漢文 등의 한자적 세계가 건재하여 공적으로는 한자나 한문이 쓰이고 사적으로는 가나문자가 사용되었음.

7) 한자는 남성의 문자이고 가나는 여성의 문자라는 인식이 있었음.

3. 中世

1) 院政가 시작된 11세기말부터 江戸막부가 열린 17세기초까지 약 500년간은 일본어사에 있어서도 변화가 심했던 시기인데 이 시기를 중세 또는 近古라고 함.

2) 白河上皇의 院政이 시작될 무렵이 되자 保元 · 平治의 란을 계기로 중앙에 진출한 무사세력은 강해져 鎌倉에 막부를 열게 되고 귀족들의 세력은 점점 약해짐.

3) 室町시대도 전체적으로 전란의 시대로 사회적으로 불안이 계속되었기 때문에 서민불교가 확장될 여지를 가지고 있었으며 이러한 사회의 변혁과 동요는 일본어에도 영향을 미쳐 전 시대의 귀족풍의 우아한 표현이 무가풍의 강건한 것으로 바뀌어지게 됨.

4) 中世의 시기는 고대어가 근대화하는 과도기인데 이 과도적 상태의 처음과 끝이 크게 차이가 나기 때문에 이 시기를 다시 소구분해서 院政鎌倉시대의 약 300년간을 전기, 室町시대의 약 200년을 후기로 나누기도 함.

5) 室町시대는 고어와 현대어를 잇는 가장 중요한 시기이며 일반서민이 문화생활의 표면에 나타나기 시작한 시대임.

6) 현대어의 대표적인 문말표현인 ます의 고형 まらする、まるする

의 예가 발견됨.

4. 近世

1) 江戸에 徳川家康가 1603년 막부를 엶으로서 江戸시대가 시작이 되는데 전기에는 上方(가미가타)라고 해서 교토어(가미가타어)가 중심이 되었으나 후기에는 江戸(에도)어가 독자적인 위치를 잡고 현대일본어의 기틀을 마련해 감.
2) 이 시대에는 무사계급, 町人(쵸닝)계급, 여성어, 남성어 등 언어상의 구분이 있었으며 그 내부에서도 상류층, 중하류층 등으로 더욱 세분화 되어 다양성을 나타냄.

5. 近代

1) 근대는 明治維新이후를 가리킴.
2) 교육이 보급되어 도쿄어를 중심으로 하는 공통어가 전국적으로 퍼짐.
3) 인위적으로 언문일치를 시도하는 시기이기도 했으며 학교교육의 보급으로 전국적으로 국어교육이 이루어짐으로써 표준적인 언어 제시 및 문자통일의 필요성이 대두됨.
4) 어휘적 측면에서 특징적인 것으로 정중하게 말할 때 です, ます를 쓰도록 하였는데 이것은 현대어에까지 영향을 미치고 있음.
5) 매스컴의 발달로 방언의 쇠퇴를 가져오고 현재 에도어의 후신인 도쿄어가 중심이 된 공통어의 시대를 맞고 있음.
6) 신분제도의 붕괴로 신분, 직업, 성별에 의한 표현양식이 정리, 통합되었고 이로 인해 대우표현의 변화를 가져옴.
7) 国語国字改良운동이 일어나 이것이 학교교육에 채택되어 한자제

도, 가나자체의 정리, 구두법, 언문일치체의 보급 등 문어에 큰 영향을 미침.

8) 서양어의 영향을 많이 받게 되어 서양어를 한자로 번역함으로써 새로운 번역어가 탄생함.

Ⅲ 각 시대별 일본어 자료

1. 上代(奈良시대이전 및 奈良시대(~794))

1) 『魏志倭人伝』(297), 『後漢書倭人伝』(445) 등의 中国史書
   : 최고의 지명, 인명이 기재됨

2) 「稲荷山古墳出土鉄剣銘」(추정471), 「肥後江田古墳発掘太刀銘」(471년경) 등의 金石文

3) 『上宮聖徳法王帝説』(성립연대불명)에 기재된 「天寿国曼荼羅繍帖」(621)등의 変体漢文자료나 聖徳太子의 죽음을 슬퍼하는 巨勢三杖에 한 자 한 음씩 표기된 노래 등

4) 正倉院文書, 최근 출토되는 木簡류

5) 『古事記』(712), 『日本書紀』(720), 『万葉集』, 『風土記』

6) 薬師寺의 仏足石歌碑, 『続日本紀』所収의 宣命, 『延喜式』所収의 祝詞

真福寺本古事記 巻初(大須宝生院蔵)

西本願寺本万葉集(竹柏園旧蔵)

2. 中古(平安시대(794~1192))

1) 한문으로 쓰여진 『日本後記』나 『三代実録』 등의 史書

2) 訓点資料

3) 운문 : 『古今和歌集』와 같은 和歌, 謡いもの(神楽歌, 催馬楽 등)

4) 산문 : 『土左日記』『源氏物語』『枕草子』

元永本古今和歌集巻一(東京国立博物館蔵)

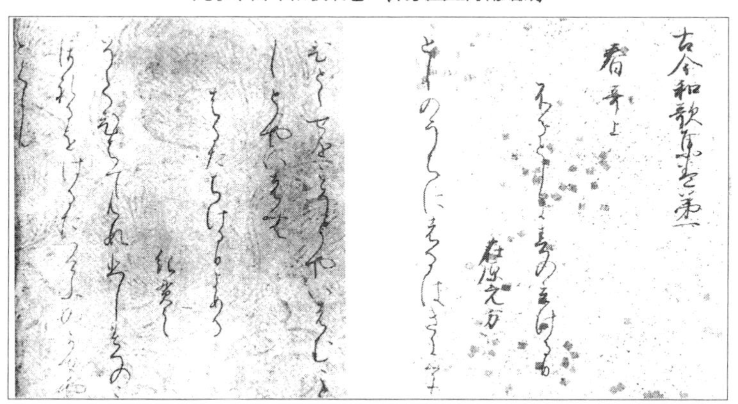

青表紙本源氏物語(前田育徳会尊経閣文庫蔵)

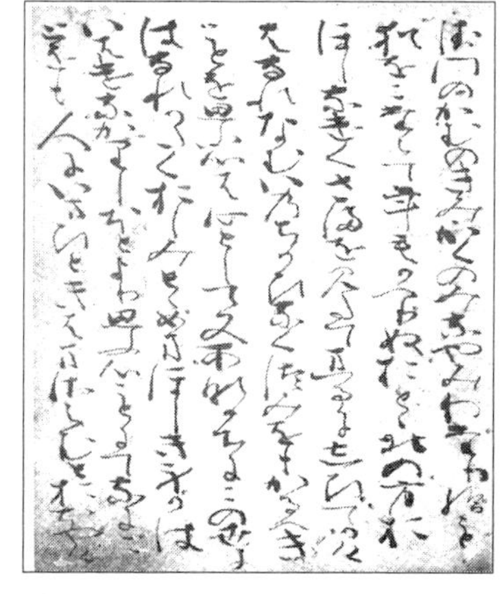

三巻本枕草子(田中重太郎氏蔵)

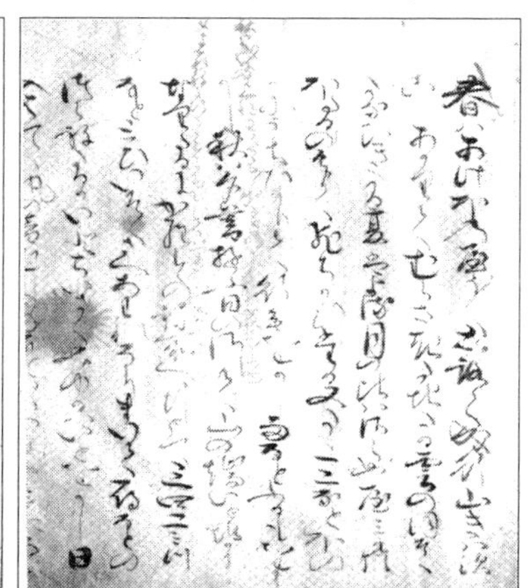

3. 中世(院政期(1086~1192)、鎌倉시대(1192~1333)、室町시대(1333~1603))

1) 院政期 : 『栄花物語』『狭衣物語』『今昔物語集』, 귀족들의 변체한문 일기

2) 鎌倉시대 : 『保元物語』『平治物語』『平家物語』

3) 室町시대

- 抄物 – 『論語抄』『史記抄』『毛詩抄』『玉塵抄』『四河入海』『中華若木詩抄』 등
- 狂言 – 「天正狂言本」「大蔵虎明本」 등
- 키리시탄자료 – 『天草版平家物語』『天草版伊曾保物語』『天草版金句集』『日葡辞書』『日本大文典』 등
- 조선자료 – 『捷解新語』『和語類解』『伊呂波』 등
- 중국자료 – 『書史会要』『日本館訳語』『日本風土記』

鈴鹿本今昔物語集(鈴鹿家蔵)

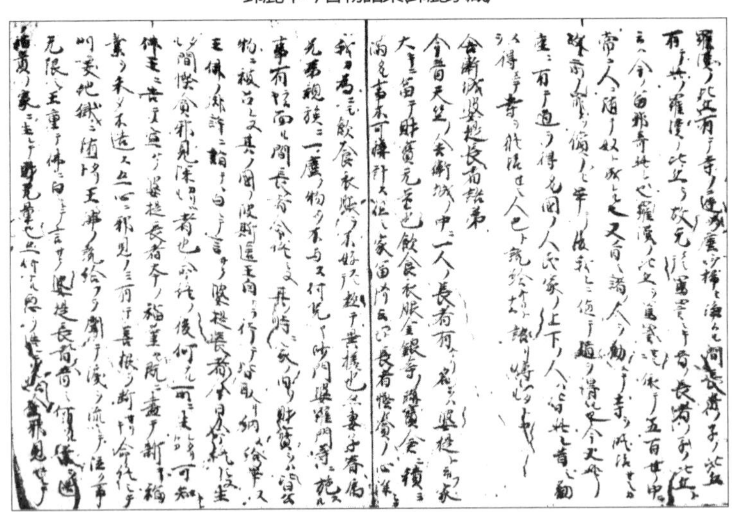

延慶本平家物語(大東急記念文庫蔵)

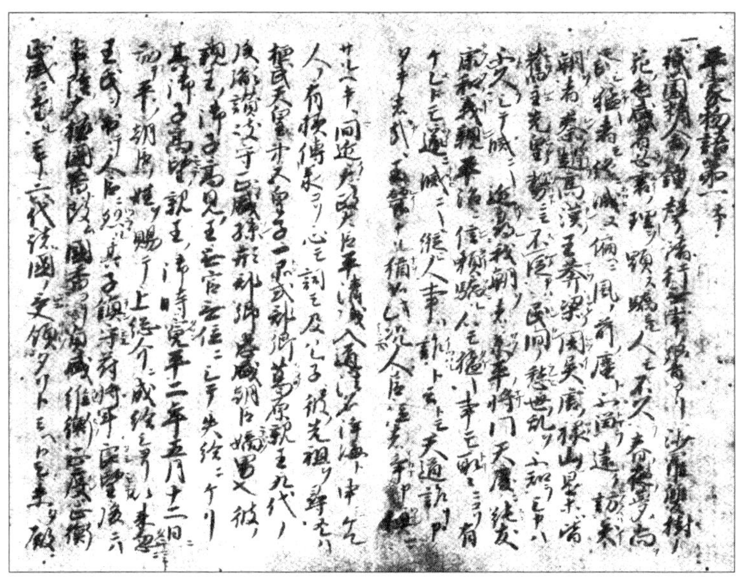

史記抄　伯夷列伝(京都大学図書館清家文庫蔵)

虎明本狂言(大蔵弥太郎氏蔵)

天草本平家物語(大英博物館蔵)

COno ychiquannitia Nipponno Feiqemoyŏ Historiaco, Morales Sentençasto, Europano Esopono Fabulasuo vosu mono nari. Xicareba coretano sacuxaua Gẽtio nite, sono daimocumo sanomi vomo vomoxicarazaru gui narico miyurutto iyedomo, carçũua cotoba qeicono tame, carçũua yono tocuno tame, coretatto taguyno xomotuo fanni firaqu cotouo, Ecclesianivoite mezzuraxicarazaru gui nari. Cacumogotoqino qiuameua, Deusno gosôcôuo cocorozaxi, sono Gloriauo coinegõni ari. Xicareba cono Collegioni voite imamade fanni firaqicaru qiõua coreta no guini rçuite sadamevocaruru fattono cocoroateni vôjite xenlacu xitaru gotoqu; cono ychibuuomo Superiores yori sadametamŏ fitobitono xenſacuvomotte fanni firaqite yocaranto sadametaretaru mono nari. Amaculani voite Feuereirono. 23. nichi ni coreuo xosu. Toqini goxuxxxeno nenqi. 1593.

4

3

FEIQE MONOGATARI.

Quan daiichi.

DAI ICHI. FEIQE NO XENZO NO qeizzu, mata Tadamori no vye no fomareto, Qiyomori no yxei yeiguano coto.

MONOGATARI NO NINIV.

YMANOIO. QIICHIQENGVEO.

VManojŏ. Qẽguecnobŏ, Feiqe no yurai ga qiqitai fodoni, ara ara riacu xite vo catari are.

QIICHI. Yasui coto de gozaru: vôcatari maraxôzu. Mazzu Feiqemonogatari no caqifajime niua vogori uo qiuame, fito uomo fito to vomouanu yŏ naru mono ua yagate forobita to yŭ xôjeqi ni, Taitŏ, Nippon ni voite vogori uo qiuameta fitobito no fateta yŏdai uo carçu mŏxite cara, sate Rocuhara no nhŭdŏ Saqi no Danjŏ daijin Qiyomori cô to mŏxita fito no guiŏgui no fufôma coto uo noxeta mono de gozaru. Sate sono Qiyomori no xenzo ua Quanmu tenvŏ cudai no ca-

A 3

原刊本捷解新語

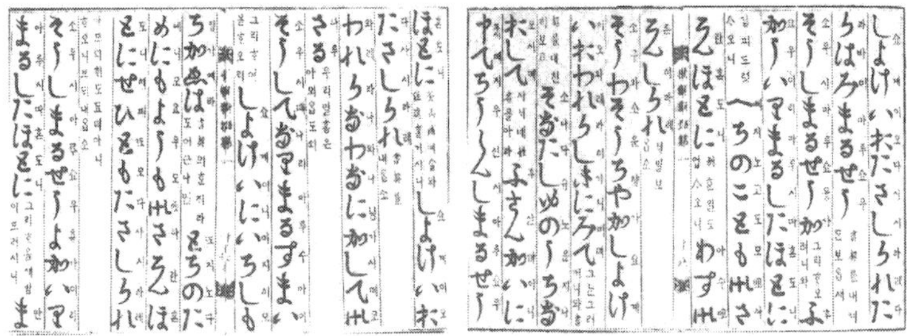

捷解新語文釈

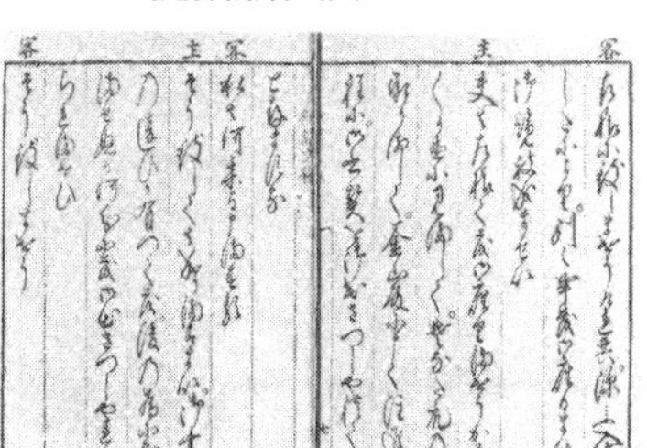

重刊改修本捷解新語

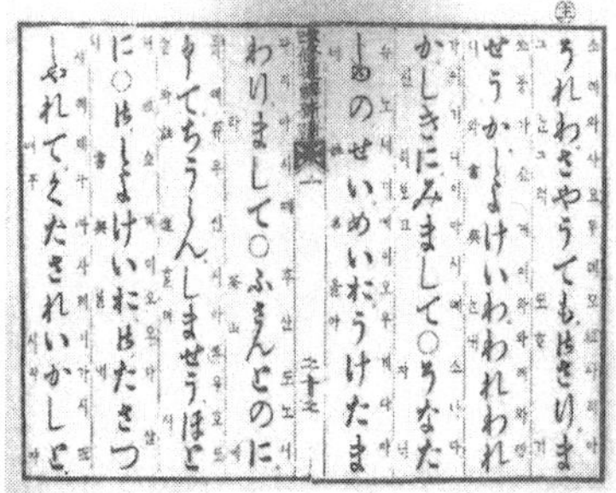

4. 近世(江戸시대(1603~1867))

1) 近松門左衛門(ちかまつもんざえもん)의 世話浄瑠璃, 松尾芭蕉(まつおばしょう)와 井原西鶴(いはらさいかく)의 작품

2) 『きのふはけふの物語』(1615－1624무렵), 『醒睡抄』(1623), 『雑兵物語』(1681－1684무렵)

3) 大久保彦左衛門(おおくぼひこざえもん)의 『三河物語』

4) 洒落本(明和(1764－1772)무렵)

5) 滑稽本(文化文政期(1804－1830)) : 式亭三馬(しきていさんば)의 『浮世風呂』(1809－1813), 『浮世床』(1813)

6) 人情本(天保(1830－1844)이후) : 為永春水(ためながしゅんす

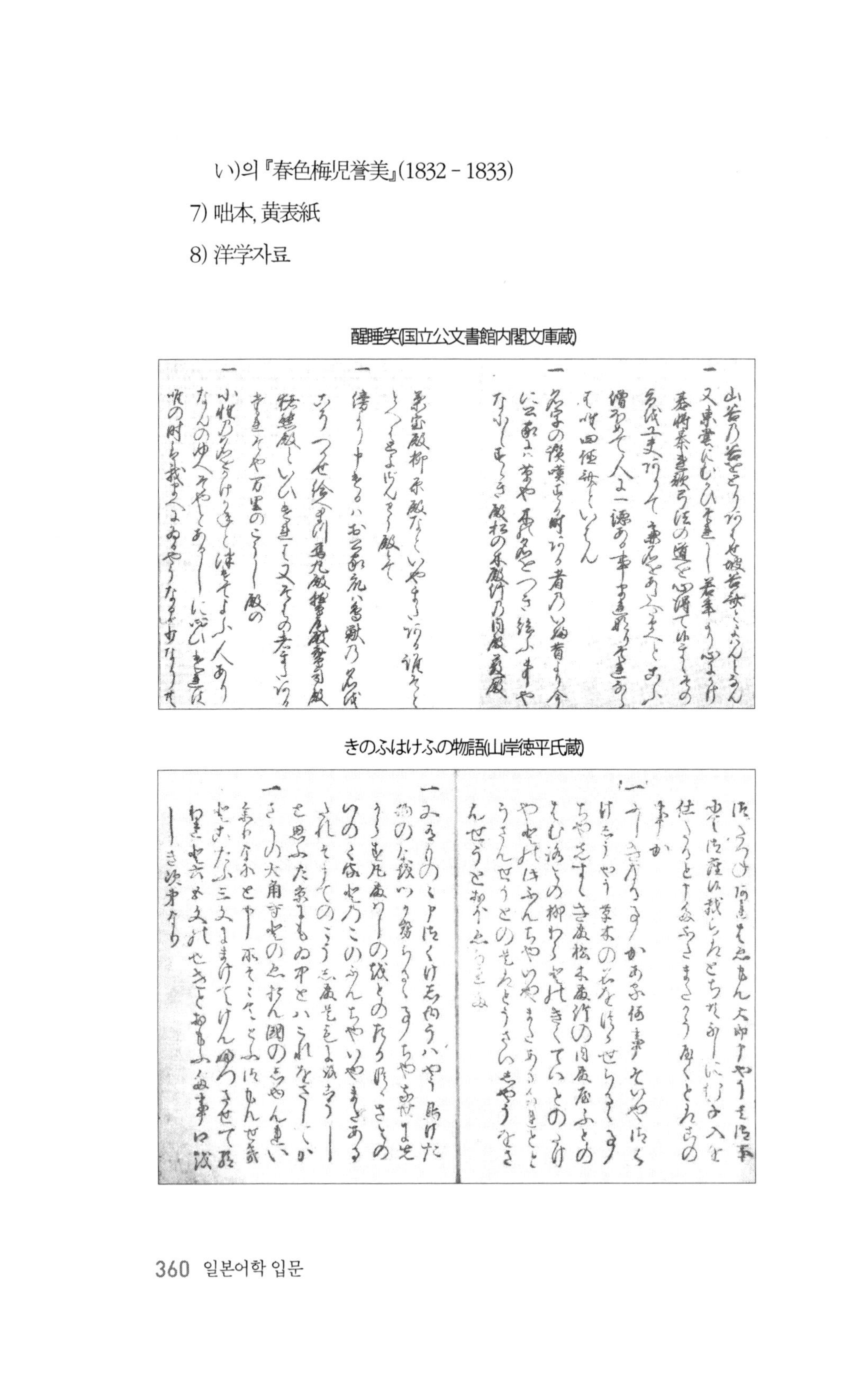

い)의 『春色梅児誉美』(1832－1833)

7) 咄本, 黄表紙

8) 洋学자료

醒睡笑(国立公文書館内閣文庫蔵)

きのふはけふの物語(山岸徳平氏蔵)

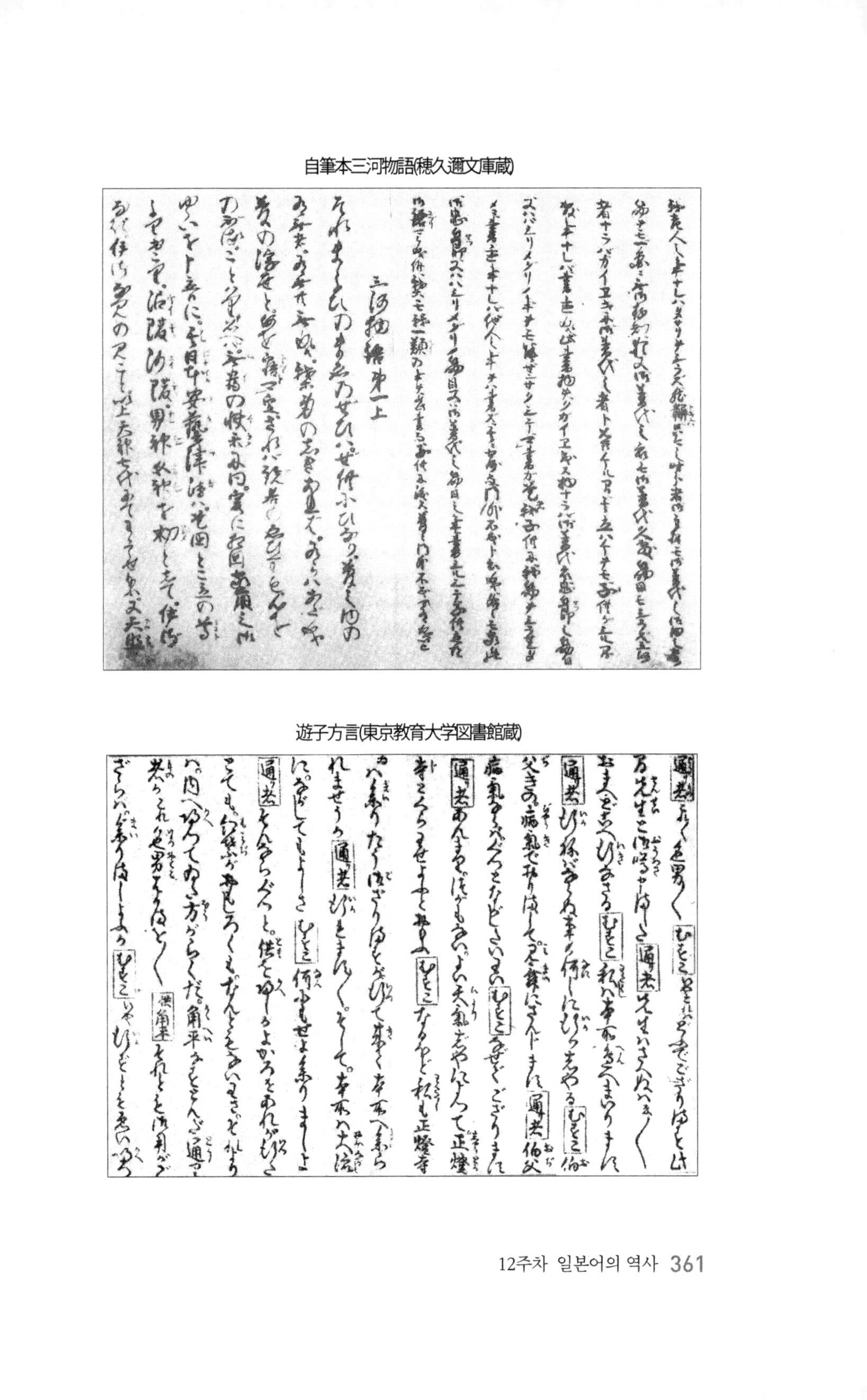

自筆本三河物語(穂久邇文庫蔵)

遊子方言(東京教育大学図書館蔵)

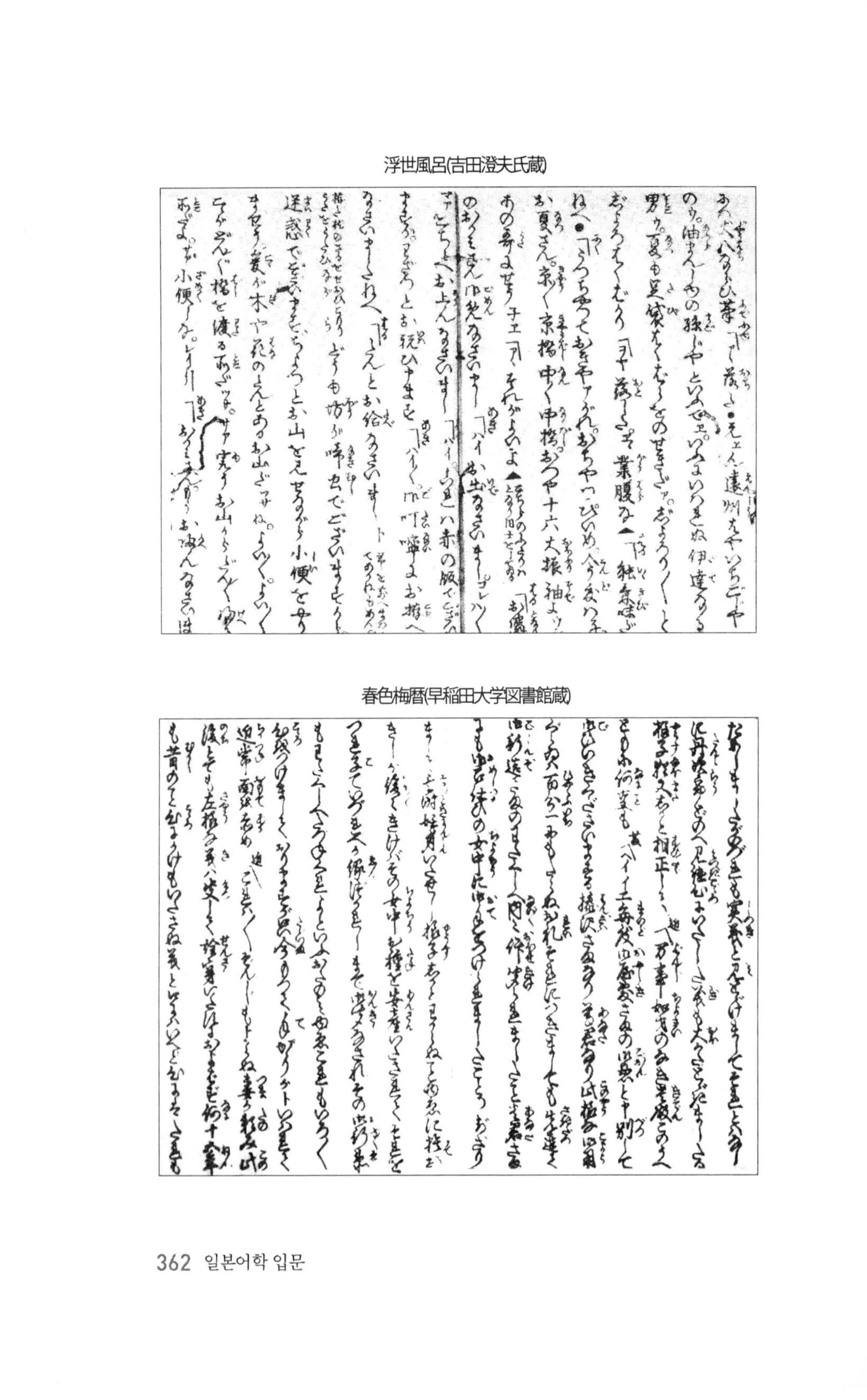

浮世風呂(吉田澄夫氏蔵)

春色梅暦(早稲田大学図書館蔵)

曲亭馬琴自筆稿本南総里見八犬伝(松浦貞俊氏蔵)

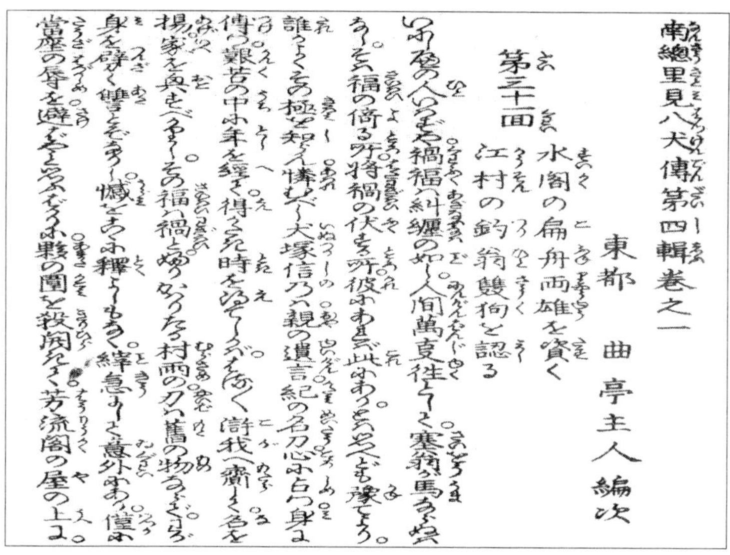

南總里見八犬傳第四輯巻之一
東都 曲亭主人編次
第三十一回 水閣の扁舟兩雄を資く
江村の釣翁雙狗を認る
いにしへの人いはずや禍福は糾纆の如し。人間萬事往として塞翁が馬ならぬは
なし。その福の倚る所禍の伏す所彼にあれば此にありといへども豫てより。
誰かよくその極を知らん。憐むべし犬塚信乃は親の遺言紀の名刀に心を臺つ身に
傳つ艱苦の中に年を經て得る時をまちてやうやくに許我へ齎して名を
揚家を興さんと思ひしその福は禍となりて村雨の刀は舊の物にあらざりければ
身を辱く讐とせられ憾をおもに釋よしもなく縲急にして意外にあり。僅に
當座の辱を避んとてなかなかに戰の圍を殺開て芳流閣の屋の上に。

南総里見八犬伝(山青堂版)

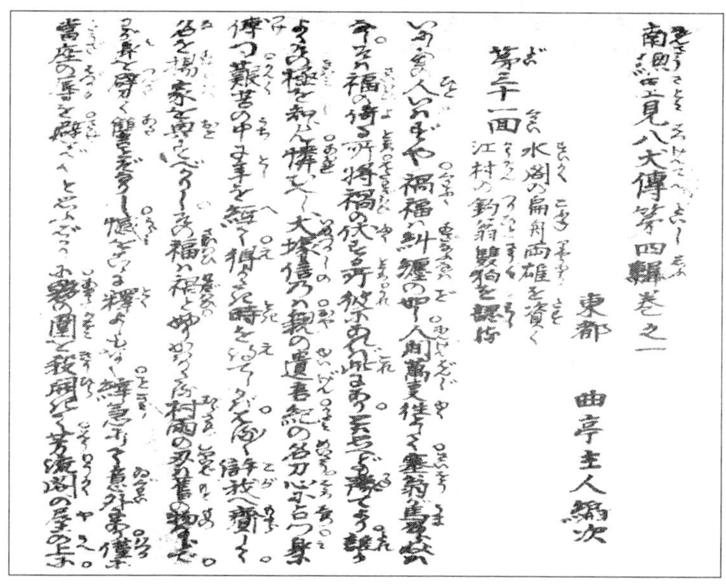

南總里見八犬傳第四輯巻之一
東都 曲亭主人編次
第三十一回 水閣の扁舟兩雄を資く
江村の釣翁雙狗を認る
いにしへの人いはずや禍福は糾纆の如し。人間萬事往として塞翁が馬ならぬは
なし。その福の倚る所禍の伏す所彼にあれば此にありといへども豫てより誰か
よくその極を知らん。憐むべし犬塚信乃は親の遺言紀の名刀に心を臺つ身
傳つ艱苦の中に年を經て得る時をまちてやうやくに許我へ齎して
名を揚家を興さんと思ひしその福は禍となりて村雨の刀は舊の物にあらざりければ
身を辱く讐とせられ憾をおもに釋よしもなく縲急にして意外にあり。僅に
當座の辱を避んとてなかなかに戰の圍を殺開て芳流閣の屋の上に。

5. 近代(明治시대이후(1868~))

1) 仮名垣魯文(かながきろぶん)의 『安愚楽鍋』

2) 『尋常小学読本』

3) 二葉亭四迷(ふたばていしめい)의 『浮雲』(1887), 山田美妙(やまだびみょう)의 『武蔵野』(1887), 『夏木立』(1888)

4) 馬場辰猪(ばばたつい)의 『日本文典初歩』

5) 大槻文彦(おおつきふみひこ)의 『言海』(1891)

6) 일본인에 의한 자료(일반학술서, 교과서, 소설, 각본 등), 일본어연구서(일본어문전, 조사보고서, 사전 등), 번역서(소설, 회화책, 외국어입문서, 학술서 등), 속기자료(落語, 講談, 연설, 좌담회 등), 녹음자료, 종합자료(신문, 잡지 등), 개인 소장 일기나 편지 등

仮名垣魯文『安愚楽鍋』初編「西洋好の聴取」(国会図書館蔵)

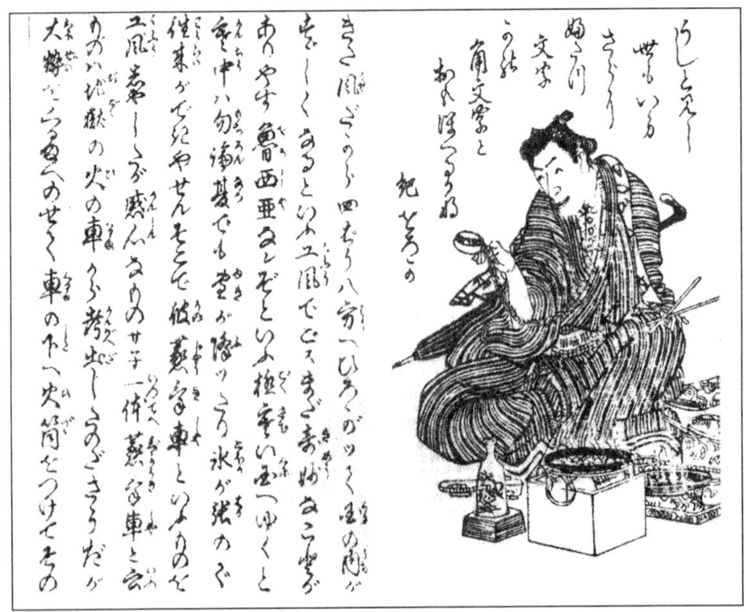

田中義廉編『小学読本』(東書文庫蔵)

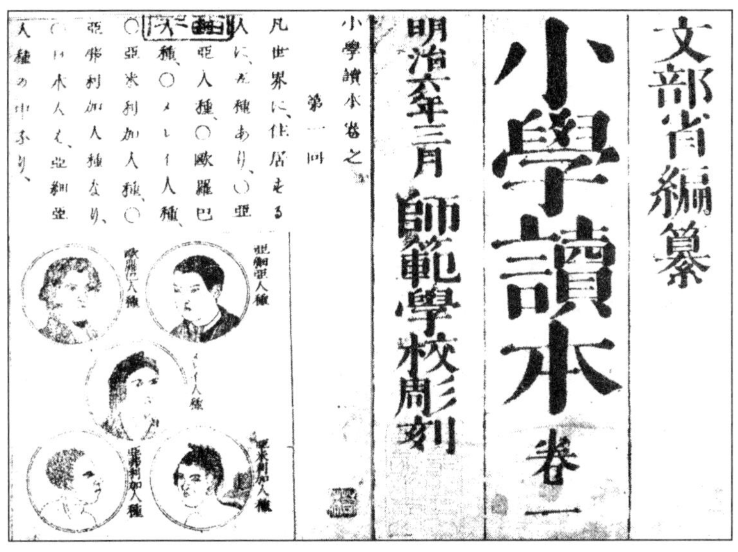

文部省編纂

小學讀本 巻一

明治六年三月 師範學校彫刻

小學讀本巻之一

第一回

凡世界に、住居せる人に、五種あり、○亞細亞人種、○歐羅巴人種、○メレイ人種、○亞米利加人種、○阿弗利加人種なり、○日本人も、亞細亞人種の中なり、

二葉亭四迷『浮雲』第一編・初版本(日本近代文学館蔵)

「其通り品格がないから嫌ひ

「また始まッたヘン跳馬ぢやアあるまいし萬古に品々も五月蠅い

「だッて人間は品格が第一でさアワ

「ヘンそんなにお人柄なら煮込みのおでんなんぞを喰度いといはないがいゝ

「ヂヤ何時私がそんな事を言ました

「ハイ一昨日の晩いひました

「嘘ばつかし

トハ言ッたが大にへこむだので大笑ひとなる不圖お政は文三の方を振向いて

八十四

「アノ今日出懸けに母親さんの所から郵便が着たッけがお落掌か

「ア眞に然うでしたッけ薩張忘却てゐました……エー母からも此度は別段ヨ手紙を差上げませんが宜しく申上げろと申ことで

「ハアさうですか其れはそれでも母親さんは何時もお異なそつたことも無くッて

「ハイお蔭さまと丈夫ださうで

「それはマア何よりの事だ嘸今年の暮を樂しみにしておよこしなすつたらうネ

「ハイ指ばかり屈て居ると申てよこしましたが……

八十五

「籠の浮囚」(『夏木立』所収)
(東京都近代文学博物館蔵)

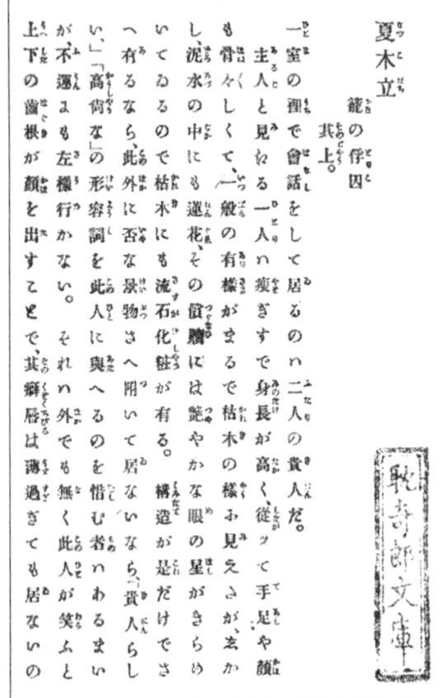
夏木立

籠の俘囚

其上。

一室の裡で會話をして居るのは二人の貴人だ。主人と見ゆる一人は瘦ぎすで身長が高く、從ッて手足や顔も骨々しくて、一般の有様がまるで枯木の樣に見えるが、去かし泥水の中にも蓮花、その質膩には艶やかな眼の星がきらめいてゐるので枯木にも流石化粧が有る。構造が是だけでさへ有るなら、此外に否な景物さへ附いて居ないなら、「貴人らしい、」「高尚な」の形容詞を此人に與へるのを惜む者はあるまいが不運にも左樣行かない。それは外でも無く此人が笑ふと上下の齒根が顔を出すことで、其嚼唇は薄過ぎても居ないの

山田美妙『夏木立』表紙・初版本
(東京都近代文学博物館蔵)

깜짝퀴즈

무사계급, 町人계급, 여성어, 남성어 등 언어상의 구분이 있고 내부적으로도 세분화되어 다양성을 나타냈던 때는 (　　　)이다.

예 중고시대　중세시대　근세시대　근대시대

02 上代일본어의 특징

I 문자 · 표기

1. 漢字

1) 한자의 전래를 동으로 만든 거울이나 칼 그리고 「漢倭奴国王」라는 금인(福岡県志賀島出土)등을 통해 알 수 있음.

2) 『古事記』에서는 応神天皇시대에 百済의 和邇吉師가 「論語十巻千字文一巻」을 가지고 왔다는 기록이 있는데 그 사실여부는 확인할 수 없지만 이 무렵 조선반도에서 한자나 한문의 전래가 있었다는 것은 명확함.

3) 『法隆寺金堂薬師仏光背銘』(607)에는 전체는 한문식이지만 부분적으로는 일본어화한 変体漢文의 표기가 보임.

   예 天皇大御身労賜時(天皇(すめらみこと)大御身(おほみみ)労み賜ひし時)

4) 한자한문을 외국어로서 音読함과 동시에 일본어에 빗대어 번역하여 訓読하는 것이 일찍부터 행해짐.

2. 万葉仮名

1) 한자를 그 의미와 관계없이 발음만을 이용하여 표기하는 방식으로 고안된 것을 万葉仮名라고 함.

2) 万葉仮名는 처음에는 문의 중간에서 고유명사를 표기하는데 사용됨.

   예 「稲荷山古墳出土鉄剣銘」(埼玉県行田市出土, 471경)

   …乎獲居臣上祖名意富比垝。[下略]

(ヲワケの臣　上つ祖名はオホヒコ)

3) 최종적으로는 문 전체의 음절을 각각 한 자의 万葉仮名에 의해 표기하게 됨.

예 安良多末能等之由伎我敝理波流多々婆末豆和我夜度尓宇具比須波奈家 (万葉集20巻 4490)

(あらたまのとしゆきがへりはるたたばまづわがやどにうぐひすはなけ)

4) 자립어를 큰 글씨로 표기하고 부속어, 접미사, 활용어미는 작은 글씨의 万葉仮名로 오른쪽으로 붙여서 표기하는 형태도 등장하는데 이것은 奈良시대에 들어와서 성립한 것으로 7세기말 문헌에서는 부속어도 큰 글씨로 나타내고 있음.

5) 万葉仮名는 그 발음이 字音에 근거한 것(音仮名)과 和訓에 근거한 것(訓仮名)으로 대별됨.

Ⅱ 음운

1. 上代特殊仮名遣

1) 上代의 万葉仮名는 「これ(此)」의 [コ]는 「己・許」로, 「こひ(恋)」「こども(子供)」의 [コ]는 「古・故・胡」로 표기되어 서로 혼동되는 일이 없이 구별되어 사용되었는데 이러한 구별을 말함.

2) 上代特殊仮名遣는 18세기 무렵 本居宣長(もとおりのりなが) 및 그의 제자인 石塚竜麿(いしづかたつまろ)에 의해 발견되었으나 그 동안 알려지지 않다가 橋本進吉(はしもとしんきち)에 의해 재발견됨.

3) 上代特殊仮名遣를 근거로 한 상대 일본어 음절의 종류(87종류)

ア	イ	ウ	エ(衣)	オ			
カ	キ甲	キ乙	ク	ケ甲	ケ乙	コ甲	コ乙
サ	シ	ス	セ	ソ甲	ソ乙		
タ	チ	ツ	テ	ト甲	ト乙		
ナ	ニ	ヌ	ネ	ノ甲	ノ乙		
ハ	ヒ甲	ヒ乙	フ	ヘ甲	ヘ乙	ホ	
マ	ミ甲	ミ乙	ム	メ甲	メ乙	モ(甲)	モ(乙)
ヤ	ユ	エ(江)	ヨ甲	ヨ乙			
ラ	リ	ル	レ	ロ甲	ロ乙		
ワ	ヰ	ヱ	ヲ				
ガ	ギ甲	ギ乙	グ	ゲ甲	ゲ乙	ゴ甲	ゴ乙
ザ	ジ	ズ	ゼ	ゾ甲	ゾ乙		
ダ	ヂ	ヅ	デ	ド甲	ド乙		
バ	ビ甲	ビ乙	ブ	ベ甲	ベ乙	ボ	

* モ의 甲乙구별은 『古事記』에만 있음.

2. 子音의 音価

1) カ行, ガ行 자음은 각각[k][g]임.

2) サ行 자음은 정설이 없고 [s][ʦ][ʃ] 등으로 생각되는데 [ʦ]와 같이 파찰음계통의 음이였을 가능성이 높음.

3) ザ行자음은 [ʣ] 또는 [z]으로 추정됨.

4) タ行, ダ行의 자음은 각각 [t][d]였음.

5) ナ行자음은 [n], マ行자음은 [m], ヤ行 자음은 [j], ラ行자음은 [r], ワ行자음은 [w]였음.

6) ハ行자음은 [ɸ]였음.

3. 音節結合의 法則

동일결합단위(어간, 어근)내에 있어서 모음의 공존에는 제한이 있었음.

1) オ列甲類音과 オ列乙類音과는 동일 결합단위 내에 공존하지 않음.
2) ウ列音과 オ列乙類音과는 동일결합단위내에 공존하는 경우가 적음. 특히 2음절의 결합단위에 있어서는 예외가 없음.
3) ア列音과 オ列乙類音과는 동일결합단위내에 공존하는 경우가 적음.

4. 頭音法則과 母音連続

1) 모음의 단독음절은 어두이외에는 오지 않음.
2) ラ行音은 문절의 처음에는 오지 않음.
3) 탁음은 문절의 처음에는 오지 않음.
4) 모음음절이 연속하는 것을 피하는 경향이 있음.
   ① 전항 말미의 모음이 탈락함.
      예 荒海(あらうみ) → 安流美(あるみ)
   ② 후항 첫머리의 모음이 탈락함.
      예 離れ礒(はなれいそ) → 波奈礼蘇(はなれそ)
   ③ 연속하는 2개의 모음이 융합해서 다른 모음을 형성함.
      - i+a →e
      - a+i →ë
      - ö+i →ï

④ 자음 특히 [s]가 삽입됨.

예 春+s+雨 → 波流佐米(ハルサメ)

Ⅲ 어휘

1) 上代의 어휘가 어느정도였는가는 불분명하지만 『万葉集』에서는 약 6500 어(개별어수)가 이용되었다고 하는데 대부분 和語이고 漢語는 0.3%에 불과함.
2) 和語는 일본어의 음절구조가 단순하고 2음절의 어휘가 대부분을 점한다는 음절상의 제한에서 동음이의어가 많고 하나의 단어가 가리키는 의미의 범위가 넓음.
3) 和語의 복합어는 의미의 분화가 시대의 흐름에 따라 늘어나는데 상대에는 「つき」「つくよ」와 같이 모음이 교체되는 경우가 많았음.
4) 「茶」「蝋燭」 등과 같이 물건의 이름으로써의 漢語가 문물의 유입과 함께 많이 들어옴.
5) 관직이나 관공서의 이름, 불교관계의 어휘에도 漢語가 이용되었는데 얼마나 일반화되었는지는 불분명하며 외래어라는 의식이 강했음.
6) 복잡한 사항이나 세세한 구별을 하는 사항의 어휘는 불충분하고 추상적 · 논리적 표현보다도 정적인 표현을 나타내는 어휘가 중심이었음.

Ⅳ 문법

1. 動詞

1) 動詞활용의 종류는 四段, 上一段, 上二段, 下二段, カ行変格, サ行変格, ナ行変格, ラ行変格의 8종류가 있고 下一段활용은 아직 보이지 않음.

2) 각 활용형의 체계

		未然形	連用形	終止形	連体形	已然形	命令形
四段活用	書く	−a	−i甲	−u	−u	−e乙	−e甲
上一段活用	見る	−i甲	−i甲	−i甲る	−i甲る	−i甲れ	−i甲/−yo乙
上二段活用	起く	−i乙	−i乙	−u	−uる	−uれ	−i甲/−yo乙
下二段活用	助く	−e乙	−e乙	−u	−uる	−uれ	−e乙/−yo乙
カ行変格活用	来(く)	こ乙	き甲	く	くる	くれ	こ乙
サ行変格活用	為(す)	せ	し	す	する	すれ	せ
ナ行変格活用	死ぬ	しな	しに	しぬ	しぬる	しぬれ	しね
ラ行変格活用	有り	あら	あり	あり	ある	あれ	あれ

3) 동사의 종류에 따라 미연형(四段, ラ変), 종지형(カ変, サ変, 上二段, 下二段), 연용형(上一段)에 ク가 붙은 형태로 용언을 체언화하는 용법인데 [~하는 것]을 나타냄.

예 語らく、通はく、来らく、為らく、恋ふらく、恐るらく

2. 形容詞

1) 형용사는 아직 충분히 발달되어 있지 않고 활용형의 용법도 정비되어 있지 않음.

2) 어간이 독립되어 사용되었고 활용어미는 부속어적인 의식에서 첨가됨.

① 체언 위에 와서 복합명사를 만들어 상태를 나타냄.

예 阿遠夜麻(青山)　和加久佐(若草)

② 명사 아래 붙어 술어적 역할을 함(뒤에 오는 명사의 연체수식을 함).

예 許登那具志(事無酒)

③ 용언의 앞에 와서 연용수식을 함.

예 多迦由久(高行く)

④ 어간에 に가 붙어 연용형의 역할을 함.

예 許迩加岐多礼(濃に画き垂れ)

3) ク活用은 객관적인 내용을, シク活用은 情意적인 내용을 나타내는 경향이 있어 구별됨.

4) ミ어법으로 명사(준체언) + (ヲ) + 형용사어간 + ミ(甲類)의 구조를 취해 「~가~이어서」라는 이유표현이 됨.

예 春の野に　すみれ採みにと　来しわれぞ　野をなつかしみ　一夜寝にける(万葉集　巻8 - 1424)

3. 助動詞

1) 과거회상의 き(特殊型)·けり(ラ変型) : 연용형에 접속. 「き」는 현재의 입장에서 과거에 있었던것을 돌아보며 기술하는 조동사이고, 「けり」는 과거의 사태와 현재의 사태를 복합시킨 의미를 나타내는 조동사임.

2) 완료의 つ(下二段型)·ぬ(ナ変型)·たり(ラ変型)·り(ラ変型).

3) 추량의 む(四段型)·けむ(四段型)·らむ(四段型)·らし(しく活用型)·まし(特殊型)·べし(ク活用型) : 「む」「まし」는 미연형, 「けむ」는 연용형, 「らむ」「らし」「べし」는 ラ変이외의 활용어의

종지형과 ラ変型활용어의 연체형에 접속함.

4) 부정의 ず・ぬ(特殊型) : 미연형에 접속. 「ず」에는 「ず・に・ぬ・ね」의 4형태가 있음.

5) 부정추량의 じ(特殊型)・ましじ(シク活用型) : 「じ」는 미연형, 「ましじ」는 ラ変이외의 활용어의 종지형과 ラ変型활용어의 연체형에 접속함. 「ましじ」는 平安시대 이후의 「まじ」의 전신임.

6) 계속의 ふ(四段型) : 미연형에 접속.平安시대이후 일부 동사의 어미 속에 형태가 남아있을 뿐임.

7) 단정의 なり(ラ変型) : 체언에 접속함. 「にあり」에서 전성된 어.

8) 전문추정의 なり(ラ変型) : 동사의 종지형에 접속함. 듣고 이해한 사실을 나타내는 조동사.

9) 비유의 ごとし(ク活用型) : 활용어의 연체형이나 조사 「ガ」「ノ」에 접속함.

10) 자발・가능・수동의 ゆ・らゆ・る(下二段型) : 미연형에 접속. 「ゆ」는 平安시대이후의 「る」에 해당하는 기능을 가짐. 이 시대에는 존경의 의미로 사용된 예가 없음.

11) 사역의 す・しむ(下二段型) : 미연형에 접속. 이 시대에는 「しむ」가 일반적이었음.

12) 존경의 す(四段型) : 미연형에 접속.

4. 助詞

1) 「つ」 : 명사를 받아 연체격으로 사용됨.

예 天つ神、国つ神、沖つ鳥

2) 「よ」「より」「ゆ」「ゆり」 : 기점을 나타내는 조사로 사용됨. 이 4조사간의 의미의 차이는 나지 않음. 「より」만이 平安시대이후에

도 이용됨.

3) 「ば」: 「ねば」의 형태로 사용될 때 역접의 의미가 되는 경우가 있었음.

4) 「なも」: 平安시대의 「なむ」에 해당하는 기능을 함. 「なも」의 예는 宣命에서 많이 나타남.

5) 「ぞ」: 係助詞로 청탁양용의 표기가 있음.

6) 「や」: 의문을 나타내는 語외에 간투조사의 용법도 있었음.

7) 係り結び현상은 이미 시작되었었는데 형용사의 경우 「こそ」의 結び가 已然形이외의 형이 된 예가 있음.

8) 「い」: 平安시대 이후에는 약해져 한문의 훈점에만 남음.

5. 敬語

1) 代名詞의 체계

1인칭	2인칭	3인칭			
		近称	中称	遠称	不定称
あ(わ)	な	こ	そ	か	た
あれ(われ)	なれ	これ	それ	かれ	たれ
	まし		し		
	いまし	ここ	そこ		いづ
	みまし	こち	そち	かなた	いづれ
	おのれ				いづち
					いづく
					いづら

2) 존경어

① 접두어 : おほ、大御(おほみ)、おほん、み、玉(玉体)、尊

(尊門)、芳(芳旨) 등

② 접미어 : たち

③ 명사 : 君、大君

④ 동사 : ます · います(가시다, 오시다, 계시다), たまふ(四段), たぶ(주시다), のりたまふ · のりたぶ(말씀하시다), をす(먹다, 마시다, 입다)

*ます、います、たまふ는 보조동사로도 쓰임.

⑤ 조동사 : す(四段)　존경어 동사 - 着す、寝(な)す、見す、聞こす、臥(と)やす 등

3) 겸양어

① 명사 : 奴(やっこ)、戯奴(わこ)

② 접미어 : ら

③ 동사 : たまふ(下二段) · たぶ(현대어의 ~させていただく에 해당하는 겸양어)、申す(말씀드리다)、まつる、たてまつる、つかへまつる(드리다)、まかる(귀한 분 앞에서 물러나오다)、まゐる(四段)(귀한 분 쪽으로 [가다][오다])

* 申す、まつる는 보조동사로도 쓰임.

④ 조사 : 「の」- 존경해야할 사람 또는 친하지 않은 사람을 나타내는 말에 쓰임.

「が」- 비하의 감정이나 친한 사람을 나타내는 말에 붙어서 쓰임.

Ⅴ 문체

1) 순수한 漢文体 : 十七条憲法、『古事記』序文
2) 記録体(変体漢文) : 한문을 기본으로 하고 거기에 和語를 대응시킨 것으로 한문식 反読法이나 조사, 한문과 다른 어순, 경어 등에 이용됨.
3) 和文体 : 조사, 조동사 그리고 용언과 조동사의 활용을 万葉仮名로 써 넣음과 동시에 일본어의 어순에 따라 한자를 배열한 것으로 宣命書가 대표적임.
4) 草書体 : 奈良시대말기 편지 등의 산문에 万葉仮名로 나타냄.

Ⅵ 방언

1) 『万葉集』의 巻14「東歌」、巻20「防人歌」를 통해 東国方言을 알 수 있음.
   - 음운 : 중앙어의 [ti]가 [tsi]로, [i]가 [u]로 이용됨.
   - 문법 : 형용사의 연체형이 [－け][－しけ]로, 四段活用의 연체형이 オ段, 부정의 조동사에 [なふ]가 이용됨.

03 中古일본어의 특징

Ⅰ 문자 · 표기

1) 문자로서 한자가 주로 이용됨.
2) 히라가나는 万葉仮名를 기반으로 초서체가 간략화되어 발생함. 남성도 사적으로 많이 이용함.
   예 『古今和歌集』, 紀貫之의 『土左日記』
3) 가타카나는 주로 万葉仮名의 자획의 일부분을 뗀 것에서 성립한 것으로 주로 한문훈독시 훈의 기입이나 사전 등의 訓注에 이용됨.

Ⅱ 음운

1) 上代特殊仮名遣가 혼란을 보이다가 구별이 없어짐.
2) 10세기중엽까지 ア行의 「エ」와 ヤ行의 「エ」가 구별되다가 나중에 소멸됨.
3) 이 무렵의 음운체계는 청음 47음절, 탁음 20음절로 히라가나, 가타카나가 いろは歌에 반영되어 있음.
4) 11세기 이후에는 ア行의 「オ」와 ワ行의 「ヲ」가 혼동되고, 어두이외의 「イ」와 「ヰ」, 「エ」와 「ヱ」의 통합이 보임.
5) 어두이외의 ハ行음이 ワ行음으로 변하는 현상이 보임(ハ行転呼音). 또한 어두의 ラ行음도 발생함.
6) 새롭게 撥音, 促音이 발생하여 상대는 모두 開音節이라는 법칙이 깨어짐.

7) ア・ヤ・ワ行音 앞에 [m][n][t]음이 올 때 マ行、ナ行、タ行으로 변화하는 것을 連声이라 하는데 이 현상이 일어남. 예)天皇(てんのう)、三位(さんみ)
8) 拗音도 발생하고 게다가 二重母音이 국어화되어 모음이 연속하지 않는다는 상대의 음운규칙이 깨어짐.
9) イ音便、ウ音便、促音便、撥音便이 발생함.

Ⅲ 어휘

1) 和語에 있어서 歌語는 산문의 어와는 다른 어로서 의식되어 일상적인 어휘는 쓰여지지 않음.
2) 漢文訓読語도 일반적인 和語와는 다른 어가 사용됨.

예 「来(ク)」대신에 「来(キタ) ル」, 「いみじく」대신에 「ハナハダ」 등

3) 漢語는 외래어로서의 특수성을 가지고 있었으나 차츰 국어 속에 침투되어 사용됨.

예
- 「台敷(だいしき)」: 重箱読み, 「老法師(おいほうし)」: 湯桶読み
- 「懸想(けさう) ばむ」「執念(しふね) し」: 한어에 근거한 造語

Ⅳ 문법

1. 動詞

1) 활용형식은 四段, 上一段, 上二段, 下一段, 下二段, カ行変格, サ行変格, ナ行変格, ラ行変格의 9종류가 됨.

2) 音便形이 나타나는데 イ音便, 促音便, 撥音便은 9세기에, ウ音便은 11세기가 되어서 나타남.

3) 音便形은 그 쓰임에 있어서 和歌에는 이용되지 않았으며 특히 促音便 · 撥音便은 和文에는 이용되지 않음.

2. 形容詞

1) 형용사는 ク活用과 シク活用이 있었는데 활용이 정비되어 已然形에 있어서 상대의 「け」「けれ」가 「けれ」로 정착되어 「こそ」의 結び로 이용되게 됨.

2) 형용사가 본래 조동사와 결합하지 않고 명령형도 가지고 있지 않은 것을 보완하기 위해서 カリ활용(보조활용)이 많이 이용되게 됨.

3) 조어력이 충분하지 않은 형용사의 어휘부족을 보완하기 위해서 ナリ활용, タリ활용이 성립하게 되었는데 ナリ활용이 주였고 タリ활용은 한문훈독에 한정됨.

3. 助動詞

1) 수동, 가능, 자발을 나타내는 語로서 「ゆ」「らゆ」가 사용되지 않고 「る」「らる」가 이용되게 되었고 존경도 나타내게 되었음.

2) 「す」「さす」가 성립되어 和文에서 사역을 나타내는 것에 이용되었고 다른 語와 함께 이용되어 존경의 뜻도 나타내게 되었음.

3) 과거나 완료를 나타내기 위해서 「き、けり、つ、ぬ、たり、り」가, 추량을 나타내기 위해서는 「む、けむ、らむ、めり、らし、

まし、べし」가 있었음.

4) 희망을 나타내는「まほし」가 나타나 和歌나 和文에 이용됨.

5) 단정의「なり」가 활용어의 연체형에 접속하게 되었고 한문훈독에 이용되는「たり」도 성립하게 됨.

4. 助詞

1) 상대에 있었던 연체격「つ」「な」가 숙어를 제외하고 사용되지 않게 됨.

2) 「が、の」는 전적으로 연체격을 나타냈었는데 연체격「が」는 중고가 되어서 대명사, 수사, 사람에 관한 語에 한해서 접속되게 됨.

3) 주격의「が、の」는 상대에는 종속구, 조건구의 주격이라든지 연체형 종지문의 주격에 한정되었었는데 중고시대에도「の」의 쓰임은 같았지만「が」는 용언 연체형을 받아 주격을 나타내는 경우가 늘어남.

4) 중고에는 係り結び법칙이 가장 잘 발달했음.

5. 敬語

1) 존경표현으로 우선 특정한 명사(「帝・上・御身・君」등)나 접두어・접미어「御(ご)」「御(おん)」「御(み)」「殿(との)」「～卿(きょう)」「～君(ぎみ)」가 사용됨.

2) 특정한 존경어 동사로「給ふ・たまはす・のたまふ・のたまはす」「ます・います・おはす・おはします」「めす」「御覧ず」「聞こす・聞こします」「おもほす・おぼす・おもほしめす・おぼしめす」「しろしめす」「奉る」「参る」「大殿籠もる」가 사용됨.

3) 존경의 조동사로「す・さす・しむ・る・らる」가 사용됨.

4) 특정한 겸양어 동사로 「さぶらふ」「参る・詣づ」「罷る・まかづ」「奉る・参る・参らす」「賜はる」「申す・聞こゆ・聞えさす・承る」「仕う奉る」가 사용됨.

5) まいらす는 최고급 경어로 쓰였으며 まかる는 行く・来る의 뜻을 나타내는 것 외에 다른 동사에 상접하여 화자의 겸손함을 나타냄.

6) 「はべり」는 원래 [귀인 옆에서 모시다]라는 뜻의 겸양어인데 이 시대에 청자가 귀한 분일때 경의를 나타내는 丁寧語로서의 용법이 활발해짐.

7) 「さぶらふ」도 丁寧語로서의 용법이 생겨 이 시대말에 활발히 사용됨.

V 문체

1) 記録体가 이 시대에도 많이 이용됨.

2) 漢字かな交じり文에 있어서 宣命書와 カタカナ交じり文이 보여짐.

3) カタカナ交じり文은 한문훈독을 기반으로 성립되었다고 하는데 이후 『今昔物語集』 등의 문체로 이어져 감.

4) 이 시대에 『古今和歌集』『土左日記』로부터 『枕草子』『源氏物語』까지 나타나 히라가나문의 전형을 이룸.

Ⅵ 방언

이 시대에는 자료가 적고 명확하지 않으나 京都사람들은 동국방언을 이상한 말로 여겨 강하게 폄하했던 것을『源氏物語』의 기록을 통해 알 수 있음.

예 若うより、さるあづまの方の、遥かなる世界にうづもれて年経ければにや、声などほとほとうちゆがみぬべく、物うちいふ、すこしだみたるやうにて、(東屋)

깜짝퀴즈

ア・ヤ・ワ行音에 [m][n][t]음이 계속될 때 マ行、ナ行、タ行으로 변화하는 것을 (　　)라 하는데 이 현상은 中古시대에 일어났다.

예 音便　ハ行転呼音　連声　四つ仮名

04 中世일본어의 특징

I 문자 · 표기

1) 한자사용 기회가 증대해 갔으며 「六借(ムツカシ)」「浅増(アサマシ)」 등의 宛字도 늘어감.
2) 鎌倉시대가 되면 カタカタ자체의 통일도 이루어져 가 사전에도 이 표기가 사용되게 됨.
3) 『今昔物語集』로부터 『発心集』『沙石集』 등의 설화, 『保元物語』『平治物語』『太平記』 등의 군사물까지 カタカナ交じり文에 의해 나타내어지는 경우가 많아짐.
4) 室町시대에도 漢籍이나 仏典의 주석, 抄物 등이 가타카나로 표기됨.
5) 히라가나는 鎌倉시대를 거쳐 室町시대가 되자 전통적인 和歌, 物語에서 歌謡, 御伽草子나 일기 등에도 침투되었음.
6) 탁점은 현재의 것과는 다른 갖가지 형태의 방법이 있었음.
7) 반탁점은 室町시대가 되어서 보여지게 되는데 키리시탄자료에서는 현재와 같은 정도로 사용되었음.
8) 중세에는 仮名遣い가 문제시 되었는데 이것은 중고중엽이후 음운이 변화하여 「イ」와 「ヰ」, 「エ」와 「ヱ」, 「オ」와 「ヲ」가 동일한 음이 되었고 문절처음 이외의 ハ行音이 「ワ、ヰ、ウ 、ヱ、ヲ」가 되었기 때문임. 이 때문에 鎌倉시대에는 가나를 구별해서 쓰는 것이 혼란을 보여 정리할 필요가 생겨났는데 藤原定家의 『下官集』에는 이러한 가나를 구별해서 쓰는 방법이 제시되어 널리 퍼지게 되었음. 이 표기법을 「定家仮名遣い」라고 하는데 당시 널리 퍼지게 됨.

Ⅱ 음운

1) 모음은 5개였는데 「エ」는 [e]가 아니라 [ye], 「オ」는 [wo]로 추정됨.
2) 室町시대말의 京都語에서는 鼻母音도 행해짐.
3) ハ行音은 [ɸ]였음.
4) 「セ、ゼ」는 [she][je]였지만 東国방언에서는 [se][ze]의 발음이었음.
5) 「チ、ツ、ヂ、ヅ」는 室町중기까지는 [ti][tu][di][du]였는데, 중기 이후에는 [chi][tsu][dji][dzu]가 되어 있었다고 추정됨.
6) 「ジ、ヂ、ズ、ヅ」의 四つ仮名도 室町중기까지는 혼동이 적었는데 말기에는 음이 접근하여 혼동의 가능성이 높아짐.
7) ウ段長音은 [iu][uu]가 변화하여 생긴 것으로 전자는 拗音化됨.
8) オ段長音에는 開音과 合音의 두종류가 있었는데 開音은 [au]가, 合音은 [eu][ou]가 변화된 것으로 전자는 [ɔ:], 후자는 [o:]로 추정됨. [eu]로부터 변화된 것이 オ段拗長音이 됨.
9) カ行合拗音[kwa][gwa]는 일반적으로 直音[ka][ga]와 구별되었는데 말기에는 直音化의 예도 보임.
10) 連声현상이 활발하게 일어나 이 시기에는 많은 예가 보임.
11) 복합어 뒤에 오는 어의 어두자음이 유성화 되는 현상을 連濁이라고 하는데 이 예도 많이 보임.

    예 「庚申コウジン」「変改ヘンガイ」등

Ⅲ 어휘

1) 한자한어의 통속적인 사전인 『下学集』『節用集』 등이 편찬될 정도

로 한어가 일상생활어로 퍼짐.

2) 和製漢語도 증가하여 일반화 됨. 예)「大根」「返事」「火事」

3) 禅僧이나 商人에 의해 중국으로부터 唐宋音으로 읽는 語「行灯あんどん」「普請ふしん」「暖簾のれん」등이 들어와 쓰여짐.

4) カタカナ交じり文에서는 의성어, 의태어가 증가함.

5) 어휘의 위상에 대한 의식이 널리 퍼짐. 예)女房詞、武士詞 등

6) 室町시대 후반 포르투갈인이 도래함에 따라 서양어와의 교섭이 시작되어 외래어가 나타남.

예 キリシタン、バテレン、カッパ、ボタン、パン、ビイドロ 등

Ⅳ 문법

1. 動詞

1) 二段活用의 一段化가 일어남.

2) ラ行変格活用이 四段化가 됨.

3) 동사의 명령형은 上方語의 一段活用으로「見よ」등「～よ」의 형태, 二段・カサ変格活用에 있어서는「申し上げい」등「～い」의 형태가 이용되었는데 東国方言에서는「見ろ」「申し上げろ」등「～ろ」의 형태가 사용됨.

4) 연용형에 있어서도 ハ行四段活用이 上方語에서는 ウ音便形인데 반해서 東国方言에서는 促音便形를 취하고 있음.

5) 형용사의 경우도 上方語에서는 ウ音便形를 취하는데 대해서 東国方言에서는 ク形으로 대립됨.

2. 形容詞

1) 중고부터 연체형 「き」의 イ音便化가 나타났는데 중세에는 일반화되어 종지형에도 사용되었고 「白い、美しい」와 같은 형태가 되어 ク活用, シク活用의 구별이 없어짐.

2) ナリ活用은 연체형에 「~な」의 형태가 생겨났고 단정의 조동사 「だ」의 성립에 따라 활용형식이 크게 변함.

3) 활용에 있어서 종지형이 쇠퇴하고 연체형이 종지형 대신에 이용되게 됨.

4) 音便形이 일반적으로 사용되게 됨.

3. 助動詞

1) 과거 · 완료를 나타내는 「き、けり、つ、ぬ、り」가 쇠하고 「たり」와 「た」가 사용되다가 서서히 「た」가 중심이 되어감.

2) 추량, 의지 표현에 있어서 「む」가 「う」로 바뀌어 일반적으로 사용됨.

3) 부정표현으로는 「ぬ」이외에 「ない」도 사용됨.

4) 희망을 나타내기 위하여 「たし」가 성립되었고 「まほし」가 쇠퇴함.

5) 단정표현으로는 「である」에서 「であ」를 거쳐 성립한 「じゃ」가 나타났고 東国方言에서는 「だ」도 나타남.

4. 助詞

1) 격조사에 있어서 「が」는 주격을, 「の」가 연체수식격을 나타내는 경향이 강해짐.

2) 「の、が」가 사람을 지칭하는 말에 계속될 때는 「の」가 존경을,

「が」가 겸양을 나타내는 것은 상대부터 있었던 것인데 중세에도 마찬가지였음.

3) 방향의 「へ」가 목표의 「に」를 침식하게 되어 「へ」에 의해 동작의 귀착점을 나타내는 것도 많아짐.

4) 접속조사로서의 「が」가 순접, 역접 양쪽 모두를 나타내게 됨.

5) 부조사 「だに」가 「すら」와 같이 이용되다가 室町시대가 되자 쇠퇴하여 「さへ」가 그 용법을 대신하게 됨.

6) 「さへ」의 본래 첨가한다고 하는 의미는 「まで」가 나타내게 됨.

7) 係り結び는 鎌倉시대가 되면 「ぞ、なむ、や、か」에 대해 법칙에 따르지 않는 경우가 많아짐.

8) 室町시대에는 한층 혼란이 더 심해져 비교적 혼란이 적었던 「こそ」의 係り結び도 쇠퇴해져 감.

5. 敬語

1) 존경의 접두어로는 「ご・ぎょ・お・おん・み・尊・貴・芳」 등이 쓰였고 존경의 접미어로 「様・殿・公・老」 등이 쓰임.

2) 존경어 동사로는 「御覧ず、聞こしめす、こしめす、仰せらる・おせらる・おしゃる・おしなる、召す・召さるる、おはします・おはする、おぢやる・おりやる・ござある・ござる」 등이 있었음.

3) 동사의 존경어 형식으로 「お~ある」「御~ある」「~ある」「御~なさるる」「るる・らるる・(さ) せらるる」가 사용됨.

4) 겸양어 동사로 「承る、申す・申し上げる、参る・参らする・まらする、いたす、つかまつる、下さる」 등이 사용됨.

5) 丁寧語로 「候」및 그 변화형 「そろ・さう・そう・す」 등과 「ござ

ある・ござる・おりゃる・おぢゃる」가 동사 및 보조동사로 사용됨.

6) 「まらする」는 동사의 연용형에 붙어 현대어의 ます와 마찬가지로 丁寧語로 쓰이게 됨.

Ⅴ 문체

1) 한문훈독을 모태로 한 仮名交じり文이 더욱 발전함.
2) 記録体도 여전히 公文書나 일기, 서간에 이용됨.
3) 히라가나문은 일종의 擬古文이었는데 히라가나의 실용적인 성격이 강해짐에 따라 서간이나 公用文에도 이용됨.
4) 和漢混淆文은 중세를 상징하는 것으로 『平家物語』『方丈記』 등에 나타남.
5) 가나문에 속어를 섞은 것도 나타나는데 御伽草子가 그 전형적인 것으로 구어문으로 이어져 가게 됨.
6) 講義의 聞き書き 등에 근거한 抄物는 구어를 근거로 하고 있으며, 天草版『伊曾保物語』 등의 키리시탄 작품도 로마자로 쓰여진 구어문임.

Ⅵ 방언

1) 鎌倉시대가 되면 東国方言의 지위도 향상되어 가고 중앙과 지방의 접촉도 많아져 방언의식도 명료해짐.
2) 로드리게스의 『日本大文典』에는 표준적인 말인 京都方言과 九州方言、関東方言이 그룹별로 나누어져 기술되어져 있음.

05 近世일본어의 특징

Ⅰ 문자 · 표기

1) 한어의 침투와 교육의 보급에 따라 한자의 일반화가 진행되어 当て字가 많이 나타나게 됨.
2) 한자가 많아짐에 따라 여기에 후리가나가 이용되어지게 되었는데, 이것은 熟字사용에 대해 속어에 의해 새롭게 고쳐 말하는 역할을 하고 있음.

   예 破隙(すきま)、木偶(ニンギョウ)
3) 일반문장에서는 히라가나를 중심으로 한자를 가미한 仮名交じり文의 표기가 주요한 형이 되었음.
4) 仮名遣い에 있어서는 契沖에 의한 契沖仮名遣い가 제시되었고 논증도 있었지만 이것은 국학자들 사이에서 행해졌을 뿐 실질적으로는 자유로운 표기방법이 행해짐.

Ⅱ 음운

1) 모음「エ · オ」의 음가가 [ye][wo]에서 [e][o]로 바뀜.
2) 탁음 앞의 鼻母音은 近世前期까지 그대로 존재함.
3) [she][je]였던「セ、ゼ」가 차츰 구개화가 진행되어 [se][ze]가 됨.
4) 「ジ、ヂ、ズ、ヅ」의 四つ仮名의 구별은 元禄年間에 소멸됨.
5) ハ行자음은 [ɸ]에서 [h]로 바뀜.
6) 合拗音[kwa][gwa]가 직음화되는 현상은 전기에는 혼동을 보이다

가 후기 江戸語에서는 구별이 없어짐.

7) 開拗音은 후기가 되면「シュ」가「シ」로 직음화하는 경향을 보임.

예「亭主」テイシュ → テイシ

8) オ段長音은 開音[ɔ:]과 合音 [o:]의 구별이 없어지고 [o:]로 통일되었고 후기에는 ア段, イ段, エ段의 장음이 일반화 됨.

9) 入声音[t]가 [tsu]로 변하여 連声현상이 쇠퇴함.

10) 「エ」와「イ」의 모음의 교체현상(「おまいさん」)이나「ヒ」와「シ」의 혼동(「質屋 = ひちや」), 促音便, 撥音便이 많이 보여짐.

Ⅲ 어휘

1) 한어가 일반화됨과 동시에 계층의 분화에 따라 어휘의 위상차가 커져 감.

2) 漢語는 교육의 보급에 따라 무사계급뿐만이 아니라 町人계급에도 깊이 파급되어 갔고 불교어도 일반화 됨.

3) 후기에는 중국 白話소설에서 나온 漢語語彙도 読本등에 이용됨.

4) 신분제도의 확립으로 계층적인 위상의 차가 심해지는 한편 남녀, 연령, 직업 등에 의한 위상차도 현저해짐.

5) 女房ことば가 町人에게도 보급되어 町人도 여자다운 표현을 하게 됨.

6) 遊里에서는 遊里語가 쓰여졌고 江戸의 旗本(はたもと)나 町奴(まちやっこ)사이에는 奴ことば가 유행함.

7) 직업이나 그 밖의 이유로 隠語가 많이 생겨나게 됨.

8) 외래어에 있어서 그리스도교 관계의 말은 줄어들었지만「タバコ」「ボタン」등 정착한 포르투갈어, 스페인어는 계속해서 행해짐.

9) 후기에는 蘭学이 성행하여 訳語나 네덜란드어에서 직접 유입된 「ガラス、ポンプ」 등의 어가 늘어남.

Ⅳ 문법

1. 動詞

1) 활용의 종류가 감소하여 현재와 같은 상태가 됨.

3) 「て」가 四段活用동사의 음편형에 접속하게 되었고 가능동사도 널리 행해지게 됨.

4) 四段活用動詞가　五段活用動詞로 변한 것도 현대어와 같음.

5) 未然形에 「ば」를 붙이는 仮定의 용법이 줄어들고 已然形이 이용되게 되었고 동시에 已然形에 「ば」나 「ど」가 붙는 확정의 조건용법이 없어져 「から、ので、ても、けれども」로 나타나게 됨으로써 已然形은 仮定形으로 하는 것이 바람직하게 됨.

2. 助動詞

1) 수동, 사역표현이 一段化되어 「れる、られる、せる、される」로 변함.

2) 부정표현은 「ぬ」가 「ん」의 형태로 나타났고 江戸語에서는 「ない」도 사용됨.

3) 부정의 과거표현은 「なんだ」가 보통이었는데 말기에는 「なかった」도 나타남.

4) 단정표현은 上方에서는 「じゃ」였는데 江戸에서는 「だ」가 사용됨.

5) 「らしい」「ようだ」도 등장하게 됨.

3. 助詞

1) 격조사에 있어서 주격의 「が」와 연체수식격 「の」의 분담이 명확하게 되어 「が、の」의 존비의 구분이 없어짐.
2) 「から」가 동작, 작용의 기점을, 「より」가 선택, 비교의 기준을 나타낸다고 하는 용법상의 차이도 명확해 짐.
3) 접속조사로 이유의 「から、ので、によって、さかい」가 행해졌고 역접의 「けれども、のに」도 나타남.
4) 已然形에 「ば」를 붙인 형태는 가정조건을 나타나게 됨.
5) 係り結び법칙은 전체적으로 쇠퇴함.

4. 敬語

1) 자칭의 대명사로 上方語에서는 「われ、われら、おれ、わし、これがし、みども、拙者」 등을 사용했고 後期江戸語로서는 「わたくし、わたし、おれ、おいら、わちき(遊女)、わたい」를 사용했음.
2) 대칭의 대명사로 上方語에서는 「お前様、おまへ、こなた、そなた、おぬし、おのし、貴様、われ、そち、なんぢ、貴殿、ご辺、そこもと」 등이 사용되었으며 後期江戸語에서는 「あなた、お前さん、お前、てまへ、おめへ、てめへ、貴様」 등이 사용되었음.
3) 존경어 동사로 「なさる」「くださる」「いらっしゃる」「おっしゃる」가 등장함.
4) 동사의 존경어 형식으로 「お~なさる」「~なさる」「お~になる」「お~だ」가 사용됨.
5) 존경의 조동사로 上方語에서는 「るる、らるる、やる、しゃる、

さしゃる、しゃんす、さしゃんす、んす、さんす」등이 있었고 江戸語로「しゃる、さしゃる、っしゃる、さっしゃる」등이 사용됨.

6) 겸양어는「お~致す」「お~申す」「お~申し上げる」등이 보여 형태가 형식화 됨.

7) 정중의 조동사로「ます」「です」가 사용됨.이외에「やす・やんす」가 사용되었고 遊女語로「ます」가 변화한「いす」와「あります」가 변화한「ありんす」등이 알려져 있음.

V 문체

1) 무사계급에서는 漢学이 교양의 중심이 되었고 일본인에 의한 한문도 많이 만들어짐.
2) 계몽적인 문장 등에서는 漢文くずし体의 仮名交じり文이 이용되었는데 한문조이고 간결해서 후일 明治期 실용문의 기초가 되었고 読本 등에서도 이 문체가 사용됨.
3) 国学者사이에서는 일본의 고전에 매료되어 擬古文(雅文)이 제작되었는데 일반적인 것이 되지 못함.
4) 町人階級의 형성에 의해 구어에 의한 문장이 성립되어져 감.

VI 방언

1) 이 시대에는 말의 계층적인 차이가 명확해짐과 동시에 지역적 분화도 현저하게 관찰됨.

2) 문예작품 속에 있어서의 사용구분이나 방언집의 편집 등 방언의식도 강해져 감.
3) 江戸語는 東国方言을 근거로 하면서 上方나 각 지방의 영향을 받으면서 형성되어져 가게 됨.
4) 후기에 가면 上方적인 것이나 지방적인 것을 제거하고 독자적인 체계를 완성해 가 共通語의 성격을 갖게 됨.

06 近代일본어의 특징

I 문자 · 표기

1) 明治초기 한자사용의 유무에 관한 다양한 논쟁이 있었으나 한자제한이 대세를 이루어 1946년11월에 当用漢字1850자가 공포되어 일상생활에서 사용하는 한자의 범위를 나타내게 됨. 이후 보충할 한자에 대한 검토가 이루어져 1981년 10월 内閣告示로 상용한자1945자가 공포되어 사용되다가, 2010년 11월 기존의 상용한자 1945자중에서 5자(銑、錘、勺、匁、脹)를 제하고 새롭게 196자를 추가시켜 2136자가 선정되어 사용됨. 여기에서 추가한 한자나 삭제한 한자의 선정은 2004년 - 2006년에 출판된 서적 · 잡지의 한자출현빈도조사(약 5, 000만자)를 기본자료로하고, 신문이나 웹사이트의 한자출현빈도조사를 참고자료로 하는 객관적인 빈도가 중시되었음. 또한 컴퓨터의 키보드입력에 의해 손으로 쓸 수 없더라도 사용할 수 있는 한자 · 읽을 수 있는 한자가 있는 것으로 간주하여, 손으로 쓸 수 없더라도 읽으면 되는 한자도 추가되었는데, 「鬱」「彙」 등이 여기에 속함. 동시에 「崎」나 「岡」 등과 같이 都道府県에 이용되는 한자도 추가됨.
2) 仮名는 다른 자체가 자유롭게 사용되었으나 明治33년(1900) 小学校試行規則에 의해 하나의 仮名에 하나의 자체만을 쓰도록 정해짐.
3) 明治초기부터 歴史的仮名遣가 행해져 왔으나 1946년 11월 「現代かなづかい」가 고시되어 표음적인 仮名遣い로 바뀜. 이 「現代かなづ

かい」는 1986년 7월 일부 개정되어 「現代仮名遣い」로 고시됨. 이후 2010년 11월30일 내각고시 4호로 일부 개정되어 고시된 후 사용되고 있음.

4) 送り仮名는 본래 한문훈독시 동사나 활용부분을 기입하던 것인데 1901년 국어심의회가 「送り仮名のつけ方」를 발의한 이후 1973년 6월, 2010년 11월 일부 개정되어 교육, 법령, 공문서 등에 현재까지도 사용되어지고 있음.

5) 로마자 철자법은 幕末에서 明治시대에 걸쳐 영어식이 사용되었는데 가장 빨리 보급된 것은 헤본식 철자법으로 헤본이 『和英語林集成』제3판(1886)에서 사용한 것임. 한편 당시 田中館愛橘(다나카타테 아이키츠)가 고안한 일본식 철자법도 사용되고 있었음.게다가 이 두개의 철자법을 절충하기 위해서 1937년 내각훈령에 의해 訓令式철자법도 사용되고 있었음. 실질적으로 철자법이 하나로 통일되지 않자 「ローマ字のつづり方」가 1954년 12월 새롭게 고시됨.

6) 明治 이후 「。」「、」을 구분하여 사용하게 되었고 회화도 「」로 나타내게 되었음. 『 』「?」「“」등도 사용하게 됨.

7) 모든 탁음을 탁음부호로 나타내지 않고 필요한 경우에만 표기하는 습관이 있었음.

8) 촉음부호가 현재와 같이 쓰여지게 된 것은 明治33년(1900)규정이 정해지면서 부터임.

9) 장음부호에는 「引」라는 한자표기와 「—」가 있었으나 점차로 「引」는 쓰이지 않게됨.

Ⅱ 음운

1) 「ヒ」를「シ」로 발음하거나「シュ」「ジュ」를「シ」「ジ」로 발음하는 현상이 남아있었음.
2) エ段長音化(「ない」→「ネエ」), 조사, 조동사와 앞 단어와의 융합(「僕は」→ボカア), 촉음삽입에 따른 サ行자음의 파찰음화(「おとっさん」→「オトッツアン」)가 있었음.
3) 「笑う」「思う」 등의 동사들의 발음이 明治20년을 전후로 장음발음이 없어지고 연모음[au][ou] 가 일반적이 됨.
4) 한음과 오음 두 종류의 한자음을 가지고 있던 한자의 한자음이 한쪽으로 통일되는 경향을 보임.
5) 외국어를 받아들임으로써 종래의 일본어에 없던 새로운 발음이 생겨남.

   シェ、ジェ、ティ、トゥ、チェ、ツェ、ディ、ドゥ、ファ、フィ、フェ、フォ、ウィ、ウェ、ウォ、ヴァ、ヴィ、ヴ、ヴェ、ヴォ

Ⅲ 어휘

1) 번역을 통해서 한어가 증대하게 됨.

   예 • 일본인이 만든 新漢語 : 会社、概念、化学、金額 등
   • 중국에서 차용한 한어 : 国会、聖書、天使、伝染、内閣 등
   • 분명하지 않은 한어 : 汽車、電池、熱帯、病院 등
2) 외래어가 활발하게 유입됨.특히 영어의 영향이 가장 컸으며 영어유래의 외래어가 급증함.

예 ペケ(말레이어)、ちゃぶ(중국어)、キムチ(조선어)、カルテ(독일어)、オムレツ(프랑스어)、ウォッカ(러시아어)、オペラ(이태리어)、ブック(영어)

Ⅳ 문법

1. 動詞

1) 활용의 종류는 근세시대와 거의 변함이 없었음.
2) 가능동사가 많이 사용되어지게 되었는데 昭和期에 들어가면 五段活用以外의 동사에도 가능동사화가 파급되어 「見れる」「食べれる」「起きれる」가 일반화 되어 감.
3) サ変動詞의 미연형으로서 「し(ない)」「せ(ず)」이외에 「せ(ない)」「し(ず)」도 사용됨.
4) 존재를 나타내는 「ある」가 明治이후 「(人) がいる」「(物) がある」와 같이 구분해서 사용하는 경향이 짙어짐.
5) 주체가 非情의 경우 타동사에는 「~てある」가, 자동사에는 「~ている」가 붙는다고 하는 용법이 明治시대이후 확립됨.

2. 形容詞

1) 형용사의 가정조건은 「(近) ければ」의 형태가 江戸語로부터 이어졌고 「(近) くは(くば)」의 형태는 사용하지 않게됨.
2) 역접의 「ど(も)」에 접속할 경우에도 「(近) けれど」「(恋し) けれども」의 표현은 사라져가고 「(近) いけれど」「(恋し) いけれども」의 형태가 대신하게 됨.
3) ナ形容詞의 종지형은 「~だ」가 일반적이 됨.

4) 「~のに」가 뒤에 붙을 때 「(静か) だのに」보다 「(静か) なのに」가 우세하게 됨.

3. 助動詞

1) 明治이후 「う」「よう」는 의지나 권유를 전적으로 나타내게 되었고 추량은 「だろう」가 담당하게 됨.
2) 「れる」「られる」는 수동, 가능, 자발, 존경을 나타내는데 가능은 가능동사로, 존경은 「いらっしゃる」「なさる」「お(食べ) になる」와 같은 표현으로 나타내는 경우가 많아짐. 자발의 경우는 「偲ぶ」「思い出す」 등 특정한 동사에 한정되어 있음.
3) 수동표현에 있어서 非情의 수동표현이 활발하게 사용되어지게 됨.
4) 부정표현에는 「ない」가 사용되어지게 되고 「ぬ(ん)」은 「~ません」「知らぬ存ぜぬ」 등 특별한 표현 속에 남아있을 뿐이었음.
5) 「~なんだ」도 明治전기까지는 꽤 사용되었는데 明治후기 이후가 되어서는 「~なかった」를 이용하는 것이 일반적이 됨.
6) 「まい」는 현대어에서 거의 사용되지 않게 되어 회화투에서 점점 사라져 감. 「まい」대신에 「ないだろう」와 「ないつもりだ」가 사용됨.
7) 「らしい」가 明治시대가 되면 用言에도 접속하게 됨.
8) 현재의 「みたいだ」는 明治期에는 거의 「みたようだ」가 사용되다가 昭和期에 들어가서 「みたいだ」가 확립됨.

4. 助詞

1) 연체절 주격에 「の」를 이용하는 것은 근세시대와 같지만 주격으

로 이용되어지는 경우가 줄어듬.

2) 격조사「に」는「へ」「で」「と」등의 용법과 겹쳐지는 경우가 있음.

3) 원인, 이유를 나타내는 접속조사로 江戸語에서는「から」가 많이 사용되었는데 明治期가 되면「ので」도 활발하게 사용됨.

4) 종조사는 明治期 이후 남녀가 사용하는 어가 확실히 다른 경향을 보임.

5. 敬語

1) 代名詞는 사회구조의 변화에 따라 무사가 사용하는 말「拙者」「みども」「それがし」「貴殿」「その方」등이 없어지고「僕」「君」「彼」「彼女」「あたくし」「あたし」「あたい」등의 대명사가 생겨남.

2) 존경표현에 있어서 明治후기에는「お~になる」가「お~なさる」보다 우세해 짐.

3)「れる」「られる」를 존경으로 사용하는 예는 江戸語에는 많지 않고 明治이후에 발달된 표현임.

4) 江戸語에서 활발하게 사용되던 さっしゃる、しゃる는 사용되지 않게 됨.

5) 겸양어로「お~いたす」「お~する」「~ていただく」「お~いただく」「(~て)あげる」가 사용됨. 특히「お~する」는 昭和前期에는 규범적이지 않다는 인식이 있었음.

6) 丁寧語로「ます」「です」의 사용이 일반화됨.

V 문체

1) 明治시대의 문어문에는 漢文 · 漢文訓読体 · 和漢混交体 · 和文 · 欧文直訳体 · 候文등의 문체가 있었는데 기본적으로는 和漢混交文이었음.
2) 갖가지의 문어문이 차츰 절충되어 하나의 문체가 생성되는데 이것이 [보통문]이라고 불리는 문장임. 이 보통문은 明治후기에 있어서 공통어적인 문어문이라고 말할 수 있음.
3) 언문일치운동에 의해 구어문이 확립되어지는 것은 明治後期가 되고 나서부터 임.
4) 공통어적인 회화투의 말이 공적인 장소에서 형성되어져 감.

VI 방언

1) 東京語를 순화시켜 標準語로 하고 국어교육을 통해서 그것을 전국에 보급시키려고 함.
2) 昭和20년 이후 방언을 없애는 것이 아니라 방언의 존재를 인정하면서 통일적인 일본어 교육을 행하려고 하는 방향으로 전환되어 標準語라는 명칭을 하지 않고 共通語라는 명칭을 쓰게됨.
3) 국어를 통일시키고 표준적인 말을 확립시키기 위해 국어연구에 대한 조사연구의 필요에 따라 국어조사위원회가 설립되어 전국각지의 음운과 어법에 관한 조사가 이루어짐. 그 결과 『音韻調査報告書』(1905), 『音韻分布図』(1905), 『口語法調査報告書』(1906), 『口語法分布図』(1906)가 보고됨.
4) 昭和後期에는 국어국립연구소에 의해 전국적인 방언조사가 행

해져 『日本言語地図』(1966 - 1974), 『方言文法全国地図』(1981 - 1991)가 발표됨.

깜짝퀴즈

中世에「イ」와「ヰ」,「エ」와「ヱ」,「オ」와「ヲ」가 동일한 음이 됨에 따라 표기법에 문제가 생겼는데 이 문제를 해결하기 위해서 藤原定家가 『下官集』에 기술한 표기법을 (　　　)라고 한다.

예 定家仮名遣い　歴史的仮名遣い　現代仮名遣い　契沖仮名遣い

현대일본어를 보다 깊게 이해하는데 도움이 되고 재미있고 알기 쉬운 정통의 일본어사를

일본어사라는 것은 고대일본어에 있어서의 상식을 벗어난 이야기라고 생각하고 있는 독자가 대부분이겠지만 모든 일본어 화자, 즉 일본어의 환경에서 태어나 자란 사람들은 일본어 사회의 일원이 되어 일본어의 역사의 흐름 속에 살아가는 것을 잊어서는 안 된다.

젊은 독자라도 아이였을 때의 기억을 더듬어 보면 자신 주위의 일본어가 여러가지 면에서 변화하고 있는 것을 알아차릴 것이다.

일본어가 변화한 것은 누군가가 변화시켰기 때문이다. 현재도 변화하고 있는 것은 누군가가 변화시키고 있기 때문이다. 그 누군가는 어디의 누구인가? 일본어를 말하고 있는 것은 일본어화자이기 때문에 그 누군가는 일본어 사회 속에 있다. 단 자신에게 있어 그런 기억이 없기 때문에 자기 이외의 누군가라고 한 사람도 빠짐없이 생각한다.

누군가라고 해도 일본어는 일본어 사회에 있어서 정보전달의 매체이기 때문에 일본어를 변화시킨 범인은 한 명이나 두 명일 리가 없다.

범인이라면 나쁜 일을 일삼는 인간을 말한다. 하지만 일본어는 일부의 사람들이 생각하고 있듯이 붕괴나 타락의 길을 걷는다든지 하는 것은 아니다.

일본어는 개개의 일본어 화자 속에 있다. 일본어 화자 한 사람 한 사람이 일본어를 더욱 사용하기 쉽도록 변화시켜 왔고 현재도 변화시키고 있다. 일본어를 말함으로써 자기자신도 변화의 진행에 참가하고 있는 것이다.

일본어사의 목적은 현재 사용되어지고 있는 일본어를, 일본어 화자의 집단에 의해 컨트럴 되고 있는 다이나믹한 체계로서 파악하고, 일본어

운용의 메커니즘을, 그리고 일본어에 생겨난 변화의 메커니즘을 이해하는데 있다.

일본어가 혼자서 변화할 리는 없다.일본어 화자가 일본어를 변화시키고 있는 것이다라는 사실을 명확하게 인식하는 것이 일본어 역사의 출발점이다.

ー小松英雄(2001)『日本語の歴史ー青信号はなぜアオなのかー』의 「はしがき」笠間書院

평가하기

다음을 읽고 맞으면 ○, 틀리면 ×를 하시오.

1. 수도를 平安京로 천도한 이후 400년을 中古시대 또는 平安시대라고 한다. ( )

2. 抄物, 狂言, キリシタン資料, 朝鮮資料, 中国資料가 등장하는 시대는 近世이다. ( )

3. 上代 ハ行자음의 음가는 [h]로 추정된다. ( )

4. イ音便, ウ音便, 促音便, 撥音便의 모든 音便이 9세기부터 나타나 和歌 등에 사용되었다. ( )

5. 中古일본어에서는 漢字かな交じり文에 있어서 宣命書와 カタカナ交じり文이 보여진다. ( )

6. 中世室町시대 후반, 네덜란드인이 일본에 도래함으로써 서양어와의 교섭이 시작되어 「キリシタン、バテレン、ボタン、パン」 등의 외래어가 나타나게 되었다. ( )

7. 中世일본어에서는 「定家仮名遣い」라는 표기법이 당시 널리 퍼져 사용되었다. ( )

8. 近世에 들어 オ段長音은 開音[ɔ:]과 合音 [o:]의 구별이 없어지고 [o:]로 통일되었다. ( )

9. 近世에는 한어가 일반화됨과 동시에 계층의 분화에 따라 어휘에 있어서 위상의 차가 커져 가게 되었다. ( )

10. 近代에 들어서 외래어가 활발하게 유입되었는데 특히 영어의 영향이 커서 영어유래의 외래어가 급증하였다. ( )

정리하기

1. 일본어의 시대구분 및 개관
   - 上代, 中古, 中世, 近世, 近代

2. 上代일본어의 특징
   - 문자 · 표기, 음운, 어휘, 문법, 문체, 방언

3. 中古일본어의 특징
   - 문자 · 표기, 음운, 어휘, 문법, 문체, 방언

4. 中世일본어의 특징
   - 문자 · 표기, 음운, 어휘, 문법, 문체, 방언

5. 近世일본어의 특징
   - 문자 · 표기, 음운, 어휘, 문법, 문체, 방언

6. 近代일본어의 특징
   - 문자 · 표기, 음운, 어휘, 문법, 문체, 방언

깜짝퀴즈

- 中世일본어의 음운의 특징을 간략히 기술하시오.

13주차

일본어 고전문법

학습 목표

1. 일본어 고전문법의 개론적인 면을 이해한다.
2. 동사의 활용을 현대어 동사의 활용과 비교하면서 학습한다.
3. 형용사의 활용을 현대어 형용사의 활용과 비교하면서 학습한다.
4. 조동사의 활용을 현대어 조동사의 활용과 비교하면서 학습한다.

학습 내용

1. 일본어 고전 문법 개관
2. 동사
3. 형용사
4. 조동사

사전 학습

1. 문어와 구어의 차이에 대한 설명으로 맞지 않는 것은? (　　)

① 문어는 체언 등에 붙이는 조사「が」「は」「を」를 생략할 경우가 많다.

② 문어에 있어서는 係り結び라는 문의 제약현상이 있었다.

③ 문어에서의 표기법은 歴史的仮名遣い가 사용된다.

④ 문어에 있어서 동사의 기본형은 구어와 완전히 다르다.

2. 문어에 있어서 동사에 대한 설명으로 맞지 않는 것은? (　　)

① 문어에 있어서 已然形는 구어의 仮定形으로 바뀌게 된다.

② 구어의 五段活用動詞는 문어의 四段活用動詞에 해당된다.

③ 문어에는 구어와는 달리 ナ行・ラ行変格活用動詞가 있었다.

④ 문어에 있어서 一段活用動詞는 구어에서 모두 一段活用動詞로 바뀌였다.

3. 문어에 있어서 형용사에 대한 설명으로 맞지 않는 것은? (　　)

① 문어의 イ형용사는 끝이 し로 끝난다.

② ナ형용사의 연체형 たる의 뒤에 조동사「なり、めり」가 붙을 때 撥音便이 일어난다.

③ 문어의 イ형용사는 [ク活用][シク活用]의 두 종류가 있다.

④ 문어의 ナ형용사는 [ナリ活用][タリ活用]의 두 종류가 있다.

4. 문어의 조동사를 이해할 때의 유의점으로 맞지 않는 것은? (　　)

① 조동사가 활용을 하는지 안 하는지 알아야 한다.

② 조동사가 갖는 의미가 무엇인지를 파악해야 한다.

③ 조동사가 어떤 형태에 접속하는가를 알아야 한다.

④ 조동사 자체가 어떤 활용형태를 취하는가를 알아야 한다.

01 일본어 고전 문법 개관

I 문어문법과 구어문법

1) 일본어에는 口語와 文語의 구별이 있는데, 口語는 현재 우리들이 말하거나 쓰거나 하는데 이용되는 말을 말하고, 文語는 쓰여져서 남아있는 古典 등에만 이용되는 말을 말함.
2) 口語에는 口語文法, 文語에는 文語文法이 있음.
3) 文語는 口語와 같이 경험적으로 이해할 수가 없기 때문에 이것을 이해하기 위해서는 文語文法의 지식을 갖는 것이 특히 필요함.
4) 文語文法의 基準
   文語는 대개 平安時代 중기무렵의 구어를 기준으로 하고 있기 때문에 문법도 이 시대가 중심이 되어 있음. 奈良時代, 鎌倉時代 · 江戸時代 등 시대에 따라 조금씩 차이가 있음.

II 문어와 구어의 차이

文語는 口語에 비하여 文의 구조나 品詞의 종류 · 기능 등의 문법상의 기본적인 것은 큰 차이가 없지만 用言이나 助動詞 · 助詞 등은 큰 차이가 보여짐.

① 用言의 基本形이 다름.

예 動詞 : 文語 – 모음 u로 끝남(단 あり는 i).
어미가 [– ゆ][– ふ]로 끝나는 어가 있음.

口語－모음u로 끝남.

어미가 [－ゆ][－ふ]로 끝나는 어는 없음.

イ形容詞 : 文語－し로 끝남.　口語－い로 끝남.

ナ形容詞 : 文語－なり, たり로 끝남.　口語－だ로 끝남.

② 用言의 活用이 다름.

예 • 朝早く起く[起きる]。

(구어역 : 朝早く起きる。)

• いと大きなる[大きな]川あり[ある]。

(구어역 : ひじょうに大きな川がある。)

③ 文語는 口語에 없는 助動詞나 助詞가 있음.

예 わが生ひいでし[タ]国にて[デ]は、西面に見えし[タ]山なり[ダ]。

(구어역 : 私の育った国では、西の方に見えた山だ。)

④ 文語는 係り結び라는 문의 제약현상이 있음.

예 文語 : 風ぞ強き。/風こそ強けれ。

口語 : 風が強い。

⑤ 文語는 体言 등에 붙이는 助詞「が」「は」「を」를 생략할 경우가 많음.

예 山[ガ・ハ]そびえ、川[ガ・ハ]流れたり。

(구어역 : 山がそびえ、川が流れている。)

⑥ 文語는 体言이나 体言을 대신하는 助詞「の」등을 생략할 수가 있음.

예 • 行く[ヒト]も帰る[ヒト]もあり。

(구어역 : 行く人も帰る人もいる。)

• 花は一重なる[ノ]、よし。

(구어역 : 桜の花は、一重なのがよい。)

⑦ 文語에서는 歴史的仮名遣い가 이용됨.

<平安中期의 五十音図>

行										
わ	ら	や	ま	は	な	た	さ	か	あa	
ゐ	り	い	み	ひ	に	ち	し	き	いi	
う	る	ゆ	む	ふ	ぬ	つ	す	く	うu	段
ゑ	れ	え	め	へ	ね	て	せ	け	えe	
を	ろ	よ	も	ほ	の	と	そ	こ	おo	

* 행이나 단의 순서는 지금과 달랐음.

<歴史的仮名遣い와 現代仮名遣い 대비>

歴史的仮名遣い	現代仮名遣い
ゐ・ゑ・を(조사는 제외함)	い・え・お
は・ひ・ふ・へ・ほ(어중・어미)	わ・い・う・え・お
ぢ・づ	じ・ず
くわ・ぐわ	か・が
おう・あう・あふ・わう こう・こふ・かう・かふ のう・のふ・なう・なふ	おう こう のう
よう・やう・えう・えふ きよう・きやう・けう・けふ	よう きょう
ゆう・ゆふ・いう・いふ きゅう・きう・きふ	ゆう きゅう

* 고전을 읽을 때는 歴史的仮名遣い에 해당하는 현대어의 발음대로 읽으면 됨.

02 동사

Ⅰ 활용의 변천

<table>
<tr><th>文語의 動詞</th><th>口語의 動詞</th></tr>
<tr><td>四段活用動詞</td><td rowspan="4">五段活用動詞</td></tr>
<tr><td>ナ行変格活用動詞</td></tr>
<tr><td>ラ行変格活用動詞</td></tr>
<tr><td>下一段活用動詞</td></tr>
<tr><td>上一段活用動詞</td><td rowspan="2">上一段活用動詞</td></tr>
<tr><td>上二段活用動詞</td></tr>
<tr><td>下二段活用動詞</td><td>下一段活用動詞</td></tr>
<tr><td>カ行変格活用動詞</td><td>カ行変格活用動詞</td></tr>
<tr><td>サ行変格活用動詞</td><td>サ行変格活用動詞</td></tr>
</table>

Ⅱ 활용형과 용법

1. 활용형

문어와 구어 양쪽 모두 未然形, 連用形, 終止形, 連体形, 命令形은 공통되나 유일하게 문어의 已然形만이 구어에서 仮定形으로 바뀌었음.

2. 활용형의 용법

① 未然形 : 접속조사 ば가 붙어서 가정표현을 나타냄.
부정을 나타내는 ず와 추량의 む 등의 앞에 옴.

② 連用形 : • 문을 중지하는 역할을 함.

• 조동사 たり, き, けり의 앞에 붙음.

• て의 앞에 붙음.

③ 終止形 : 문을 종지시킴.

④ 連体形 : • 체언을 수식함.

• 명사의 역할을 함.

• 조사 앞에 쓰임.

• 앞의 문의 ぞ, なむ, や, か를 포함한 係り結び의 문에서 문을 종지시킴.

⑤ 已然形 : 조사 ば, ども, ど 앞에 와서 확정조건을 나타냄.
앞의 문에 こそ를 포함한 係り結び의 문에서 문을 종지하는 형태가 됨.

⑥ 命令形 : 명령의 의미로 문을 종지시킴.

Ⅲ 동사의 활용

1. 四段活用動詞

文語	四段活用動詞						
	基本形	未然形 -ず	連用形 -たり	終止形	連体形 -とき	已然形 -ども	命令形
	読む (よむ)	よま(a)	よみ(i)	よむ(u)	よむ(u)	よめ(e)	よめ(e)

口語	五段活用動詞						
	基本形	未然形 -ない/-う	連用形 -ます	終止形	連体形 -とき	仮定形 -ば	命令形
	読む (よむ)	よま(a) よも(o)	よみ(i)	よむ(u)	よむ(u)	よめ(e)	よめ(e)

문어에서 四段活用動詞라고 하는 것은 a, i.u, e의 4단에 걸쳐 활용하기 때문이며 구어에서는ウ動詞, 子音動詞라고도 하지만 a, i, u, e, o의 5단에 걸쳐 활용하기 때문에 五段活用動詞라고 칭함.

2. ナ行変格活用動詞

文語	ナ行変格活用動詞						
	基本形	未然形 -ず	連用形 -たり	終止形	連体形 -とき	已然形 -ども	命令形
	死ぬ (しぬ)	しな	しに	しぬ	しぬる	しぬれ	しね
口語	五段活用動詞						
	基本形	未然形 -ない/-う	連用形 -ます	終止形	連体形 -とき	仮定形 -ば	命令形
	死ぬ (しぬ)	しな(a) しの(o)	しに(i)	しぬ(u)	しぬ(u)	しね(e)	しね(e)

문어에서 ナ行変格活用動詞에 속하는 어는 「死(し) ぬ」「往(い) ぬ」(사라지다, 지나가 버리다 의 뜻)뿐으로 a, i, u, e의 4단에 걸쳐 활용하지만 각각의 활용형의 형태가 모두 다르므로 ナ行変格活用動詞로 취급함. 이 동사는 변화하여 현재는 五段活用動詞의 활용을 함.

3. ラ行変格活用動詞

	ラ行変格活用動詞						
文語	基本形	未然形 -ず	連用形 -たり	終止形	連体形 -とき	已然形 -ども	命令形
	あり	あら	あり	あり	ある	あれ	あれ
口語	五段活用動詞						
	基本形	未然形 -ない/-う	連用形 -ます	終止形	連体形 -とき	仮定形 -ば	命令形
	ある	あら(a) あろ(o)	あり(i)	ある(u)	ある(u)	あれ(e)	あれ(e)

문어에서 ラ行変格活用動詞에 속하는 어는「あり」(ある),「をり」(いる),「はべり」(あります, います, です),「いますがり」(いらっしゃる) 의 4단어뿐으로 a, i, u, e의 4단으로 활용하지만 4단활용동사와 다른 것은 終止形이 i로 끝난다고 하는 것임. 현재는 五段活用動詞의 활용을 함.

4. 下一段活用動詞

	下一段活用動詞						
文語	基本形	未然形 -ず	連用形 -たり	終止形	連体形 -とき	已然形 -ども	命令形
	蹴る(ける)	け	け	ける	ける	けれ	けよ
口語	五段活用動詞						
	基本形	未然形 -ない/-う	連用形 -ます	終止形	連体形 -とき	仮定形 -ば	命令形
	蹴る (ける)	けら(a) けろ(o)	けり(i)	ける(u)	ける(u)	けれ(e)	けれ(e)

문어에서 下一段活用動詞에 속하는 어는 「蹴る」뿐으로 e(エ)段에서만 활용하며 e는 u를 기준으로 아래의 1단에서 활용하므로 下一段活用動詞라고 함. 「蹴る」는 현재 五段活用動詞의 활용을 함.

5. 上一段活用動詞

文語	上一段活用動詞						
	基本形	未然形 -ず	連用形 -たり	終止形	連体形 -とき	已然形 -ども	命令形
	見る(みる)	み(i)	み(i)	みる(i)	みる(i)	みれ(i)	みよ(i)
口語	上一段活用動詞						
	基本形	未然形 -ない/-よう	連用形 -ます	終止形	連体形 -とき	仮定形 -ば	命令形
	見る (みる)	み(i)	み(i)	みる(i)	みる(i)	みれ(i)	みろ(i)
		み(i)					

문어에서 上一段活用動詞에 속하는 어는 「着(き) る」「似(に) る」「煮(に) る」「干(ひ) る」「見(み) る」「射(い) る」「鋳(い) る」「居(ゐ) る」「率(ゐ) る」의 9단어로 i(イ)단에서만 활용하며 i는 u를 기준으로 위의 1단으로 활용하므로 上一段活用動詞라고 함. 현재도 이 동사는 上一段活用動詞에 속함.

6. 上二段活用動詞

文語	上二段活用動詞						
	基本形	未然形 -ず	連用形 -たり	終止形	連体形 -とき	已然形 -ども	命令形
	起く (おく)	おき (i)	おき (i)	おく (u)	おくる (u)	おくれ (u)	おきよ (i)

	上一段活用動詞						
口語	基本形	未然形 -ない/-よう	連用形 -ます	終止形	連体形 -とき	仮定形 -ば	命令形
	起きる (おきる)	おき(i) おき(i)	おき (i)	おきる (i)	おきる (i)	おきれ (i)	おきろ (i)

문어에서 上二段活用動詞에 속하는 어는 그렇게 많지는 않으며 ヤ行에 해당하는 단어는 「老(お) ゆ」「悔(く) ゆ」「報(むく) ゆ」의 3단어에 불과함. a, i, u, e, o의 5단중 u를 기준으로 위로 2단에 걸쳐 활용하므로 上二段活用動詞라고 함. 주목할 점은 기본형이 口語와 다르다는 점임. 上二段活用動詞는 현재 上一段活用動詞의 활용을 함.

7. 下二段活用動詞

	下二段活用動詞						
文語	基本形	未然形 -ず	連用形 -たり	終止形	連体形 -とき	已然形 -ども	命令形
	受く (うく)	うけ (e)	うけ (e)	うく (u)	うくる (u)	うくれ (u)	うけよ (e)
	下一段活用動詞						
口語	基本形	未然形 -ない/-よう	連用形 -ます	終止形	連体形 -とき	仮定形 -ば	命令形
	受ける (うける)	うけ(e) うけ(e)	うけ (e)	うける (e)	うける (e)	うけれ (e)	うけろ (e)

문어에서 下二段活用動詞에 속하는 어는 四段活用動詞 다음으로 많으며 u를 기준으로 u, e의 2단으로 활용하므로 下二段活用動詞라고 함. 주목할 점은 기본형이 口語와 다르다는 점임. 下二段活用動詞는 현재는 下一段活用動詞의 활용을 함.

8. カ行変格活用動詞

<table>
<tr><td rowspan="3">文
語</td><td colspan="7">カ行変格活用動詞</td></tr>
<tr><td>基本形</td><td>未然形
-ず</td><td>連用形
-たり</td><td>終止形</td><td>連体形
-とき</td><td>已然形
-ども</td><td>命令形</td></tr>
<tr><td>来
(く)</td><td>こ</td><td>き</td><td>く</td><td>くる</td><td>くれ</td><td>こよ</td></tr>
<tr><td rowspan="4">口
語</td><td colspan="7">カ行変格活用動詞</td></tr>
<tr><td>基本形</td><td>未然形
-ない/-よう</td><td>連用形
-ます</td><td>終止形</td><td>連体形
-とき</td><td>仮定形
-ば</td><td>命令形</td></tr>
<tr><td rowspan="2">来る
(くる)</td><td>こ</td><td rowspan="2">き</td><td rowspan="2">くる</td><td rowspan="2">くる</td><td rowspan="2">くれ</td><td rowspan="2">こい</td></tr>
<tr><td>こ</td></tr>
</table>

문어에서 カ行変格活用動詞에 속하는 어는 「来(く)」하나 뿐이며 i, u, o의 3단에 걸쳐 활용하므로 カ行変格活用動詞라고 함. 구어에 있어서도 마찬가지로 カ行変格活用動詞이며 기본형은 「来る」임.

9. サ行変格活用動詞

<table>
<tr><td rowspan="3">文
語</td><td colspan="7">サ行変格活用動詞</td></tr>
<tr><td>基本形</td><td>未然形
-ず</td><td>連用形
-たり</td><td>終止形</td><td>連体形
-とき</td><td>已然形
-ども</td><td>命令形</td></tr>
<tr><td>す</td><td>せ</td><td>し</td><td>す</td><td>する</td><td>すれ</td><td>せよ</td></tr>
<tr><td rowspan="4">口
語</td><td colspan="7">サ行変格活用動詞</td></tr>
<tr><td>基本形</td><td>未然形
-ない/-よう</td><td>連用形
-ます</td><td>終止形</td><td>連体形
-とき</td><td>仮定形
-ば</td><td>命令形</td></tr>
<tr><td rowspan="2">する</td><td>し</td><td rowspan="2">し</td><td rowspan="2">する</td><td rowspan="2">する</td><td rowspan="2">すれ</td><td rowspan="2">しろ</td></tr>
<tr><td>し</td></tr>
</table>

문어에서 サ行変格活用動詞에 속하는 어는 「す」「おはす」의 2단어뿐

이며 i, u, e의 3단에 걸쳐 활용하는 サ行動詞이므로 サ行変格活用動詞라고 함. 구어에 있어서도 마찬가지로 サ行変格活用動詞임.

Ⅳ 보조동사

동사 본래의 의미가 약해져 앞 말을 보조하여 일정한 의미를 첨가하는 동사.

예 これは竜のしわざにこそありけれ。→ 구어역 これはまさに竜のしわざであった。

「あり」가 「있다」의 본동사의 의미가 아니라 「이었다」의 보조동사로 사용됨.

Ⅴ 동사의 음편

동사활용에서 일어나는 音便은 주로 四段動詞, ラ行変格活用動詞, ナ行変格活用動詞의 연용형이 「て」「たり」에 이어질 때 다른 음으로 바뀌는 것을 말하며 イ音便, ウ音便, 撥音便, 促音便이 있음.

イ音便	カ行動詞	書きて→書いて(き→い)
	ガ行動詞	急ぎて→急いで(ぎ→い)
	サ行動詞	差して→差いて(し→い)
ウ音便	ハ行動詞	歌ひて→歌うて(ひ→う)
	バ行動詞	飛びて→飛うで(び→う)
	マ行動詞	読みて→読うで(み→う)

撥音便	バ行動詞	飛びて→飛んで(び→ん)
	マ行動詞	読みて→読んで(み→ん)
	ナ行変格動詞	死にて→死んで(に→ん)
促音便	タ行動詞	立ちて→立つて(ち→つ)
	ハ行動詞	思ひて→思つて(ひ→つ)
	ラ行動詞	取りて→取つて(り→つ)
	ラ行変格動詞	ありて→あつて(り→つ)

Ⅵ 동사활용종류의 구분법

특별한 어휘들은 기억해 두고 어휘수가 많은 四段動詞, 上二段動詞, 下二段動詞는 未然形을 만들어 a段인 경우는 四段動詞, i段인 경우는 上二段動詞、e段인 경우는 下二段으로 구분함.

* 어휘 수가 적은 동사

上一段活用動詞(9개)	着(き)る 似(に)る 煮(に)る 干(ひ)る 見(み)る 射(い)る 鋳(い)る 居(ゐ)る 率(ゐ)る
下一段活用動詞(1개)	蹴(け)る
ナ行変格活用動詞(2개)	死(し)ぬ 往(い)ぬ
ラ行変格活用動詞(4개)	あり 居(を)り はべり いますがり
カ行変格活用動詞(1개)	来(く)
サ行変格活用動詞(2개)	す おはす

＊ 어휘 수가 많은 동사

四段活用動詞	未然形a(ア)段인　動詞	咲か(ず)
上二段活用動詞	未然形i(イ)段인　動詞	落ち(ず)
下二段活用動詞	未然形e(エ)段인　動詞	捨て(ず)

동사의 구분은 무엇보다도 일본어 구어 동사에서 유추해 가는 것이 가장 좋은 방법임.

깜짝퀴즈

문어에 있어서 ラ行変格活用動詞[あり]의 활용형은 미연형あら, 연용형あり, 종지형(　　), 연체형ある, 이연형あれ, 명령형あれ이다.

예 あら　あり　ある　あれ

03 형용사

I イ형용사

1) 구어의 イ형용사는 い로 끝나지만 문어에서는 し로 끝남.

2) 구어문법에서 イ형용사의 종류는 하나이지만 문어문법에서는 「ク活用形容詞」「シク活用形容詞」의 두 종류가 있음.

1. 기본활용

＊文語

	基本形	未然形 -は	連用形 -なる	終止形	連体形 -とき	已然形 -ども	命令形
ク 活用	高し (たかし)	たかく	たかく	たかし	たかき	たかけれ	-
シク 活用	楽し (たのし)	たのしく	たのしく	たのし	たのしき	たのしけれ	-

＊口語

	基本形	未然形	連用形 -なる	終止形	連体形 -とき	仮定形 -ば	命令形
ク 活用	高い (たかい)	-	たかく	たかい	たかい	たかけれ	-
シク 活用	楽しい (たのしい)	-	たのしく	たのしい	たのしい	たのしけれ	-

2. ヵリ활용(보조활용)

＊文語

	基本形	未然形 -ず	連用形 -き	終止形	連体形 -べし	已然形	命令形
ク活用	高し(たかし)	たかから	たかかり	-	たかかる	-	たかかれ
シク活用	楽し(たのし)	たのしから	たのしかり	-	たのしかる	-	たのしかれ

＊口語

	基本形	未然形 -う	連用形 -た	終止形	連体形	仮定形	命令形
ク活用	高い(たかい)	たかかろ	たかかっ	-	-	-	-
シク活用	楽しい(たのしい)	たのしかろ	たのしかっ	-	-	-	-

3. ィ形容詞의 音便

イ音便	き→い	連体形에 체언이나 조사가 붙을 때	よき敵→よい敵 たのしきかな →たのしいかな
ウ音便	く→う	連用形에 용언이나 조사 [て]가 붙을 때	ちかくて→ちかうて かなしくて →かなしうて
撥音便	る→ん	かり活用의 連体形かる에 조동사 なり, めり가 붙을 때, 이 때 ん은 보통 표기되지 않음	よかるなり →よか(ん)なり たのしかるめり →たのしか(ん)めり

Ⅱ ナ形容詞

ナ形容詞는 구어에서는 한 종류밖에 없지만 문어에서는「ナリ活用」「タリ活用」의 두 종류가 있음.

1. ナ形容詞의「ナリ活用」과「タリ活用」

＊文語

	基本形	未然形 -ず	連用形 -なる -き	終止形	連体形 -べし	已然形 ーども	命令形
ナリ活用	静かなり しづかなり	-なら	-に -なり	-なり	-なる	-なれ	-なれ
タリ活用	堂々たり だうだうたり	-たら	-と -たり	-たり	-たる	-たれ	-たれ

1) 静かなり의　어미なり는 (静か) に + あり→(静か) なり로 된 것임.
2) 堂々たり의　たり는 (堂々) と + あり→(堂々) たり로 된 것임.

＊口語

基本形	未然形 -う	連用形 -た	終止形	連体形 -とき	仮定形 -ば	命令形
静かだ しずかだ	-だろ	-だっ	-だ	-な	-なら	-

2. ナ形容詞의 音便

ナリ活用인 ナ形容詞의 連体形(- なる) 의 뒤에 조동사「なり、め

り」가 붙을 때 撥音便이 일어나는데 이 때 ん은 표기되지 않는 경우도 있지만 읽을 때는 ん을 발음함.

예 愚かなるめり → 愚かなんめり → 愚かなめり
静かなるなり → 静かなんなり → 静かななり

깜짝퀴즈

문어에 있어서 ナ形容詞「静かなり」의 활용형은 미연형しづかなら, 연용형しづかに, 종지형しづかなり, 연체형しづかなる, 이연형(　　　), 명령형しづかなれ이다.

예 しづかなら　しづかに　しづかなる　しづかなれ

04 조동사

활용을 하지만 독립해서 쓸 수 없으며 다른 말(자립어)에 붙어서 다양한 의미를 부여하고 서술을 도와주는 역할을 함.

I 조동사를 이해할 때의 유의점

1) 의미 : 그 조동사가 갖는 의미는 무엇인가.

2) 접속 : 그 조동사가 어떤 형태에 접속하는가.
조동사는 동사, 형용사, 다른 조동사 또는 체언이나 조사에도 붙는다. 활용어에 붙는 경우는 어떤 활용형에 붙는가가 문제가 된다.

3) 활용 : 그 조동사 자체가 활용하는데 어떠한 활용형태를 취하는가.

II 조동사의 분류

1. 의미에 의한 분류

조동사의 의미	조동사의 종류
과거(회상)	き、けり
완료	つ、ぬ、たり、り
추량	む、むず、けむ、らむ、らし、まし、めり、べし
부정	ず
부정추량	じ、まじ
희망	たし、まほし

단정	なり、たり
전문 · 추정	なり
비유	ごとし
자발 · 가능 · 수동 · 존경	る · らる
사역 · 존경	す · さす、しむ

2. 조동사가 접속하는 앞 단어의 형태에 따른 분류

접속법	조동사의 종류
미연형	る · らる、す · さす、しむ、ず、じ、む、むず、まし、まほし
연용형	き、けり、つ、ぬ、たり、けむ、たし
종지형	らむ、らし、めり、べし、まじ、なり(전문)、べらなり
연체형	なり(단정)、ごとし
명령형(四段動詞)	り
체언,조사	たり、なり(단정)、ごとし

* 종지형에 붙는 경우 ラ行変格活用動詞(あり등) 와 あり활용에 준하는 것은 연체형이 접속한다.

3. 활용형태에 따른 분류

활용형태		조동사의 종류
動詞型活用	四段動詞型	む、けむ、らむ
	下二段動詞型	る · らる、す · さす、しむ、つ
	サ行変格動詞型	むず
	ナ行変格動詞型	ぬ
	ラ行変格動詞型	けり、たり、り、めり、なり(전문)
イ形容詞型活用	ク活用形容詞型	べし、たし、ごとし
	シク活用形容詞型	まじ、まほし

ナ形容詞型活用	ナリ活用形容詞型	なり(단정)、べらなり
	タリ活用形容詞型	たり
特殊型活用		き、ず、まし
	無変化型	らし、じ

Ⅲ 조동사 각론

1. 과거

1) き

[접속] 동사, イ형용사, ナ형용사의 연용형.

단 カ行変格活用動詞의 未然形, 連用形에는「し・しか」가 붙고「き」는 붙지 않음. 또한 サ行変格活用動詞의 未然形에는「し・しか」가 붙고 連用形에는「き」가 붙음.

예 こ(未然) 또는 き(連用) ＋し・しか

せ(未然) ＋し・しか、し(連用) ＋き

[활용] 특수활용

基本形	未然形	連用形	終止形	連体形	已然形	命令形
き	(せ)	−	き	し	しか	−

* ( )속에 넣은 것은 예가 한정되어 있는 경우임.

[의미]

① 과거를 나타냄.「〜た」

예 にはかに都遷り侍りき。「竹取物語」

(구어역 : にわかに都遷りなさった。)

2) けり

[접속] 동사, イ형용사, ナ형용사의 연용형.

[활용] ラ行変格活用

基本形	未然形	連用形	終止形	連体形	已然形	命令形
けり	(けら)	-	けり	ける	けれ	-

[의미]

① 과거를 나타냄. 구체적으로는 다른 사람에게 들었거나 해서 간접적으로 경험한 과거의 사실을 나타냄.「~た」

예 今は昔竹取の翁といふ者あり**けり**。「竹取物語」

(구어역 : 昔竹取の翁という者がいた。)

② 감탄을 나타냄. 일본의 운문에서 흔히 쓰임.「~ことよ」

예 見わたせば花ももみぢもなかり**けり**。「新古今集」

(구어역 : あたりを見渡してみると、花ももみじもないことよ。)

깜짝퀴즈

문어에 있어서 과거의 조동사[き]는 특수활용을 하는데 그 활용형은 미연형せ, 종지형き, 연체형( ), 이연형しか이다.

예 せ　きる　し　け

2. 완료

1) つ/ぬ

[접속] 활용어의 연용형.

[활용] つ는 下二段活用, ぬ는 ナ行変格活用.

基本形	未然形	連用形	終止形	連体形	已然形	命令形
つ	て	て	つ	つる	つれ	てよ
ぬ	な	に	ぬ	ぬる	ぬれ	ね

[의미]

① 완료를 나타냄.「~た」「~てしまう」

예 桜かざしてけふも暮らし**つ**。「新古今集」

(구어역 : 桜の枝を頭にさして、今日も一日楽しく暮らした。)

② 동작이나 작용이 확실히 그렇다고 확인하거나 강조의 뜻으로 쓰임.「きっと~」

예 恥をも忘れ、盗みもし**つ**べきことなり。「徒然草」

(구어역 : 恥をも忘れて、きっと、盗みをもしかねないことである。)

③ 구어의 ~たり~たり에 해당되는 행동의 나열의 의미.

예 • 僧都船に乗つてはおり**つ**、おりては乗つ**つ**、「平家物語」

(구어역 : 僧都、船に乗って降りたり、降りて乗ったり、)

예 浮き**ぬ**沈み**ぬ**揺られければ「平家物語」

(구어역 : 浮いたり沈んだり揺らいでいたので)

2) たり/り

[접속] 동사의 연용형. り는 四段動詞의 명령형과 サ行変格活用動詞의 미연형에만 붙음.

[활용] ラ行変格活用

基本形	未然形	連用形	終止形	連体形	已然形	命令形
たり	たら	たり	たり	たる	たれ	たれ
り	ら	り	り	る	れ	れ

[의미]

① 완료를 나타냄. 「～た」「～てしまった」

예 • 馬は血つきて宇治大路の家に走り入り**たり**。「徒然草」

(구어역：馬は血だらけになって、宇治大路の家に走りこんだ。)

• 吉事のみうち続いて、太政大臣まできはめ給へ**り**。「平家物語」

(구어역：よい事ばかりが続いて、太政大臣にまで昇りつめなさった。)

② 동작, 작용 상태가 계속 존속한다는 것을 나타냄. 「～ている」「～てある」

예 • 浅くて流れ**たる**遥かに涼し。「徒然草」

(구어역：浅くて流れている水が遥かに涼しい。)

• 女の性はみなひがめ**り**。「徒然草」

(구어역：女の性質は、みなねじけている。)

3. 추량

1) む(ん)

[접속] 활용어의 미연형.

[활용] 四段活用을 함.

基本形	未然形	連用形	終止形	連体形	已然形	命令形
む(ん)	(ま)	–	む(ん)	む(ん)	め	–

[의미]

① 추량.「〜だろう」

예 深き故あら**ん**。「徒然草」

(구어역 : 深い理由があるだろう。)

② 의지, 희망.「〜う」「〜よう」「〜するつもりだ」

예 われこそ死な**め**とて泣きののしる。「竹取物語」

(구어역 : 私こそ死のうと言って泣きわめく。)

③ 권유, 명령.「〜するがよい」

예 子といふもの、なくてありな**む**。「徒然草」

(구어역 : 子というものは、持たずにいるのがよい。)

④ 완곡, 가정.「〜としたら」「〜ような」

예 一切の有情を見て慈悲の心なから**む**は、人倫にあらず。「徒然草」

(구어역 : すべての生き物を見て、慈悲の心を感じないとしたら、それは人間ではない。)

2) むず(んず)

[접속] 활용어의 미연형.

[활용] サ行変格活用을 함.

基本形	未然形	連用形	終止形	連体形	已然形	命令形
むず (んず)	–	–	むず (んず)	むずる (んずる)	むずれ (んずれ)	–

[의미]

① 추량을 나타냄.「～だろう」

예 この月の十五(もち)日に、…迎へに人々まうで来**むず**。

(구어역 : こんどの満月の晩に…人々はやって来るだろう。)「竹取物語」

② 의지를 나타냄.「～う」「～よう」「～するつもりだ」

예 秋風吹かむ折ぞ来**むずる**。待てよ。

(구어역 : 秋風が吹いたら、その時もどって来よう。待っていなさい。)「枕草子」

3) けむ(けん)

[접속] 용언의 연용형.

[활용] 四段活用을 함.

基本形	未然形	連用形	終止形	連体形	已然形	命令形
けむ (けん)	–	–	けむ (けん)	けむ (けん)	けめ	–

[의미]

① 과거추량.「~たのだろう」

예 いかなる所にか、この木はさぶらひ**けむ**。「竹取物語」

(구어역 : どんなところにこの木があったのだろう。)

② 과거이유추량.「たぶん~たのだろう」

예 京や住み憂かり**けむ**、あづまの方に行きて、住み所もとむとて「伊勢物語」

(구어역 : たぶん京が住みづらかったろうか、東国の方へ行って、住むところをさがし求めるということで)

③ 과거의 전문.「~たそうだ」

예 増賀ひじりの言ひ**けん**やうに、名(みょう)聞(もん)くるしく、「徒然草」

(구어역 : 増賀上人が言ったとかいうように、世俗の名誉に執着してあくせくしていて、)

4) らむ

[접속] 활용어의 종지형. ラ行変格動詞는 연체형.

[활용] 四段活用을 함.

基本形	未然形	連用形	終止形	連体形	已然形	命令形
らむ (らん)	-	-	らむ (らん)	らむ (らん)	らめ	-

[의미]

① 현재추량.「~ているだろう」

예 億良らは今は罷らむ子泣く**らむ**それその母も我を待つ**らむ**そ。「万葉集」

(구어역：億良めはもうおいとまいたしましょう。子どもが泣いているでしょう。そら、その子の母も私を待っていることでしょうよ。)

② 원인추량.「どうして～のだろう」

예 ひさかたの光のどけき春の日にしづ心なく花の散る**らむ**。「古今和歌集」

(구어역：日の光がこんなにものどかな春の日に、どうして落ち着いた心もなく桜の花は散っているのだろう。)

③ 전문 또는 완곡.「～だそうだ」「～とかいう」

예 あうむいとあはれなり。人の言ふ**らむ**ことをまねぶ**らむ**よ。「枕草子」

(구어역：おうむはたいそう感心だ。人の言うことをまねをするそうだよ。)

5) らし

[접속] 용어의 종지형. ラ行変格動詞는 연체형.

[활용] 특수활용을 함.

基本形	未然形	連用形	終止形	連体形	已然形	命令形
らし	-	-	らし	らし (らしき)	らし	-

[의미]

① 추정을 나타냄.「～らしい」

② らし는 平安시대까지는 대부분 和歌에 쓰였으나 그 후에 사용되지 않음.

예 春過ぎて夏来る**らし**白妙の衣ほしたり天の香具山。「万葉集」

(구어역 : 春が過ぎていよいよ夏がやってくるらしい。天の香具山ではまっ白な着物が干してあるよ。)

6) べし

[접속] 용언의 종지형. ラ行変格動詞는 연체형.

[활용] 형용사의 ク活用을 함.

基本形	未然形	連用形	終止形	連体形	已然形	命令形
べし	べく べから	べく べかり	べし	べき べかる	べけれ	−

[의미]

① 추량.「きっと~だろう」

예 風吹きぬ**べし**。「土佐日記」

(구어역 : きっと風が吹くだろう。)

② 의지.「~う・~よう、~するつもりだ」

예 この一矢に定む**べし**と思へ。「徒然草」

(구어역 : この一本の矢で決着をつけようと思え。)

③ 당연.「~するはずだ」「~しなければならない」

예 船に乗る**べき**所へわたる。「土佐日記」

(구어역 : 船に乗るべき場所へ移る。)

④ 가능.「~することができる」

예 羽なければ、空をも飛ぶ**べから**ず。「方丈記」

(구어역 : 羽がないから、空を飛ぶこともできない。)

⑤ 적당함을 나타냄.「~するがよい」

예 家の造りやうは、夏をむねとす**べし**。「徒然草」

(구어역 : 家の造り方は、夏を主眼とするのがよい。)

7) べらなり

[접속] 활용어의 종지형. ラ行変格動詞는 연체형.

[활용] ナ형용사의 なり活用을 함.

基本形	未然形	連用形	終止形	連体形	已然形	命令形
べらなり	-	べらに	べらなり	べらなる	べらなれ	-

[의미]

① 추량.「~のようだ」

② 平安初期의 和歌에 사용되었으나 平安中期이후에는 쇠퇴함.

예 久方の天つ空にも住まなくに人はよそにぞ思ふ**べらなる**。「古今和歌集」

(구어역 : 別に天上界に住んでいるわけでもないのに、彼女は私がまるで別世界の人間でもあるかのように無縁の者と思っているようだ。)

8) まし

[접속] 용언의 미연형.

[활용] 특수활용을 함.

基本形	未然形	連用形	終止形	連体形	已然形	命令形
まし	(ませ) ましか	−	まし	まし	ましか	−

[의미]

① 반실가상.「もし～としたら～だろう」

예 鏡に色・形あらましかば、映らざら**まし**。「徒然草」

(구어역：もし鏡に色や形があったとしたら、何も映らないであろう。)

② 의지, 희망.「しようかしら」「できることなら～したい」

예 これに何を書か**まし**。「枕草子」

(구어역：これに何を書こうかしら。)

③ 단순한 추량.「～う」「～よう」「～だろう」

예 すべき方のなければ知らぬに似たりとぞ言は**まし**。「徒然草」

(구어역：すべき方法がないから、知らないことと同じだと言えるだろう。)

9) めり

[접속] 용언의 종지형. ラ行変格動詞는 연체형.

[활용] ラ行変格活用

基本形	未然形	連用形	終止形	連体形	已然形	命令形
めり	−	めり	めり	める	めれ	−

[의미]

① 추정.「~ようだ」「~ように思われる」

예 内侍のもとへは時々まかる**めり**き。「大鏡」

(구어역 : 内侍の所へは時々訪ねていくようであった。)

② 단정의 완곡한 표현.「~ようだ」

예 酔ひたる人ぞ、過ぎにし憂さを思ひ出でて泣く**める**。「徒然草」

(구어역 : 酔った人は、過ぎ去った昔のつらいことを思い出して泣くようである。)

깜짝퀴즈

문어에 있어서 추량의 조동사[べし]는 イ형용사의 ク활용을 하는데 그 활용형은 미연형べく, 연용형( ), 종지형べし, 연체형べき, 이연형べけれ이다.

예 べく　べし　べき　べけれ

4. 전문/추량

1) なり

[접속] 용언의 종지형. ラ行変格動詞는 연체형.

[활용] ラ行変格活用

基本形	未然形	連用形	終止形	連体形	已然形	命令形
なり	–	–	なり	なる	なれ	–

[의미]

① 전문.「~という」「~だそうだ」「と聞いている」

예 男もす**なる**日記といふものを、女もしてみむとてするなり。「土佐日記」

(구어역 : 男の人が書くという日記というものを、女の私も書いてみようと思って書くのである。)

② 추정.「~らしい」「~のようだ」「~のように聞こえる」

예 秋の野に人まつ虫の声す**なり**われかと行きていざとぶらはむ。「古今和歌集」

(구어역 : 秋の野に人を待つというまつ虫の声がするようだ。私を待っているのかね、と言ってさあたずねよう。)

5. 부정

1) ず

[접속] 용언의 미연형.

[활용] 특수활용을 함.

基本形	未然形	連用形	終止形	連体形	已然形	命令形
ず	ず ざら	ず ざり	ず	ぬ ざる	ね ざれ	−

*ざりは ず+あり에서 만들어진 것으로 주로 뒤에 조동사가 접속할 때 쓰임.

[의미]

−부정.「~ない」

예 涙のこぼるるに目も見え**ず**ものも言はれ**ず**。「伊勢物語」

(구어역 : 涙がこぼれて目もみえなく、ものも言えない)

6. 부정추량

1) じ

[접속] 용언의 미연형.

[활용] 특수활용을 함.

基本形	未然形	連用形	終止形	連体形	已然形	命令形
じ	-	-	じ	(じ)	(じ)	-

[의미]

① 부정의 추량.「~ないだろう」

예 法師ばかりうらやましからぬものはあらじ。「徒然草」

(구어역 : 僧くらいうらやましくないものはないだろう。)

② 부정의 의지.「~ないようにしよう」「~ないつもりだ」

예 打たれじと用意して「枕草子」

(구어역 : 打たれないようにと気をつけて)

2) まじ

[접속] 용언의 종지형. ラ行変格動詞는 연체형.

[활용] イ형용사의 ク活用을 함.

基本形	未然形	連用形	終止形	連体形	已然形	命令形
まじ	まじく まじから	まじく まじかり	まじ	まじき まじかる	まじけれ	-

[의미]

① 정의 추량. 「当然~ないだろう」

예 唐の物は薬のほかはなくとも事かく**まじ**。「徒然草」

(구어역 : 中国の物は、薬のほかは、なくても不自由しないだろう。)

② 부정의 의지. 「きっと~ないつもりだ」

예 参るまじきか。参る**まじく**ばそのやうを申せ。「平家物語」

(구어역 : やって来ないつもりか。来ないつもりならば、そのわけを申せ。)

③ 부정의 당연성. 「~べきでない」「~はずがない」

예 妻(め)といふものこそ、男(をのこ)の持つ**まじき**ものなれ。「徒然草」

(구어역 : 妻というものこそ、男が持ってはいけないものである。)

④ 금지, 부적당. 「~でないほうがよい」「~てはいけない」

예 死ぬ**まじき**ぞ。自害なせそと仰せられけり。「沙石集」

(구어역 : 死んではならないぞ。自害をするなとおっしゃった。)

⑤ 불가능. 「~できそうにない」「~できないだろう」

예 たはやすく人寄り来**まじき**家を作りて「竹取物語」

(구어역 : 簡単に人が寄ってくることのできそうもない家を作って)

7. 희망

1) たし

[접속] 용언의 연용형.

[활용] イ형용사의 ク활용을 함.

基本形	未然形	連用形	終止形	連体形	已然形	命令形
たし	たく たから	たく たかり	たし	たき たかる	たけれ	−

[의미]

- 희망.「〜したい」

예 家にありたき木は松桜。「徒然草」

(구어역 : 家にあってほしい木は松と桜である。)

2) まほし

[접속] 동사의 미연형.

[활용] イ형용사의 シク活用을 함.

基本形	未然形	連用形	終止形	連体形	已然形	命令形
まほし	まほしく まほしから	まほしく まほしかり	まほし	まほしき まほしかる	まほしけれ	−

[의미]

- 희망.「〜したい」

예 少しのことにも、先達はあらまほしきことなり。「徒然草」

(구어역 : ちょっとしたことにも、指導者はあってほしいものである。)

8. 단정

1) なり

[접속] 체언과 용언의 연체형.

[활용] ラ行変格活用을 함.

基本形	未然形	連用形	終止形	連体形	已然形	命令形
なり	なら	に なり	なり	なる	なれ	(なれ)

[의미]

① 단정.「～だ」「～である」

예 若き人は、少しの事も、よく見え、わろく見ゆる**なり**。「徒然草」

(구어역：若い人は、ちょっとの事でも、よくも見えるし、またみっともなくも見えるものだ。)

② 존재.「～にある」「～になる」

예 青海原ふりさけ見れば春日**なる**三笠の山に出でし月かも「土佐日記」

(구어역：青々とした海原を見渡していると、かつて故郷の春日にある三笠山の上に出た月がのぼってきたことよ。)

2) たり

[접속] 체언.

[활용] ナ형용사의 タリ活用을 함.

基本形	未然形	連用形	終止形	連体形	已然形	命令形
たり	たら	と たり	たり	たる	たれ	たれ

[의미]

-단정.「~だ」「~である」

예 いにしへ、清盛公いまだ安芸(あき)の守(かみ)**たり**し時「平家物語」

(구어역 : 以前、清盛がまだ安芸の守であった時)

9. 비유

1) ごとし

[접속] 체언이나 활용어의 연체형에 접속하는데 이 때 흔히 조사 の, が를 삽입시켜 접속함.

[활용] イ형용사의 ク活用을 함.

基本形	未然形	連用形	終止形	連体形	已然形	命令形
ごとし	ごとく	ごとく	ごとし	ごとき	-	-

[의미]

① 비유.「まるで~ようだ」

예 松島(まつしま)は笑ふが**ごとく**、象潟(きさかた)はうらむが**ごとし**。「奥の細道」

(구어역 : 松島はまるで笑っているような感じで、象潟はまるで嘆き悲しんでいるような感じである。)

② 예시.「たとえば~ようだ」

예 道に長じぬる一言、神の**ごとし**。「徒然草」

(구어역 : 一つの専門に達した人のことばは、神のようである。)

10. 자발/가능/수동/존경

1) る/らる

[접속] る : 四段動詞、ナ行変格動詞、ラ行変格動詞의 미연형.
　　らる : 四段動詞、ナ行変格動詞、ラ行変格動詞 이외의 동사의 미연형.

[활용] 下二段活用을 함.

基本形	未然形	連用形	終止形	連体形	已然形	命令形
る	れ	れ	る	るる	るれ	れよ
らる	られ	られ	らる	らるる	らるれ	られよ

[의미]

① 자발.「自然と～れる」

예 住みなれしふるさと限りなく思ひ出で**らる**。「更級日記」
(구어역 : 住みなれたもとの家が、むしょうになつかしく思い出される。)

② 가능.「～ことができる」

예 弓矢して射**られ**じ。「竹取物語」
(구어역 : 弓矢で射ることもできないでしょう。)

③ 수동.「～れる」「～られる」

예 人には木の端のやうに思は**るる**よ。「徒然草」
(구어역 : 人には木の切れっぱしのように思われるよ。)

④ 존경.「お～になる」「～なさる」

예 御心地はいかがおぼさ**るる**。「竹取物語」
(구어역 : 御気分はいかがでいらっしゃいますか。)

11. 사역/존경

1) す · さす

[접속] す : 四段動詞、ナ行変格動詞、ラ行変格動詞의 미연형.
さす : 四段動詞、ナ行変格動詞、ラ行変格動詞 이외의 동사의 미연형.

[활용] 下二段活用을 함.

基本形	未然形	連用形	終止形	連体形	已然形	命令形
す	せ	せ	す	する	すれ	せよ
さす	させ	させ	さす	さする	さすれ	させよ

[의미]

① 사역.「~せる」「~させる」

예 夜ごとに人をすゑて守ら**せ**ければ…「伊勢物語」

(구어역 : 毎夜人を置いて番をさせたので…)

② 존경.「お~になる」

예 上…御覧じて、いみじく驚か**せ**給ふ。

(구어역 : 天皇は、…ごらんになって、たいそうお驚きになる。)「枕草子」

2) しむ

[접속] 동사의 미연형.

[활용] 下二段活用을 함.

基本形	未然形	連用形	終止形	連体形	已然形	命令形
しむ	しめ	しめ	しむ	しむる	しむれ	しめよ

[의미]

① 사역. 「~せる」「~させる」

예 愚かなる人の目を喜ば**しむる**楽しみ、またあぢきなし。「徒然草」

(구어역 : 愚かな人の目を喜ばせる楽しみであって、これもまたつまらない。)

② 존경. 「お~になる」

예 一院第二の王子、ひそかに入寺せ**しめ**給ふ。「平家物語」

(구어역 : 一院の第二皇子は、ひそかに三井寺におはいりになった。)

쉬어가기 源氏物語 冒頭文

[文語]

いづれの御時(おほむとき)にか、女御更衣(にょうごかうい)あまたさぶらひたまひける中に、いとやむごとなき際(きは)にはあらぬが、すぐれて時めきたまふありけり。はじめより我(われ)はと思ひあがりたまへる御方々(おほむかたがた)、めざましきものにおとしめそねみたまふ。おなじほど、それより下﨟(げらふ)の更衣(かうい)たちは、ましてやすからず。朝夕(あさゆふ)の宮仕(みやづかへ)につけても、人の心をのみ動かし、恨みを負ふつもりにやありけん、いとあつしくなりゆき、もの心細げに里がちなるを、いよいよあかずあはれなるものに思ほして、人のそしりをもえ憚(はばか)らせたまはず、世の例(ためし)にもなりぬべき御(おほむ)もてなしなり。上達部上人(かむだちめうへびと)なども、あいなく目を側(そば)めつつ、いとまばゆき人の御(おほむ)おぼえなり。唐土(もろこし)にも、かかる事の起りにこそ、世も乱れあしかりけれと、やうやう、天(あめ)の下(した)にも、あぢきなう人のもてなやみぐさになりて、楊貴妃(やうきひ)の例(ためし)も引き出(い)でつべくなりゆくに、いとはしたなきこと多かれど、かたじけなき御心(みこころ)ばへのたぐひなきを頼みにてまじらひたまふ。

[口語]

どの帝の御代であったか、女御更衣大勢お仕えしていらっしゃった中に、それほど高貴な家柄の出身ではない方で、格別に(帝の) ご寵愛をうけていらっしゃる方があった。宮仕えのはじめから、我こそはと自負しておられた女御がたは、このお方を、目に余る者とさげずんだり憎んだりなさる。同じ身分、またはそれより低い地位の更衣たちは、女御がたにもまして気持ちがおさまらない。朝夕宮仕えにつけても、そうした人々の胸をかきたてるばかりで、恨みを受けることが積もり積もったためだったろうか、まったく病がちの身となり、どことなく頼りなげな様子で里下がりも度重なるのを、帝はいよいよたまらなく不憫な者とおぼしめされて、他人の非難に気がねなさる余裕さえもなく、これでは世間の語りぐさとならずにはすまぬもてなされようである。上達部、殿上人なども、あらずもがなに目をそむけしていて、まったく正視にたえぬご寵愛ぶりである。唐土でも、こうしたことがもとになって、世の中も乱れ、不都合な事態にもなったものをだと、しだいに世間の人々の間でも、にがにがしくもてあましぐさになり、はては、楊貴妃の例までも引き合いに出しかねぬなりゆきであるから、更衣は、まったくいたたまれないことが多いけれども、畏れ多い帝のまたとないお情けを頼りにしてお仕えしていらっしゃる。

다음을 읽고 맞으면 ○, 틀리면 ×를 하시오.

1 문어의 下一段活用動詞、下二段活用動詞는 구어에서 下一段活用動詞로 변화하였다. ( )

2 イ형용사의 문어「楽し」의 カリ活用의 연체형은「楽しかり」이다. ( )

3 조동사 [き、けり、つ、ぬ、たり、けむ、たし]의 앞에 오는 활용어의 활용형은 미연형이 온다. ( )

4 조동사 [む、けむ、らむ]는 下二段動詞型의 형태를 취한다. ( )

1. 일본어 고전 문법 개관

- 文語文法과 口語文法
- 文語와 口語의 차이

2. 동사

- 四段活用動詞, ナ行変格活用動詞, ラ行変格活用動詞, 下一段活用動詞
- 上一段活用動詞, 上二段活用動詞
- 下二段活用動詞
- カ行変格活用動詞
- サ行変格活用動詞

3. 형용사

- イ形容詞 : 「ク活用」「シク活用」「カリ活用」
- ナ形容詞 : 「ナリ活用」「タリ活用」

4. 조동사

- 과거 : き, けり
- 완료 : つ, ぬ, たり, り
- 추량 : む, むず, けむ, らむ, らし, まし, めり, べし
- 부정 : ず

- 부정추량 : じ, まじ
- 희망 : たし, まほし
- 단정 : なり, たり
- 전문 · 추정 : なり
- 비유 : ごとし
- 자발 · 가능 · 수동 · 존경 : る · らる
- 사역 · 존경 : す · さす, しむ

과제

1. 다음 빈칸을 동사활용으로 채우시오.

기본형	미연형 -ず	연용형 -たり	종지형	연체형 -とき	이연형 -ども	명령형
買(か)ふ (四段)						
往(い)ぬ (ナ変)						
をり (ラ変)						
蹴(け)る (下一段)						
着(き)る (上一段)						
悔(く)ゆ (上二段)						
受(う)く (下二段)						
来(く) (カ変)						
す (サ変)						

2 . 다음 문장의 밑줄 친 부분의 조동사의 의미와 활용형을 쓰시오.

예 風吹きぬ → 의미 : 완료, 활용형 : 종지

1) 桜散りにければ、帰りぬ。 → 의미 : 활용형 :

2) 咲かざりし花もあり。 → 의미 : 활용형 :

3) 今すでに五年(いつとせ)を経たり。 → 의미 : 활용형 :

4) 宝隠してよ。 → 의미 : 활용형 :

5) 露落ちて花残れり。 → 의미 : 활용형 :

6) 我は寺を建てむずるぞ。 → 의미 : 활용형 :

7) こよひの名月見らるべくもあらず。 → 의미 : 활용형 :

8) 家には子泣くらん。 → 의미 : 활용형 :

9) さこそ異様(ことやう)なりけめ。 → 의미 : 활용형 :

10) 知らましかば、問はざらまし。 → 의미 : 활용형 :

11) 雪降るらし。衣手寒し。 → 의미 : 활용형 :

12) 蛍光るめり。 → 의미 : 활용형 :

13) 猫にはあらじ。 → 의미 : 활용형 :

14) つかの間も忘るまじきなり。 → 의미 : 활용형 :

15) 敵(かたき)に会うてこそ死にたけれ。 → 의미 : 활용형 :

16) 仏には人のなりたるなり。 → 의미 : 활용형 :

17) 人に雇はれ、使はれもせず、 → 의미 : 활용형 :

18) 今日は都のみぞ思ひやらるる。 → 의미 : 활용형 :

19) 見苦しとて人に書かするはうるさし。 → 의미 : 활용형 :

20) ひそかに入寺(にふじ)せしめ給ふ。 → 의미 : 활용형 :

참/고/문/헌

제 1장

- 庵功雄(2012)『新しい日本語学入門 第2版』スリーエーネットワーク
- 伊坂淳一(2002)『ここからはじまる日本語学』ひつじ書房
- 亀井孝他編(1997)『言語学大辞典セレクション 日本列島の言語』三省堂
- 金田一春彦(1992)『日本語』(上) 岩波書店
- 金田一春彦(1992)『日本語』(下) 岩波書店
- 金田一春彦他編(1988)『日本語百科大事典』大修館書店
- 国語学会編(1969)『国語学辞典』東京堂書店
- 国語学会編(1982)『国語学大辞典』東京堂書店
- 佐藤喜代治編(1983)『国語学研究事典』明治書院
- 名柄迪 監修(1992)『日本語教育能力検定試験傾向と対策』バベル・プレス
- 日本語学会編(2018)『日本語学大辞典』東京堂出版
- 日本語教育学会編(1987)『日本語教育事典 縮刷版』大修館書店
- 日本語教育学会編(2006)『新版 日本語教育事典』제이앤씨
- 林 大監修(1982)『角川小辞典9 図説日本語』角川書店
- 飛田良文 他編(2007)『日本語学研究事典』明治書院
- 古田東朔他編(1987)『新国語概説』くろしお出版

제 2장

- 亀井孝編(1966)『日本語の歴史 別巻 言語史研究入門』平凡社
- 北原保雄他編(1987)『国語学研究法』武蔵野書院
- 国語学会編(1982)『国語学大辞典』東京堂書店
- 小池清治(2001)『シリーズ〈日本語探求法〉1 現代日本語探究法』朝倉書店
- 玉村文郎編(1992)『日本語学を学ぶ人のために』世界思想社
- 日本語学会編(2018)『日本語学大辞典』東京堂出版
- 日本語教育学会編(1990)『日本語教育ハンドブック』大修館書店
- 日本語教育学会編(1987)『日本語教育事典 縮刷版』大修館書店
- 日本語教育学会編(2006)『新版 日本語教育事典』제이앤씨
- 橋本進吉著(1969)『橋本進吉博士著作集 第一册 国語学概論』岩波書店
- 飛田良文 他編(2007)『日本語学研究事典』明治書院

제 3장

- 有坂秀世(1980)『増補版 音韻論』三省堂
- 上野善道編(2018)『新装版 朝倉日本語講座3 音声・音韻』朝倉書店
- 金田一春彦(1967)『日本語音韻の研究』東京堂出版
- 金田一春彦(1992)『日本語』(上) 岩波書店
- 金田一春彦(1992)『日本語』(下) 岩波書店
- 金田一春彦他編(1988)『日本語百科大事典』大修館書店
- 金田一春彦監修・秋永一枝編(2001)『新明解日本語アクセント辞典』三省堂

• 国語学会編(1982)『国語学大辞典』東京堂書店
• 小松英雄(1981)『日本語の世界7 日本語の音韻』中央公論社
• 酒井裕(1992)『音声アクセントクリニック』凡人社
• 杉藤美代子(1989)『講座 日本語と日本語教育2 日本語の音声・音韻(上)』明治書院
• 杉藤美代子(1989)『講座 日本語と日本語教育3 日本語の音声・音韻(下)』明治書院
• 田中真一・窪薗晴夫著(2008)『日本語の発音教室』くろしお出版
• 戸田貴子編著(2008)『日本語教育と音声』くろしお出版
• 中條修(1990)『日本語の音韻とアクセント』勁草書房
• 名柄迪 監修(1992)『日本語教育能力検定試験傾向と対策』バベル・プレス
• 日本語学会編(2018)『日本語学大辞典』東京堂出版
• 日本語教育学会編(1987)『日本語教育事典 縮刷版』大修館書店
日本語教育学会編(2006)『新版 日本語教育事典』제이앤씨
• 服部四郎(1979)『音韻論と正書法』大修館書店
• 飛田良文 他編(2007)『日本語学研究事典』明治書院
• 古田東朔他編(1987)『新国語概説』くろしお出版
• 松崎寛・河野俊之著(2018)『日本語教育 よくわかる音声』アルク
• 宮地裕編(1989)『講座 日本語と日本語教育1 日本語学要説』明治書院
• 湯沢質幸(2005)『シリーズ〈日本語探求法〉3 音声・音韻探求法』朝倉書店

제 4장

- 犬飼隆(2002)『シリーズ〈日本語探求法〉5 文字・表記探求法』朝倉書店
- 樺島忠夫(1983)『日本の文字』岩波書店
- 河野六郎(1977) 「文字の本質」『岩波講座 日本語８ 文字』岩波書店
- 国語学会編(1982)『国語学大辞典』東京堂書店
- 小松英雄(1998)『日本語書記史原論』笠間書院
- 今野真二(2001)『仮名表記論攷』和泉書院
- 柴田武他(1975)『シンポジウム日本語4 日本語の文字』学生社
- 武部良明編(1989) 『講座 日本語と日本語教育８ 日本語の文字・表記(上) 』明治書院
- 武部良明編(1989) 『講座 日本語と日本語教育９ 日本語の文字・表記(下) 』明治書院
- 中田祝夫(1982)『日本語の世界4 日本の漢字』中央公論社
- 玉村文郎編(1992)『日本語学を学ぶ人のために』世界思想社
- 名柄迪 監修(1992) 『日本語教育能力検定試験傾向と対策』バベル・プレス
- 日本語学会編(2018)『日本語学大辞典』東京堂出版
- 日本語教育学会編(1987)『日本語教育事典 縮刷版』大修館書店
- 日本語教育学会編(2006)『新版 日本語教育事典』제이앤씨
- 野村雅昭(1988)『漢字の未来』筑摩書房
- 林 大監修(1982)『角川小辞典９ 図説日本語』角川書店
- 林史典編(2018) 『新装版 朝倉日本語講座2 文字・書記』朝倉書店

- 宮地裕編(1989)『講座 日本語と日本語教育1 日本語学要説』明治書院

제 5장

- 沖森卓也編(2012)『日本語ライブラリー 語と語彙』朝倉書店
- 加藤彰彦他(1989)『日本語概説』桜楓社
- 樺島忠夫(1981)『日本語はどうかわるか—語彙と文字—』岩波書店
- 金田一春彦(1992)『日本語』(上) 岩波書店
- 金田一春彦(1992)『日本語』(下) 岩波書店
- 金田一春彦他編(1988)『日本語百科大事典』大修館書店
- 国語学会編(1982)『国語学大辞典』東京堂書店
- 国立国語研究所(1984)『日本語教育指導参考書12 語彙の研究と教育(上)』大蔵省印刷局
- 国立国語研究所(1985)『日本語教育指導参考書13 語彙の研究と教育(下)』大蔵省印刷局
- 斎藤倫明編(2018)『新装版 朝倉日本語講座4 語彙・意味』朝倉書店
- 玉村文郎編(1990)『講座 日本語と日本語教育6 日本語の語彙・意味(上)』明治書院
- 玉村文郎編(1990)『講座 日本語と日本語教育7 日本語の語彙・意味(下)』明治書院
- 日本語学会編(2018)『日本語学大辞典』東京堂出版
- 日本語教育学会編(1987)『日本語教育事典 縮刷版』大修館書店
- 日本語教育学会編(2006)『新版 日本語教育事典』제이앤씨

• 名柄迪　監修(1992) 『日本語教育能力検定試験傾向と対策』バベル・プレス
• 林 大監修(1982)『角川小辞典９ 図説日本語』角川書店
• 宮地裕編(1989) 『講座　日本語と日本語教育1　日本語学要説』明治書院
• 森岡健二(1982)『講座日本語学4 語彙史』明治書院

제 6장

• 庵功雄(2002)『新しい日本語学入門』スリーエーネットワーク
• 北原保雄(1981)『日本語の世界6 日本語の文法』中央公論社
• 北原保雄編(2018)『新装版 朝倉日本語講座5 文法Ⅰ』朝倉書店
• 金田一春彦他(1976)『日本語動詞のアスペクト』むぎ書房
• 国語学会編(1982)『国語学大辞典』東京堂書店
• 玉村文郎編(1992)『日本語学を学ぶ人のために』世界思想社
• 寺村秀夫(1982)『日本語シンタクスと意味Ⅰ』くろしお出版
• 寺村秀夫他(1987)『ケーススタディ日本文法』桜楓社
• 時枝誠記(1941)『国語学原論』岩波書店
• 名柄迪　監修(1992) 『日本語教育能力検定試験傾向と対策』バベル・プレス
• 日本語学会編(2018)『日本語学大辞典』東京堂出版
• 日本語教育学会編(1987)『日本語教育事典 縮刷版』大修館書店
• 日本語教育学会編(2006)『新版 日本語教育事典』제이앤씨
• 日本語文法学会編(2014)『日本語文法事典』大修館書店
• 益岡隆志(1992)『基礎日本語文法―改訂版―』くろしお出版
• 宮地裕編(1989) 『講座　日本語と日本語教育1　日本語学要説』明

治書院
- 山口明穂編(2001)『日本語文法大辞典』明治書院
- 山口佳紀(1989)『講座 日本語と日本語教育4 日本語の文法・文体(上)』明治書院

제 7장

- 尾上圭介編(2018)『新装版 朝倉日本語講座6 文法II』朝倉書店
- 北原保雄編(1989)『講座 日本語と日本語教育4 日本語の文法・文体(上)』明治書院
- 金田一春彦他(1976)『日本語動詞のアスペクト』むぎ書房
- 工藤真由美(1995)『アスペクト・テンス体系とテキスト』ひつじ書房
- 小池清治他(2002)『シリーズ〈日本語探求法〉2 文法探求法』朝倉書店
- 国語学会編(1982)『国語学大辞典』東京堂書店
- 玉村文郎編(1992)『日本語学を学ぶ人のために』世界思想社
- 寺村秀夫(1984)『日本語シンタクスと意味II』くろしお出版
- 仁田義雄(1991)『日本語のモダリティと人称』ひつじ書房
- 日本語学会編(2018)『日本語学大辞典』東京堂出版
- 日本語教育学会編(1987)『日本語教育事典 縮刷版』大修館書店
- 日本語教育学会編(2006)『新版 日本語教育事典』제이앤씨
- 日本語文法学会編(2014)『日本語文法事典』大修館書店
- 名柄迪 監修(1992)『日本語教育能力検定試験傾向と対策』バベル・プレス
- 古田東朔他編(1987)『新国語概説』くろしお出版

- 宮地裕編(1989)『講座　日本語と日本語教育1　日本語学要説』明治書院
- 森山卓郎(2000)『ここからはじまる日本語文法』ひつじ書房
- 山口明穂編(2001)『日本語文法大辞典』明治書院
- 渡辺実(1971)『国語構文論』塙書房

제 8장

- 池田亀鑑(1941)『古典の批判的処置に関する研究』岩波書店
- 加藤彰彦他編(1990)『日本語概説』桜楓社
- 小池清治他(2005)『シリーズ〈日本語探求法〉6　文体探求法』朝倉書店
- 国語学会編(1982)『国語学大辞典』東京堂書店
- 小松英雄(1998)『日本語書記史原論』笠間書院
- 佐久間まゆみ(2018)『新装版　朝倉日本語講座7　文章・談話』朝倉書店
- 築島裕他(1977)『岩波講座　日本語10　文体』岩波書店
- 日本語学会編(2018)『日本語学大辞典』東京堂出版
- 日本語教育学会編(1987)『日本語教育事典　縮刷版』大修館書店
- 日本語教育学会編(2006)『新版　日本語教育事典』제이앤씨
- 名柄迪　監修(1992)『日本語教育能力検定試験傾向と対策』バベル・プレス
- 林　大監修(1982)『角川小辞典9　図説日本語』角川書店
- 宮地裕編(1989)『講座　日本語と日本語教育1　日本語学要説』明治書院
- 山口佳紀編(1989)『講座　日本語と日本語教育5　日本語の文法・

文体(下)』明治書院

제 9장

- 蒲谷宏他(1998)『敬語表現』大修館書店
- 菊池康人(1994)『敬語』角川書店
- 菊池康人編(2018)『新装版 朝倉日本語講座８ 敬語』朝倉書店
- 国語学会編(1982)『国語学大辞典』東京堂書店
- 玉村文郎編(1992)『日本語学を学ぶ人のために』世界思想社
- 辻村敏樹(1968)『敬語の史的研究』東京堂出版
- 辻村敏樹編(1974)『講座国語史5 敬語史』大修館書店
- 日本語学会編(2018)『日本語学大辞典』東京堂出版
- 日本語教育学会編(1987)『日本語教育事典 縮刷版』大修館書店
- 日本語教育学会編(2006)『新版 日本語教育事典』제이앤씨
- 文化庁(1971)『日本語教育指導参考書2 待遇表現』大蔵省印刷局
- 南不二男(1987)『敬語』岩波書店
- 한미경(2007)『드라마로 보는 한국인과 일본인의 경어행동』제이앤씨

제10장

- 江端義夫編(2018)『新装版 朝倉日本語講座 10 方言』朝倉書店
- 大西拓一郎(2008)『現代方言の世界』朝倉書店
- 国語学会編(1982)『国語学大辞典』東京堂書店
- 徳川宗賢(1979)『日本の言語地図』中央公論社
- 徳川宗賢(1981)『日本語の世界８ 言葉・西と東』中央公論社
- 日本語学会編(2018)『日本語学大辞典』東京堂出版

- 日本語教育学会編(1987)『日本語教育事典 縮刷版』大修館書店
- 日本語教育学会編(2006)『新版 日本語教育事典』제이앤씨
- 林 大監修(1982)『角川小辞典9 図説日本語』角川書店

第11장

- 玉村文郎(1992)『日本語学を学ぶ人のために』世界思想社
- 名柄迪 監修(1992)『日本語教育能力検定試験傾向と対策』バベル・プレス
- 日本語学会編(2018)『日本語学大辞典』東京堂出版
- 日本語教育学会編(1987)『日本語教育事典 縮刷版』大修館書店
- 日本語教育学会編(2006)『新版 日本語教育事典』제이앤씨
- 日本語教育学会編(1990)『日本語教育ハンドブック』大修館書店
- 寺村秀夫編(1989)『講座 日本語と日本語教育 13 日本語教育教授法(上)』明治書院
- 寺村秀夫編 (1989)『講座 日本語と日本語教育 14 日本語教育教授法(下)』明治書院
- 木村宗男編(1989)『講座 日本語と日本語教育 15 日本語教育の歴史』明治書院
- 上野田鶴子編(1989)『講座 日本語と日本語教育 16 日本語教育の現状と課題』明治書院

第12장

- 沖森卓也編(2010)『日本語ライブラリー 日本語史概説』朝倉書店
- 加藤彰彦他編(1990)『日本語概説』桜楓社

- 亀井孝編(1966)『日本語の歴史 別巻 言語史研究入門』平凡社
- 国語学会編(1982)『国語学大辞典』東京堂書店
- 小林賢次他(2005)『シリーズ〈日本語探求法〉8 日本語史探求法』朝倉書店
- 小松英雄(1999)『日本語はなぜ変化するか』笠間書院
- 辻村敏樹編(1989)『講座 日本語と日本語教育 10 日本語の歴史』明治書院
- 土井忠生他編(1955)『新訂国語史要説』修文館出版
- 日本語学会編(2018)『日本語学大辞典』東京堂出版
- 飛田良文他編(2007)『日本語学研究事典』明治書院
- 古田東朔他編(1987)『新国語概説』くろしお出版
- 松村明他編(1970)『国語史概説』秀英出版
- 松村明他編(1971−1982)『講座 国語史』全6巻 大修館書店
- 柳田征司(1985)『室町時代の国語』東京堂出版
- 柳田征司(2010−2017)『日本語の歴史1−補巻』武蔵野書院

제13장

- 佐伯梅友・福島邦道著(1993)『古典文法要講』武蔵野書院
- 日榮社編集所(1981)『口訳つき文語文法』日榮社
- 山口明穂編(1990)『別冊国文学38 古典文法必携』学燈社
- 한미경(2006)『일본어 고전문법』태학사

정 현 혁(鄭炫赫)

1993년 한국외국어대학교 일본어과 졸업

1995년 한국외국어대학교대학원 일어일문학과 졸업(문학석사)

2007년 와세다(早稲田) 대학 대학원 문학연구과 졸업(문학박사)

현재 사이버한국외국어대학교 일본어학부 교수

일본어학(일본어사) 전공

〈논문〉

- 「キリシタン版国字本の文字・表記に関する研究」
- 「依拠本との関係からみた『天草版平家物語』の口訳方針―形容詞を中心に―」
- 「キリシタン版国字本の濁音表記について」
- 「「こそ－已然形結び」の衰退について－『天草版平家物語』とその原據本との比較から－」
- 「キリシタン版『落葉集』の定訓の漢字について」
- 「キリシタン版からみるキリシタンの単語学習―天草版平家物語・伊曾保物語のやわらげを手がかりに―」
- 「国字本『どちりいなきりしたん』編者の表記の意図―平仮名の使用を手がかりに―」
- 「韓国人日本語学習者のための効果的な漢字学習」
- 「吉利支丹心得書の仮名遣い－和語を中心に－」
- 「慶応義塾図書館蔵『狭衣の中将』の仮名の用字法」 등 다수

일본어학 입문

초판 인쇄 | 2019년 6월 27일
초판 발행 | 2019년 6월 27일

지 은 이 정현혁

책임편집 윤수경

발 행 처 도서출판 지식과교양
등록번호 제2010 - 19호
주　　소 서울시 강북구 우이동 108-13 힐파크103호
전　　화 (02) 900 - 4520 (대표) / 편집부 (02) 996 - 0041
팩　　스 (02) 996 - 0043
전자우편 kncbook@hanmail.net

ISBN 978-89-6764-143-6 93730

정가 23,000원